Dematerialisierung

Die Neuverteilung der Welt in Zeiten des digitalen Darwinismus

Ralf T. Kreutzer & Karl-Heinz Land

Autoren
Prof. Dr. Ralf T. Kreutzer
Hochschule für Wirtschaft und Recht
Berlin, Deutschland

Karl-Heinz Land
Digital Darwinist & Evangelist
neuland GmbH & Co. KG

Verlag
FutureVisionPress e.K.
Im Mediapark 5
50670 Köln
T +49 221 999697-30

Mitwirkende
Peyman Azhari
Miriam Wohlfarth-Bottermann

Art Direktion & Design
Ali-Ekber Çelik
www.aliekbercelik.com

Umschlagbild
Felix Land

Grafiken
Alex Lala & Ali-Ekber Çelik

Druck
Hitzegrad Print Medien & Service

Gedruckt auf säurefreiem und chlorfrei gebleichtem Papier.

Die Deutsche Nationalbibliothek verzeichnet diese Publikation in der
Deutschen Nationalbibliografie; detaillierte bibliografische Daten sind im
Internet über http://dnb.d-nb.de abrufbar.

ISBN 978-3-9817268-0-0
© 2015 FUTURE VISION PRESS

Prof. Dr. Ralf T. Kreutzer ist Professor an der Hochschule für Wirtschaft und Recht in Berlin. Darüber hinaus ist er seit vielen Jahren als Speaker, Trainer, Coach und Consultant im In- und Ausland erfolgreich engagiert.

Die führende Strategie- und Transformationsberatung mit dem Fokus auf "Digitale Vision & Transformation".

neuland versteht sich als Architekt des digitalen Wandels und begleitet von der Strategieentwicklung bis zur erfolgreichen Umsetzung.

neuland verfügt über agile und praxiserprobte Methoden, um Handlungsfelder für Unternehmen objektiv zu erfassen und die digitale Transformation messbar erfolgreich umzusetzen.

www.neuland.digital

Wir möchten hiermit allen Mitwirkenden an diesem Buch unseren Dank aussprechen. Wir danken vor allem Peyman Azhari, der uns bei den Vorbereitungen und Recherchen für dieses Buch unterstützt hat, sowie Miriam Wohlfarth-Bottermann für ihre wertvollen redaktionellen Anmerkungen und Vorschläge. Außerdem danken wir Ines Hackbarth, die den gesamten Text final Korrektur gelesen hat.

Inhaltsverzeichnis

Jede Zeit hat ihren **Schlachtruf**. Derzeit ist es das Wort von der totalen Digitalisierung bis zur Entmaterialisierung und den disruptiven Geschäftsmodellen, die herkömmliche zerstören.

Fangen wir mit der totalen **Digitalisierung** und der **Entmaterialisierung** an: Klar, sollten Sie diesen Text auf einem Smartphone lesen, dann tragen Sie gerade eine komplette Kofferraumladung von Sachen mit sich herum. Mit einem Smartphone kann man so nebenbei auch noch telefonieren. Aber es ist auch eine Schreibmaschine, eine riesige Sammlung von Diakästen (erinnern Sie sich noch an die vielen Kisten, in denen Vatis Urlaubsdias verstaubten?), der dazugehörige Diaprojektor, ein 25-bändiges Lexikon, eine komplette Bibliothek, ein Fotoapparat, ein Plattenspieler, ein Tonbandgerät, ein Diktiergerät, ein Kursbuch der Deutschen Bahn.... jetzt reicht es. Der Kofferraum ist voll. Das alles ist Ihr Smartphone und vermutlich noch viel mehr.

Bildlicher kann man sich die **De-Materialisierung** nicht vorstellen.

Wir nutzen es alle – aber wir haben es vielfach noch nicht realisiert, was da passiert. Noch immer fühlen sich viele **deutsche Mittelständler** sicher. Todsicher sogar, leider im wahrsten Sinne des Wortes. Sie glauben an **IHRE Nische**, in der sie meist ein Hidden Champion sind, unangreifbar wegen seiner Leistungsfähigkeit und Spezialisierung. Ich hoffe, dass es so bleibt. Ich fürchte aber, es bleibt nicht so. Denn die Vielzahl der Anwendungen erfasst immer weitere Bereiche der herstellenden Industrie, macht Geräte und deren Hersteller überflüssig. Es ist ja nicht so, dass wir nicht mehr fotografieren – doch nur eben immer häufiger mit dem Smartphone, das längst eine technische Qualität der Fotos darstellen kann, die noch vor wenigen Jahren üblicher Standard auch für Profis waren.

Wir nutzen nicht mehr die Geräte – aber das, was sie können, den **Nutzenstrom**, den nutzen wir weiterhin: das Kursbuch, die Literatur, die Musik. Die Änderung erfolgt schleichend – und trotzdem blitzschnell. Das Praktischere setzt sich durch. Ich persönlich liebe meine Leica. Ihr Aussehen, ihr Gefühl der Perfektion, das sie mir vermittelt, wie sie schwer in der Hand liegt, den satten Klang des Auslösers. Aber leider ist mir analog längst zu mühsam. Und so geht es immer mehr Menschen mit immer mehr Gütern und Dienstleistungen. Ja, es ist wunderschön, bei einer Tasse Kaffee morgens in der Zeitung zu blättern. Das Rascheln! Das Knistern! Selbst der Geruch bedruckten Papiers hat eine ungeheure Faszination. Punkt. Leider bin ich meistens irgendwo unterwegs, wenn ich Zeit habe, eine Zeitung zu lesen. Dummerweise verstopft sie zu Hause meinen Briefkasten und ist nach einigen Tagen das Signal für Einbrecher: freie Bahn, keiner zu Hause. Also wird die Zeitung verschwinden — aber wir werden weiter lesen, uns weiter informieren, weiter unseren Lieblingsautoren folgen. Nur eben anders. Dematerialisiert. Und wir können sofort darauf antworten. Neue Medien sind nicht nur „digital". Sie sind responsiv. Sie haben damit eine neue Qualität. Das wird unsere Vorstellung vom richtigen Produkt verändern.

Lassen wir uns nicht täuschen:

Vieles von dem, wie wir leben und wirtschaften, ist reine Gewohnheit, es ist habituell. Aber unsere Kinder sind da unbefangen. Sie nutzen – wie wir auch – das Neue zuerst, bei ihnen ist das NEUE habituell! Nicht das Alte!

Mir fehlt jede Vorstellung, was das für das jeweilige Geschäftsmodell bedeutet. Ich weiß nur: Mit dem **3-D-Drucker** werden viele metallverarbeitende Unternehmen ihre Basis verlieren. Weil ich das derzeit mit großem Können und Aufwand hergestellte Werkstück leicht selber ausdrucken kann. Vor Ort. Ohne Fräsen, Bohren, Abtragen, Formen und Umformen – es purzelt aus der Maschine, genau so, wie der alte Dreher es nie hingekriegt hätte. Sind wir darauf vorbereitet? Oder ist es nicht nur eine Gefahr, sondern sogar eine Chance?

Die **Prozesse werden disruptiv.** Häufig wird dieses Wort mit „Zerstörung des Geschäftsmodells" übersetzt. Aber eigentlich heißt es nur: Die Geschäfte laufen nicht mehr kontinuierlich – sondern sprunghaft. Es geht nicht mehr um ein paar Prozent mehr oder weniger Wachstum. Es geht um alles – oder nichts. Sofort. Das Elektro-Auto ist kein Benziner mit einem etwas anderen Motor. Es ist ganz anders. Oder kaufen die Menschen zukünftig gar keine Autos (=Güter) mehr, sondern nur noch Verkehrsleistung (=Dienstleistung)? Weil per App jederzeit ein Auto herabschwebt? Das verändert die Struktur der Märkte: Nicht mehr der Hersteller ist wichtig, sondern der mit dem Kontakt zum Kunden. Das muss nicht mehr die Autofabrik sein.

Darin liegt die **Herausforderung.** Für die gesamte Wirtschaft.

Für mich stellt sich die Frage: Und was hat jetzt der olle **Ludwig Erhard** damit zu tun? Wenn man genau hinschaut: Er war ein **Meister der Veränderung.**

Er hat wesentlich dazu beigetragen, dass eine neue Währung entsteht, die mit ihrer Solidität beispielhaft wurde und damit das Vertrauen hergestellt hat, das jedes wirtschaftliche Handeln braucht. Er hat die Preiskontrollen und Versorgungsämter, die Zuteilung und Lebensmittelmarken abgeschafft, über Nacht. Viele waren überzeugt: Das geht nicht. Alle werden verhungern. Alles wurde besser. Weil Erhard sich nicht mit dem beschäftigt hat, was verschwindet. Das ist ja einfach. Welche Unternehmen und welche Jobs voraussichtlich verschwinden werden, das kann man sich leicht vorstellen. Seine Phantasie war damit beschäftigt sich zu überlegen, was sein könnte. Das ist schwer vorstellbar. Meist ist es Phantasterei. Wer Visionen hat, soll zum Arzt gehen, hat einer seiner Nachfolger im Amt des Bundeskanzlers, Helmut Schmidt, einmal gesagt. Klar – ohne **Visionen** zu fahren, ist wie eine Reise in den Urlaub ohne jede Vorstellung über das Ziel. Das kann nicht gutgehen und ging zu Zeiten Schmidts ja auch nicht gut – Arbeitslosigkeit und explodierende Staatsverschuldung kommen zwangsweise zu Stande, wenn Visionen fehlen.

Die Vision braucht aber mehr: **Vertrauen in die Erfindungskraft und die Kreativität der Menschen.** Die ist ja nicht durch ein Ministerium darstellbar, das nur fördert, was man kennt und sieht. Das Neue entsteht in den Köpfen kreativer Menschen, die an die eigene Zukunft glauben. Sie entwerfen die **Landkarte der Zukunft**.

Vor 150 Jahren konnte man sich nicht vorstellen, dass 80 % der Bevölkerung außerhalb der Landwirtschaft ihr Auskommen finden werden. Smartphone-Händler oder App-Entwickler – versuchen Sie das einem Romantiker wie Joseph Eichendorff zu erklären. Unmöglich. Dass in Deutschland nach der Automatisierungs-Welle der 70er heute wieder Arbeitskräftemangel herrscht – das hätte kein Gewerkschaftler geglaubt und deshalb wurden die Anfänge der Datenverarbeitung in Deutschland und Europa seit den 70ern von den Gewerkschaften bekämpft, bis die damals sehr erfolgreichen Unternehmen des Alten Kontinents von den Googles und Apples buchstäblich überrollt wurden. Damals wurde die 35-Stunden-Woche eingeführt, weil die Arbeit ausgeht. Leider ging sie nicht aus. Sie wurde nur anders. Jetzt beginnt sich die Debatte zu wiederholen: mit einer **ängstlichen Verweigerungshaltung einer unvermeidbaren Veränderung.** Übrigens: Königin Elisabeth I. von England hat sich geweigert, den ersten modernen Webstuhl zu erlauben. Sie hatte Angst vor der Wut der Weber. Die Maschine setzte sich trotzdem durch und löste die industrielle Revolution aus, machte England zur Weltmacht. Allerdings nur, weil England anders als andere Staaten zu dieser Zeit nicht in den Händen einer feudalen Oligarchie war, sondern weil England neue Erfindungen zuließ, Elisabeth zum Trotz. Es herrschte Gründergeist – und wie ist es in Deutschland? Wir wissen, was wir nicht wollen. Aber das Neue zulassen bedeutet: Einen Weg zu gehen, für den es noch keine Landkarte gibt. Und das verlangt Mut – Angst blockiert.

Angst ist ein schlechter Ratgeber. Einmauern klappt nicht mehr. Die Welt der Veränderung hat noch jede chinesische Mauer überrannt, und die digitalen Horden werden den Sieg davontragen. Unausweichlich. Es gilt, selbst die Veränderung vorzunehmen, sich vom schönen Leben der schrittweisen Veränderung zu lösen und Brüche selbst herbeizuführen. Und zwar radikale Brüche, ganz ohne die üblichen Bremsmanöver, wie die Deutschen sie so gut beherrschen mittlerweile.

Phantasie, Ehrgeiz, Vertrauen in den Erfindungsreichtum der Menschen – das ist das eigentliche Rezept, und wenn man noch die Rahmenbedingungen schafft, in denen sich dies wirtschaftlich entwickeln kann, dann steht dem Erfolg nichts mehr im Wege.

Daher sollten wir doch manchmal **Ludwig Erhard** zu Rate ziehen. Er weiß, wie das ist mit der Materialisierung des **Disruptiven zum Wohle aller**. Auf dem Weg dorthin leistet das vorliegende Werk von **Kreutzer/Land** wichtige **Orientierungshilfe**. Dessen umfassende Lektüre sei jedem Leistungsträger in Politik und Wirtschaft dringend ans Herz gelegt.

Roland Tichy

Deutscher Journalist und Vorstandsvorsitzender der Ludwig-Erhard-Stiftung.
www.RolandTichy.de

Management Summary

Geschätze Leserin, geschätzter Leser,

der **digitale Wandel** macht vor keinem Wirtschaftssegment und auch vor keinem Lebensbereich halt. Vor diesem Hintergrund ist es für uns umso erstaunlicher, dass sich noch keine Studie umfassend der Frage gewidmet hat, welche Konsequenzen mit dem digitalen Wandel und der einhergehenden **Dematerialisierung von Produkten, Services und ganzen Wertschöpfungsketten** verbunden sind. Keine technologische Veränderung der letzten Jahrzehnte schneidet so massiv und nachhaltig in bestehende Strukturen, Prozesse sowie auch in liebgewonnene Gewohnheiten ein, wie genau diese Dematerialisierung.

Es ist deshalb verwunderlich, dass weder die Politik noch weite Felder der Wirtschaft diese Dematerialisierung in ihren Konsequenzen zu Ende gedacht haben. Und dies, obwohl die ersten Verlierer für alle sichtbar sind. Besonders hat es die **Verlagsbranche** erwischt, allen voran die Fachzeitschriften und auch viele Tageszeitungen. In Zeiten, in denen wichtige und tagesaktuelle Informationen auf immer mehr Online-Plattformen kostenlos verfügbar sind, tun sich papiergestützte Geschäftsmodelle immer schwerer. Und mit der Generation Z – den nach dem Jahr 2000 Geborenen – wächst eine Zielgruppe heran, die im häuslichen Umfeld immer weniger „Papierprodukte" wie Zeitungen, Zeitschriften und Bücher vorfindet. Wie werden sich diese Menschen verhalten, wenn sie mit mehr Kaufkraft versehen unsere Zielgruppe werden? Analoge Entwicklungen sind seit längerem in der **Musikindustrie** festzustellen.

Wie viele Filialen hat noch einmal die *ING DiBa*? 720, 360 oder 250? In Worten: „null"! Diese Bank kommt ohne Filialen in der Fläche aus, weil alle Dienstleistungsfelder digitalisiert wurden und ein Customer-Service-Center den Kundendialog übernimmt. Eine weitere Ausdünnung des Filialwesens steht allen traditionellen Banken noch bevor. Damit fallen natürlich auch alle regionalen Investitionen in Personal, Geschäftsausstattung und Immobilien im **Bankensektor** weg – und alle damit direkt oder indirekt verbundenen weiteren Dienstleistungen! Die nächste Herausforderung steht unmittelbar bevor: die **Dematerialisierung des Geldes**. In Zukunft werden wir zum Bezahlen immer weniger Münzen und Scheine einsetzen. Damit reduziert sich die Relevanz physischer Banken noch weiter, weil man nicht einmal mehr zum Geldautomaten gehen muss!

Einem Phänomen kommt dabei eine in ihrer Tragweite nicht zu unterschätzende Bedeutung zu: die **Theorie der Null-Grenzkosten** (*Jeremy Rifkin*). Die Digitalisierung und Dematerialisierung führt in vielen Produktionsprozessen zu Grenzkosten in Höhe von „0". Das bedeutet nichts anderes, als dass die Produktivität ins Unendliche steigt, wenn jede zusätzliche Einheit, ohne oder zu minimalen Kosten hergestellt werden kann. Die damit verbundenen Auswirkungen lassen sich am Beispiel eines Briefes leicht verdeutlichen. Zum Verfassen eines analogen Briefes sind neben Papier und Tinte auch ein Umschlag und eine Briefmarke erforderlich. Zu dessen Versand bedarf es zunächst eines Menschen oder – bei größeren Auflagen – entsprechender Maschinen, um den Brief einzutüten. Anschließend ist dieser bspw. der *Deutschen Post* zu übergeben, um den Brief – über verschiedene Stufen einer Logistikkette – letztendlich dem Empfänger zuzustellen. Im Gegensatz dazu lässt sich eine E-Mail mit geringen Kosten skalieren. Die Grenzkosten sind nicht nur in der Herstellung, sondern auch bei der Zustellung von E-Mails nahe Null. Das gleiche Phänomen kommt zum Tragen, wenn Geld, Kreditkarten und Schlüssel zur App werden.

Durch diese Entwicklung werden die **Grundfesten des Kapitalismus** und damit **unseres Wirtschaftssystems** erschüttert. Ein zentraler Treiber im Wettbewerb um die Gunst der Kunden und die Erzielung von Gewinnen war und ist das Streben, laufend die **Grenzkosten** zu drücken. Was aber passiert, wenn in bestimmten Industrien die Grenzkosten gegen Null gehen? Wenn dieser Treiber des Wettbewerbs entfällt? Und was passiert, wenn nicht nur dieser Wettbewerbsmotor wegfällt, sondern langfristig auch viele Millionen **Arbeitsplätze**, deren Wegfall die Ursache für die Null-Grenzkosten darstellen? Denn wenn die Grenzkosten für jedes weitere Produkt „Null" sind, wird hierfür auch keine menschliche Arbeitskraft mehr benötigt. Woher soll dann das (kontinuierliche) **wirtschaftliche Wachstum** kommen, damit Produktivitätsfortschritte nicht zum Arbeitsplatzverlust auf breiter Front führen? Wenn durch die Dematerialisierung aber Millionen deutsche Arbeitsplätze und ein hohes Maß an Wertschöpfung verloren gehen, wie soll sich dann noch Wachstum einstellen? Bedeutet das jetzt das Ende des Kapitalismus, weil durch die zusätzliche Produktion vieler Produkte und Services keine zusätzlichen Menschen benötigt werden, die in den Herstellungsprozess eingebunden sind? Oder fördert das Null-Grenzkosten-Phänomen die immer dynamischere Entwicklung neuer Geschäftsmodelle, weil auch die Kosten des Scheiterns dramatisch fallen?

Aber dies alles ist immer noch der bescheidene Anfang! Schauen wir einfach einmal eine Stufe weiter. In naher Zukunft werden wir für das Öffnen und Starten eines Autos keinen Zündschlüssel mehr benötigen. Eine App wird diesen ersetzen! Das bedeutet gleichzeitig, dass wir auch keine Maschinen mehr benötigen, die Zündschlüssel herstellen und keine Werkzeugmaschinen und Materialien, um genau jene Maschinen zu produzieren. Natürlich fallen auch alle damit verbundenen Arbeitsplätze weg. Auf der anderen Seite steht das Schlagwort von **Industrie 4.0**. Im Kern geht es dabei um die immer stärkere Vernetzung innerhalb der Wertschöpfungskette produzierender Unternehmen. Das ist nicht neu, könnte man meinen. Der zentrale Unterschied zum bisherigen Konzept ist allerdings, dass im Zuge von Industrie 4.0 eine viel weitreichendere Verzahnung zwischen verschiedenen, rechtlich und räumlich getrennt agierenden Leistungspartnern entsteht. In der Endausbaustufe wäre dies eine integrierte Wertschöpfungskette von der Mine, in der seltene Erden abgebaut werden, bis hin zum fertigen End-produkt, in dem ein Chip enthalten ist, dessen Herstellung ohne diese spe-ziellen Metalle nicht möglich wäre. Die zentralen Treiber hinter einer solchen Entwicklung sind neben der Vernetzung durch das **Internet of Everything** auch die Möglichkeiten von Big Data (inkl. deren Verarbeitung in Echtzeit) sowie die stark zunehmende Maschine-zu-Maschine-Kommunikation. Dieses Internet of Everything bringt Menschen, Prozesse, Daten und Dinge in einer bisher unbekannten Dimension zusammen. Dadurch werden die Verbindungen, die Unternehmen über Netzwerke ansteuern können, immer wichtiger.

Damit gehen natürlich auch ganz neue Herausforderungen einher für diejenigen, die die Infrastruktur für die betroffenen Industrieunternehmen herstellen. Mit anderen Worten: Genau die für Deutschland so wichtige **Werkzeugmaschinenbranche** steht hier vor einem Quantensprung! Und auch diese tiefgreifenden Veränderungen werden sich nachhaltig auswirken, weil ganze Wertschöpfungsketten wegfallen. Nicht nur auf die Wettbe-werbsfähigkeit unserer Unternehmen, sondern auch auf die Beschäfti-gungssituation in ganz Deutschland und jedem anderen betroffenen Land.

Da dieses Phänomen der Verknüpfung von Wertschöpfungsketten verschiedener Unternehmen über den klassischen Produktionsbereich hinausgeht, sprechen wir umfassender von **Wirtschaft 4.0**. Damit wird zum Ausdruck gebracht, dass die Potenziale zur Erzielung von Kostenvorteilen sowie die Entwicklung von weiteren Kundenvorteilen durch Integration unterschiedlicher Leistungspartner alle Sektoren der Wirtschaft erfassen können. Auch hinter Wirtschaft 4.0 steht als zentraler Treiber das Internet, das eben nicht nur klassische Industrieunternehmen zu verbinden hilft, sondern die Leistungsträger aller Branchen. Es wird eines möglich: Die **Ent-stehung einer Weltmaschine!** Und die Anteile hieran werden jetzt verteilt.

In jedem Fall stellt sich hier die Frage: Wie soll die Gesellschaft mit all den „arbeitsfreien Menschen" in den nächsten 10 bis 20 Jahren umge-hen? Hierzu liefert die von uns ausgewertete *Oxford-Studie* „The Future of Employment" der Autoren Frey/Osborne dramatische Erkenntnisse: Am Beispiel der USA wird aufgezeigt, dass dort 47% der heutigen Berufe in den nächsten Jahrzehnten der Digitalisierung zum Opfer fallen können. Dabei sind die indirekten Beschäftigungseffekte noch nicht einmal einberechnet. Doch wenn – wie noch analysiert werden wird – 47% der Jobs wegfallen, werden diese Menschen auch nicht mehr zur Arbeit fahren, keine Büro- oder Produktionsfläche mehr benötigen und – aufgrund des Einkommensver-lustes – auch deutlich weniger konsumieren. Folglich werden aufgrund der indirekten Beschäftigungseffekte weitere Unternehmen Arbeitsplätze abbauen müssen.

Was bedeutet das? Müssen Arbeit und Einkommen aus Arbeit jetzt neu verteilt werden? Muss von „digitalen" Unternehmen in Zukunft eine **Maschinensteuer** bzw. eine **Wertschöpfungsabgabe** bezahlt werden? Hierunter wird eine Steuer bzw. eine Abgabe verstanden, deren Entrichtung sich an der Wertschöpfung des Unternehmens orientiert und an Stelle der heute noch erhobenen Sozialversicherungsbeiträge zu leisten wäre. Heute werden die Abgaben für die Sozialversicherung als ein Prozentanteil der Lohnsumme eines Unternehmens erhoben. Diese Art der Berechnung belastet zur Finanzierung der Sozialversicherung aber alleine den Faktor Arbeit und erschwert dadurch tendenziell die Schaffung neuer Arbeitsplätze. Um zum einen diesen negativen Effekt auf die Bereitstellung von Arbeitsplätzen zu vermeiden und zum anderen die – von Menschen unabhängige – digitalisierte Wertschöpfung eines Unternehmens zu besteuern, könnte die Wertschöpfungsabgabe eingeführt werden.

Dennoch bleibt die Frage, was passiert mit den Menschen, wenn in Summe weniger Arbeit verrichtet werden muss? Vor der ersten Industriellen Revolution arbeitete man noch 80 Stunden in der Woche. Mehr als die Hälfte der Menschen war damit beschäftigt, die andere Hälfte zu ernähren. Nach und nach sank die Wochenarbeitszeit zunächst auf 40 und dann auf 38 bis 35 Stunden pro Woche. Wenn in Zukunft – wie gezeigt werden wird – Roboter nicht nur weitere Routinearbeiten übernehmen, sondern zunehmend auch kognitive Aufgabenstellungen bewältigen (siehe die Beispiele zum *IBM* Computer *Watson*) und außerdem – bspw. durch intelligente Pflegeroboter – auch in die physische Arbeitswelt eintauchen, muss die Arbeit zwangsläufig neu verteilt werden. Bedeutet dies weniger arbeiten bei vollem Lohnausgleich? Hier erlangen auf einmal Konzepte wieder neue Relevanz, die unter dem Begriff „bedingungsloses Grundeinkommen" schon länger diskutiert wurden. Was bringt diese mögliche Neuverteilung mit sich?

Verschärft werden diese Entwicklungen durch einen weiteren großen Trend, der mit dem Begriff **Sharing Economy** bezeichnet wird. Er beschreibt mit wenigen Worten die gemeinschaftliche Nutzung von Gegenständen und ersetzt in immer mehr Bereichen das persönliche Eigentum (vgl. grundlegend Benkler, 2006). Das nicht ganz ernst gemeinte Motto lautet hier: What´s mine is yours! Ein gutes Beispiel hierfür ist das Auto. Ca. 43 Millionen Autos sind auf Deutschlands Straßen unterwegs. Knapp 29 Millionen nutzen ihr Auto jeden Tag, um zur Arbeit und/oder zum Einkaufen zu fahren. Im Durchschnitt nutzt jeder Deutsche sein Auto ungefähr 60 Minuten am Tag. Etwas über 4% des Tages wird ein Auto genutzt; 96% der Zeit ist das Automobil „immobil" und verzehrt Ressourcen (bspw. Parkraum und Geld durch Abschreibung).

Beim **Car-Sharing**, einem besonders sichtbaren Geschäftsmodell der Sharing Economy, kann die tägliche Fahrzeugnutzung signifikant gesteigert werden. Lassen Sie uns von der Hypothese ausgehen, dass max. 30% der heute zugelassenen Autos noch benötigt werden, wenn Car-Sharing sich auf breiter Front durchsetzt und das „Eigentum an einem Auto" – nicht nur bei der Jugend – als Statussymbol an Bedeutung verliert. Die restlichen 70% der Fahrzeuge wären schlicht verzichtbar. Folglich müssten auch weniger Autos gebaut werden. Aber wenn 70% weniger Autos gebaut werden, dann sind viele Millionen Arbeitsplätze gefährdet, die direkt und indirekt an der Wertschöpfung beteiligt sind. Und das alleine in Deutschland. Auch hier werden die Karten neu gemischt und verteilt!

Gleichzeitig wird ein weiterer Trend sichtbar: **Alles wird smarter.** Mit dem Begriff „smart" wird einerseits die größere Intelligenz bezeichnet, die mit neuen Lösungen einhergeht. Andererseits werden mit dem Wort „smart" als Vorsilbe auch Objekte gekennzeichnet, die über das Internet verbunden sind. Hierzu zählen neben Smartphones auch Smart TVs, Smart Factories, Smart Cities, Smart Homes. Beim Smart Home wird bspw. versucht, die Nutzungsgepflogenheiten der Bewohner zu erkennen, um bspw. die Heizung darauf abzustimmen. Gleichzeitig könnte uns ein smarter Kühlschrank darauf hinweisen, welche Lebensmittel sich dem Verfallsdatum nähern und welche nachgekauft werden sollten. Wenn wir auch noch smarte Geräte für unsere Gesundheit einsetzen und dadurch gesünder leben, weniger krank werden und weniger Ärzte benötigen, optimieren wir auch diesen Bereich. Derartige Entwicklungen können den Ressourcenverbrauch deutlich verbessern.

Diese Errungenschaften gehen mit einer Vielzahl von positiven und negativen Effekten einher. *George Orwell* antizipierte schon 1949 (!) mit seinem Roman *„1984"* die negativen Seiten eines total vernetzen und digitalen Staates. Allerdings sind die meisten von uns begeistert davon, dass uns das Navigationssystem des Smartphones genau anzeigt, wo wir uns befinden und wie wir am besten zu unserem Ziel kommen. Gleichzeitig übermitteln wir dadurch permanent unseren Standort. Zusätzlich hinterlässt jede Internet-basierte Kommunikation und jede *Google*-Suche Spuren, die wir nicht oder nur schwer beeinflussen können. So entsteht ganz automatisch der **Digital Shadow**! Wir mögen nichts Böses im Sinn haben und uns deshalb auch nicht vor der „Gedankenpolizei" aus *Georg Orwells* Werk fürchten. Gleichwohl müssen wir durch die *NSA*-Enthüllungen von *Edward Snowden* feststellen, wie weit der alles sammelnde, alles wissende und alles auswertende „große Bruder" bereits Realität geworden ist. Auf eine No-Fly Liste der USA gelangt man auch, ohne etwas Böses im Sinn zu haben. Ein falscher Kontakt im sozialen Netzwerk oder ein verdächtiges Profil kann dafür schon ausreichen. Aber selbst wenn man nicht ins Raster fällt, kann das harmlose Verhalten von heute vielleicht morgen schon verdächtig sein. *Dave Eggers* hat mit seinem 2013 vorgelegten Roman *„The Circle"* die zukünftige Entwicklung von *Facebook* und Co. vor diesem Hintergrund konsequent zu Ende gedacht – um uns alle wachzurütteln. Wenn sich *„The Circle"* tatsächlich schließt und kein Entkommen mehr möglich ist...

Gleichzeitig verschaffen wir ausgewählten Anbietern immer mehr Einblick in unser tägliches Tun: Wer vorsichtig Auto fährt, der kann mit der **Telematic Box** der *Sparkassendirektversicherung* Punkte sammeln, um so Vergünstigungen bei der Versicherungsprämie zu erhalten. Wer Transparenz ablegt über sein – mehr oder weniger – gesundheitsbewusstes Leben, kann bei Krankenversicherungen wie *Generali* oder bei der *Barmer GEK* Rabatte bzw. Bonuspunkte erwirtschaften. Dafür wird der Lebensstil digital überwacht! Dabei gilt: Je mehr eine Versicherung über den jeweiligen Fitnesszustand und mögliche Krankheitsrisiken weiß, desto stärker werden bei den privaten Versicherungsunternehmen die Tarife differenziert werden.

Zugunsten der (noch) Gesunden – zulasten der Kranken? In den USA kommt schon ein Gerät namens *Scanadu* zum Einsatz. Dieses misst Temperatur, Blutdruck, Sauerstoffgehalt des Blutes, Atemfrequenz und kann eine Art EKG erstellen. Alle diese Daten werden dann auf das Smartphone gesendet... (vgl. Nienhaus, 2015a, S. 24f.)

Insgesamt muss die Gesellschaft eine Antwort auf die sozialen, politischen und ökonomischen Folgen der Dematerialisierung und der Neuverteilung der Welt im Zeitalter des digitalen Darwinismus finden. Gerade im Hinblick auf diese verschiedenen Auswirkungen von Digitalisierung und Dematerialisierung gibt es heute noch keine umfassende Bestandsaufnahme. Häufig beschäftigen sich Artikel nur mit den oberflächlichen und damit weitgehend offensichtlichen Auswirkungen der zunehmenden Digitalisierung. Die dadurch verbliebene **Forschungslücke** wird durch dieses Buch geschlossen. Denn nur, wenn auf breiter Front in Wirtschaft und Politik ein Bewusstsein für die tiefgreifenden Veränderungen entsteht, wird nicht nur eine „Digitale Agenda" für Deutschland erstellt, sondern diese auch mit einem Leben in dem Sinne gefüllt werden, wie es einer (noch) führenden Industrienation gut zu Gesichte steht und zum Überleben auf hohem Niveau absolut unverzichtbar ist!

Wer sich den Konsequenzen dieser Dematerialisierung verschließt, wer sein Geschäftsmodell und sein Leistungsangebot nicht frühzeitig und umfassend den neuen Herausforderungen anpasst, wird dem sogenannten digitalen Darwinismus zum Opfer fallen. Damit ist – mit wenigen Worten – der durch die Digitalisierung und Dematerialisierung verursachte Selektionsprozess von Geschäftsprozessen, Unternehmen und ganzen Industriezweigen verbunden, die sich im digitalen Zeitalter nicht als überlebensfähig erwiesen haben. Die Neuverteilung der Welt steht jetzt an!

Das **Strategic Window of Opportunity** steht hierfür – jetzt – noch weit offen. Dafür gibt es mehrere Gründe:

- Der Zug in Richtung Digitalisierung und Dematerialisierung ist angefahren und nimmt immer mehr Fahrt auf. Noch ist es nicht zu spät, aufzuspringen.
- Jetzt bietet sich die Möglichkeit, neue Geschäftsfelder zu besetzen und bestehende Geschäftsfelder neu auszugestalten.
- Die Notwendigkeit hierzu wird bestärkt durch die Tatsache, dass die etablierten Geschäftsmodelle in immer mehr Ländern an ihre Wachstumsgrenzen stoßen.
- Heute deutet sich ein Fachkräftemangel auf vielen Märkten erst an, wenn dieser stärker um sich greift, werden die Mitarbeiter fehlen, um den häufig technologisch gestützten Wandel zu gestalten.
- Viele Unternehmen sind noch zögerlich, in welchen Feldern investiert werden sollte und dies trotz extrem niedriger Zinsen in vielen Ländern. Dabei ist die Antwort ganz einfach: in die digitale Transformation eigener Geschäftsmodelle bzw. des gesamten Unternehmens!

Um Politik und Wirtschaft nachhaltig für die **Notwendigkeit der digitalen Transformation** zu sensibilisieren und robuste Schritte auf dem **Weg der digitalen Transformation** herauszuarbeiten, wurde dieses Werk geschrieben. Es arbeitet systematisch die – gewollten und ungewollten – Effekte der Digitalisierung und der damit verbundenen Dematerialisierung heraus. Und die zentralen Treiber, die dahinter stehen:

* **Exponentielle Entwicklungen** in den Technologien und Systemen
* **Digitalisierung** immer umfassenderer Bereiche der Wertschöpfung
* **Kombinatorik** verschiedener Entwicklungslinien, die zu Quantensprüngen in den Lösungen und Konzepten führen

Gleichzeitig denken wir konsequent weiter, welche Implikationen mit der heute zu beobachtenden Digitalisierung für die Wirtschaft – auch für die Beschäftigung – einhergehen und zeigen zentrale Handlungsfelder auf.

Wir wünschen eine spannende, anregende und inspirierende Lektüre, die Mut macht, den neuen Möglichkeiten kraftvoll ins Auge zu schauen und diese zum Wohle von Wirtschaft und Gesellschaft zukunftsfähig zu gestalten.

Ralf T. Kreutzer, Königwinter – Berlin
Karl H. Land, Köln

April 2015

Die Autoren

Prof. Dr. Ralf T. Kreutzer

Ist seit 2005 Professor für Marketing an der Berlin School of Economics and Law sowie Marketing und Management Consultant. Er war 15 Jahre in verschiedenen Führungspositionen bei Bertelsmann, Volkswagen und der Deutschen Post tätig, bevor er 2005 zum Professor für Marketing berufen wurde.

Prof. Kreutzer hat durch regelmäßige Publikationen und Vorträge maßgebliche Impulse zu verschiedenen Themen rund um Marketing, Dialog-Marketing, CRM/Kundenbindungssysteme, Database-Marketing, Online-Marketing, strategisches sowie internationales Marketing gesetzt und eine Vielzahl von Unternehmen im In- und Ausland in diesen Themenfeldern beraten und Führungskräfte auf Middle- und Top-Management-Ebene gecoacht. Seine jüngsten Buchveröffentlichungen sind „Kundenclubs & More" (2004), „Marketing Excellence" (2007), „Die neue Macht des Marketing" (2008), „Praxisorientiertes Dialog-Marketing" (2009), „Praxisorientiertes Marketing" (4. Auflage, 2013), „Digitaler Darwinismus" (2013, zusammen mit Karl-Heinz Land), „Praxisorientiertes Online Marketing" (2. Auflage, 2014), „Digital Darwinism" (2014, zusammen mit Karl-Heinz Land), „B2B-Online-Marketing und Social Media (2015, zusammen mit Andrea Rumler und Benjamin Wille-Baumkauff) und „Dematerialisierung – Die Neuverteilung der Welt" (2015, zusammen mit Karl-Heinz Land)

Kontakt
Prof. Dr. Ralf T. Kreutzer
Berlin School of Economics and Law
Alter Heeresweg 36
53639 Königswinter
kreutzer.r@t-online.de

Karl-Heinz Land

Digitaler Darwinist und Evangelist und Gründer der Strategieberatung neuland, erhielt 2006 den "Technology Pioneer Award" auf dem World Economic
Forum (WEF) in Davos und dem „Time Magazine" und ist Co- Autor des Best-
sellers „Digitaler Darwinismus – Der stille Angriff auf Ihr Geschäftsmodell
und Ihre Marke" und dem Buch „Dematerialisierung – Die Neuverteilung
der Welt". Als Impulsgeber, Coach, zitierter Vordenker und internationaler
Redner schafft er ein Bewusstsein für das sich rasant verändernde Markt-
geschehen und die Dringlichkeit der Veränderung.

Karl-Heinz Land ist Senator im Senat der Wirtschaft und engagiert
sich für die digitale Arbeitsgruppe. Als Keynote-Speaker und Berater
wird er nicht nur von führenden Konzernen und international agierenden
Weltmarktführern als Vortragsredner eingeladen, sondern spricht auch
auf internationalen Events wie dem Mobile World Congress, der Facebook
Marketing Conference, der TED oder der Advertising Week.

Er gilt als Visionär und berät Unternehmen in Fragen der digitalen
Transformation mit den Schwerpunkten Geschäftsmodelle, E-Commerce,
Cloud, Mobility, IoT, Big Data und pflegt lang etablierte Beziehungen zu
führenden Unternehmen und Start-ups in Europa und im Silicon Valley.
Karl-Heinz Land verfügt über mehr als 25 Jahre Erfahrung in Führungs-
positionen u.a. bei Oracle, BusinessObjects, MicroStrategy, GrandCentrix
und VoiceObjects, hat selbst einige Start-ups gegründet, ist Investor sowie
Aufsichtsratsmitglied für Unternehmen der Old- und New-Economy.

Kontakt
neuland GmbH & Co. KG
Im Mediapark 5
50670 Köln
land@neuland.digital
www.neuland.digital

Kernthesen zur Dematerialisierung
– Die Neuverteilung der Welt

→ Digitalisierung und Dematerialisierung; Alles was digitalisiert werden kann, wird auch digitalisiert werden; physische Produkte werden durch digitale Lösungen ersetzt.

→ Jedes Unternehmen ist vom digitalen Wandel betroffen – denn „every business is a digital business".

→ Automatisierung: Alles was sich automatisieren lässt, wird auch automatisiert werden.

→ Der digitale Darwinismus setzt immer dann ein, wenn sich Technologien und die Gesellschaft schneller verändern als die Fähigkeit von Unternehmen, sich diesen Veränderungen anzupassen.

→ Neue Software-Plattformen, die Zugang zum kostbaren Rohstoff „Daten" haben, dominieren Märkte.

→ In der wertschöpfenden Verknüpfung bestehender und neuer Technologien liegt das größte Innovationspotential der nahen Zukunft.

→ Digitalisierung, Exponentialität und Kombinatorik – i. S. einer Kombination und Rekombination von Ideen und vorherigen Innovationen – stellen die zentralen Treiber der digitalen Revolution dar und forcieren Innovationsprozesse in einem bisher unbekannten Ausmaß.

→ Durch den breiten Einsatz von Sensoren fördert das Internet of Everything die Entwicklung einer Sensor Economy; die dabei entstehenden digitalen Datensätze ermöglichen den Einsatz immer intelligenterer Systeme.

→ Konsumenten werden in der Sharing Economy zu Produzenten und damit zu Prosumenten: durch intelligent vernetzte Plattformen wird es immer mehr Konsumenten möglich, aktiv an der Wertschöpfung teilzuhaben.

→ Digitalisierung und Dematerialisierung führen in vielen Bereichen zu Null-Grenzkosten in der Produktion.

→ Im Gegensatz zur 1. bis 3. industriellen Revolution werden durch die Dematerialisierung und Digitalisierung in zunehmendem Maße nicht nur manuelle, sondern auch kognitive Arbeitsprozesse automatisiert und damit Arbeitsplätze vernichtet. Die Dematerialisierung ganzer Wertschöpfungsprozesse bedroht perspektivisch eine große Anzahl von Arbeitsplätzen. Folglich werden im jetzt angelaufenen Prozess der schöpferischen Zerstörung nicht notwendigerweise so viele neue Jobs geschaffen, um den mit der 4. Industriellen Revolution einhergehenden Wegfall der Arbeit zu kompensieren.

→ Im Gefolge der Dematerialisierung ganzer Wertschöpfungsprozesse werden viele der heutigen Arbeitsplätze überflüssig werden.

→ Nur kreative und soziale Aufgabenfelder, die eine empathische menschliche Interaktion erfordern, werden weniger vom Arbeitsplatzverlust betroffen sein.

→ Da die Produktivität durch die fortschreitende Automatisierung weiter steigt, werden wir in Zukunft alle weniger arbeiten müssen oder dürfen, um alle Arbeitswilligen beschäftigen zu können.

→ Die politischen Folgen können neue Reformen sein, die sich mit der Besteuerung von Maschinen, einem möglichen Grundeinkommen und alternativen Beschäftigungsmöglichkeiten für Nicht-Arbeitende (bspw. Kultur-, Umwelt- oder Bildungssektor) befassen.

→ Gleichzeitig müssen wir unser Leben lang dazu lernen, weil die Halbwertszeit des Wissens dramatisch abnimmt.

→ Unser Wirtschafts- und Gesellschaftssystem als Ganzes wird in den Grundfesten erschüttert und durch die Neuverteilung der Welt herausgefordert werden.

Was immer du tun kannst oder erträumst zu können, beginne es.

Kühnheit besitzt Genie, Macht und magische Kraft.

Beginne es jetzt.

Johann Wolfgang von Goethe

The potential of technology is limited only by our imagination, and our will.

Marc Herrema

1 Herausforderungen im Zeitalter des digitalen Darwinismus

Warte niemals, bis Du Zeit hast!

1.1 Digitaler Darwinismus

Der von uns geprägte Begriff des **digitalen Darwinismus** findet sich heute in immer mehr Publikationen und Diskussionen wieder und kann wie in Abb.1.1 visualisiert werden (vgl. Kreutzer/Land, 2013). Doch was ist eigentlich im Kern damit gemeint — und warum wird der gute alte *Darwin* bemüht? Mit **Darwinismus** ist der Auswahlprozess gemeint, der sich ganz automatisch einstellt, wenn – in diesem Falle – Unternehmen, aber auch ganze Industriezweige, sich den veränderten Rahmenbedingungen nicht schnell genug anpassen und deshalb vom Markt „aussortiert" werden. Im Rahmen dieses Werkes geht es dabei insb. um die Veränderungen, die durch die Digitalisierung und der damit einhergehenden Dematerialisierung ausgelöst werden. Die Digitalisierung i. S. einer Umwandlung von Texten, Musik, Fotos, Videos, Daten sowie von weiteren physischen Gegenständen in Nullen und Einsen ist die Voraussetzung dafür, dass immer mehr Objekte ihres körperlichen Erscheinungsbildes beraubt und auf Computern bearbeitbar werden.

Abb. 1.1: Der digitale Darwinismus fordert alle Unternehmen heraus

> **Merk-Box**
> Der digitale Darwinismus setzt immer dann ein, wenn sich Technologien und die Gesellschaft schneller verändern als die Fähigkeit von Unternehmen, sich diesen Veränderungen anzupassen.

In diesem Kontext ist zwischen den ähnlich klingenden Begriffen Revolution und Evolution zu unterscheiden. Die **Evolution** lässt sich bei den damit einhergehenden Veränderungen viel Zeit. Hier sprechend wir in der Menschheitsgeschichte eher von hunderttausenden von Jahren, in denen sich Veränderungen und Anpassungsprozesse vollziehen können. So haben die jeweils lebenden Arten zumindest die Chance, sich – teilweise über Generationen hinweg – an veränderte Rahmenbedingungen anzupassen. Aber selbst bei Evolutionen bleiben Arten auf der Strecke, die nicht in der Lage sind, sich anzupassen. Bei der **Revolution** ist diese lange Zeit zur Anpassung nicht vorhanden. Hier können dramatische und damit wirklich existenzbedrohende Veränderungen innerhalb einer kurzen Zeitspanne stattfinden. Und die Zeitspanne ist hier wirklich kurz — bspw. 5–10 Jahre. Bei den Treibern des digitalen Darwinismus haben wir es mit einer solchen Revolution zu tun.

Den Bezug zu *Charles Darwin* haben wir deshalb hergestellt, weil dieser in seinen zentralen Werken einen wichtigen Punkt herausgearbeitet hat.

Merk-Box
Es sind weder die Stärksten einer Art, die überleben, noch die intelligentesten. Es sind vielmehr diejenigen, die sich einem Wandel am besten anpassen können.

Die Folge davon ist: Der digitale Darwinismus zwingt immer mehr Unternehmen und Branchen einen **Überlebenskampf** auf. Nur wer die Herausforderung früh aufnimmt, hat die Chance, ihn zu überleben. Dabei gilt, dass eine Vielzahl von Unternehmen die Bedrohung durch den digitalen Wandel noch nicht verinnerlicht haben. Die Ergebnisse des *Global CEO Survey* von PWC (2015) zeigen für Deutschland ein erschreckendes Ergebnis: Nur 16% der Unternehmenslenker gehen hier davon aus, dass die digitalen Technologien Veränderungen für die eigene Produktion mit sich bringen. Die Konsequenzen, die mit den Trends des Cloud-Computing, mit den Möglichkeiten von Big Data sowie dem Eintritt ganz neuer Wettbewerber verbunden sind, werden von der Mehrheit der CEOs dramatisch unterschätzt. Gerade bei dem Thema „Vernetzung" liegt Deutschland gut im Rennen – allerdings muss sich die Innovationskraft jetzt von Produkten hin zu Produktionssystemen und ganzen Geschäftsmodellen entfalten (vgl. Ludowig, 2015, S. 13). Wo verschiedene Unternehmen in diesem Kampf stehen, zeigt Abb. 1.2. Denn der **digitale Darwinismus** hat schon umfassend zugeschlagen und Unternehmen aussortiert oder an den Rand gedrängt – während andere Unternehmen massiv an Bedeutung gewonnen haben. Print-Produkte wie die *Financial Times Deutschland* und die *Frankfurter Rundschau* wurden vom Markt und damit von den Lesern bereits aussortiert oder massiv in ihrer Bedeutung vermindert. Universalversendern wie *Quelle* und *Neckermann* wurde das Lebenslicht ausgeblasen. Das Multi-Channel-Unternehmen *Weltbild* wurde von der Online-Herausforderung ebenfalls kalt erwischt und

in seinen Grundfesten erschüttert. Und seit 2012 gibt es kein englischspra-
chiges gedrucktes Universallexikon mehr, weil die *Encyclopedia Britannica*
ihr Erscheinen eingestellt hat. Gefolgt vom deutschen Brockhaus, dessen
Erfolgsgeschichte nach 200 Jahren 2013 beendet wurde. Wie lautete der
treffende Kommentar dazu? „Und der Brockhaus-Verlag hat es – schon
bevor er bei Bertelsmann landete – verpasst, sich diesem Konsumenten-
verhalten anzupassen. Die Voraussetzungen waren da; eine zu zögerliche
Verlagsleitung führte dazu, dass man den Zug verpasste" (Giersberg, 2013,
S. 16). And the winner is: *Wikipedia*! Damit endet nicht notwendigerweise
das Bildungsbürgertum — aber die Technologien haben sich dramatisch
verändert!

Abb. 1.2: Welche Geschäftsmodelle sind durch den digitalen Darwinismus
besonders gefährdet?

Andere Geschäftsmodelle – wie der stationäre Einzelhandel – sehen sich
durch den Online-Handel in ihren Grundfesten erschüttert und stehen massiv im Feuer, wie Abb. 1.2 zeigt. So hat *Thalia* dem *Douglas-Konzern* noch vor
dem Rückzug von der Börse im Geschäftsjahr 2012/13 einen dreistelligen
Millionen-Verlust eingebrockt (vgl. o. V., 22.1.2013). *Görtz* und *His Masters
Voice* mussten viele stationäre Geschäftslokale schließen. *MediaMarkt* ist
erst viel zu spät in den Online-Verkauf eingestiegen und läuft dem Siegeszug des E-Commerce nach wie vor hinterher. Wie erfolgreich *Karstadt* seine
Repositionierung angesichts der Online-Herausforderung gestalten kann,
ist weiterhin offen. Auch der Überlebenskampf der Videotheken, Reisebüros
und Ticket-Shops geht in die letzte Runde.

Selbst Unternehmen wie *American Express* müssen weltweit Personal
abbauen, weil sich Einkäufe vom Einzelhandel ins Internet verlagern und damit
weniger stationäre Verkäufe bearbeitet werden müssen. Auch der *United
States Postal Service* ist in seinen Grundlagen bedroht, weil das täglich aus-
zuliefernde Briefvolumen massiv sinkt. In den USA wird in Neubaugebieten
inzwischen diskutiert, ob überhaupt noch Briefkästen für Privathaushalte
erforderlich sind oder durch Sammelbriefkästen für größere Wohnanlagen
ersetzt werden können! Denn E-Mails brauchen keine Briefkästen!

Und der Ausleseprozess des digitalen Darwinismus geht ungebremst weiter. Anfang 2015 meldete das US-Einzelhandelsunternehmen *RadioShack* mit 2.400 Filialen Konkurs an. Und wie hieß es in der Pressemitteilung so treffend: „RadioShack, which posted losses in 11 consecutive quarters after failing to transform itself into a destination for mobile phone buyers ..." (Brown, 2015).

Merk-Box
Wer zu spät kommt, den bestraft der digitale Darwinismus!

Warum kommt es zu derart nachhaltigen **Selektionsprozessen**? Zunächst müssen wir uns vor Augen führen, dass sich Anpassungsnotwendigkeiten immer umfassender und immer schneller einstellen. Die **Treiber der Veränderungen** können wie folgt charakterisiert werden (vgl. auch Brynjolfsson/McAfee, 2014):

*   Wir erleben eine **exponentielle Entwicklung** bei den verfügbaren Technologien und Systemen.
*   Die **Digitalisierung** erfasst immer mehr Bereiche der Wertschöpfung.
*   Die **Kombinatorik** verschiedener Entwicklungslinien sowie die zunehmende Verknüpfung von Objekten und Lebewesen durch das Internet of Everything führt zu regelrechten Quantensprüngen bei Lösungen und Konzepten.

Gerade die Verknüpfung dieser Treiber kennzeichnet den **Tipping-Point** i. S. einer wichtigen Trendwende, an dem wir gerade angekommen sind. Lassen Sie uns die wichtigsten Aspekte hiervon umreißen. Um die **Auswirkungen eines exponentiellen Wachstums** zu veranschaulichen, braucht man sich nur folgende Geschichte vor Augen führen, die an der Grenze von historischer Begebenheit und Legende angesiedelt sein mag. Vor vielen Jahrhunderten herrschte in Indien der Tyrann *Shihram*, unter dem seine Untertanen viel zu leiden hatten. *Shihram* geriet in Zorn, als ihm Worte des Weisen Sissa zu Ohren kamen, dass kein König „ohne sein Volk" Siege erringen könne. Der König befahl den Weisen in seinen Palast und verkündete ihm: "Wenn Du Deine Worte nicht beweisen kannst, wirst Du hingerichtet. Eine Nacht sei Dir zum Überlegen gegönnt." Um den Beweis für seine Behauptung zu erbringen, überbrachte er dem König ein originelles Spiel: das **Schachspiel**. Anhand von dessen Regeln kann überzeugend dargelegt werden, dass kein König ohne die Hilfe weiterer Figuren (das Volk) eine Partie zu gewinnen vermag. Um *Sissas* zu belohnen, führte man ihn in die königliche Schatzkammer und sagte zu ihm: „Was immer Du Dir wünschst, Du sollst es bekommen." *Sissa* aber entgegnete: „Ich wünsche mir nichts von Deinen Schätzen." Er bat den König an ein Schachbrett und sagte: „Ich möchte lediglich Weizenkörner von Dir. Lege auf das erste Feld des Schachbretts ein Korn und dann auf jedes weitere Feld doppelt so viele Körner wie auf dem Feld davor." König *Shihram* wurde zornig und schrie: „Ich biete Dir all meine Schätze. Und Du forderst einzig ein paar Weizenkörner. Willst du mich beleidigen?" „Nein, mein Herr", antwortete *Sissa*, "erfülle meinen Wunsch, und Du wirst sehen, dass er so gering nicht ist."

Shihram befahl seinen Dienern, den Wunsch *Sissas* zu erfüllen und die Felder wie gefordert mit Weizenkörnern zu belegen. Schon bald aber entdeckten die Diener, dass es unmöglich war *Sissas* Wunsch nachzukommen. Weil es so viel Weizen gar nicht gab! Um den Wunsch *Sissas* erfüllen zu können, müsste also das Weizenkorn, das auf dem ersten Feld des Schachbrettes liegt, 63-mal verdoppelt werden ($1 \times 2 \times 2 \times 2 \times 2 \dots$). Auf allen Feldern zusammen lägen dann letztlich 18,446 Trillionen Weizenkörner! Allerdings würde die Weizenernte der gesamten Erde nicht ausreichen, um die 64 Felder des Schachbretts so mit Weizen zu bedecken. Allein für das letzte Feld (9,223 Trillionen) benötigt man so viele Transporter, dass diese – hintereinander aufgestellt – 231.666mal um die Erde reichen würden. Die von *Sissas* geforderte Körnermenge reicht nach Berechnungen des englischen Mathematikers *Lodge* aus, um ganz England bis zu einer Höhe von zehn Metern damit zu bedecken (vgl. SVG, 2014). So viel zur Illustrierung des exponentiellen Wachstums!

Diese Geschichte kann man nun mit dem **Mooreschen Gesetz** (Moore's Law) in Beziehung setzen. Gemäß dieses – auf empirischen Beobachtungen aufbauenden – „Gesetzes" prognostizierte *Moore* schon 1965, dass es ca. alle zwei Jahre zu einer **Verdoppelung der digitalen Rechenleistung** kommen wird. Welche Konsequenzen diese Entwicklung hat, wenn wir uns jetzt auf der **zweite Hälfte des digitalen Schachbretts** bewegen, zeigt die obige Geschichte. Ein entscheidender Treiber der digitalen Revolution wird so überdeutlich: die laufende Verdopplung der digitalen Rechenleistung!

Dass wir uns bereits auf der zweiten Hälfte des Schachbretts mit seinen schier **unvorstellbaren Quantensprüngen** bewegen, erklärt die Fortschritte, die in den letzten Jahren erzielt wurden. Wenn wir uns fragen, warum es uns bspw. 2004 noch nicht möglich war, ein selbstfahrendes Auto zu realisieren, dann lag es daran, dass wir uns noch weit in der ersten Hälfte des Schachbretts bewegten. Auch hier verdoppelten sich zwar die Leistungen, aber auf noch niedrigem Niveau. Das war auch der Grund, warum es dem Computer *Watson* nicht vor dem Jahr 2011 möglich war, den menschlichen Geist bei offenen Quizrunden wie *Jeopardy* zu besiegen. Gehen wir gedanklich noch ein paar Jahre mehr zurück – auf die ersten Felder des Schachbretts. Dann wird nachvollziehbar, dass die Computer, die im Juli 1960 die Mondlandung ermöglichten, über eine deutlich geringere Rechenleistung als das *iPhone 4* verfügten und für die Hardware dennoch ca. 100 Millionen US-$ bezahlt werden musste (vgl. Vodafone, 2012). Etwas mehr als für ein *iPhone 4*.

Haben wir das Ende der Fahnenstange schon erreicht? Wir gehen davon aus, dass wir uns heute auf dem **37. Feld des Schachbretts** befinden. Die richtig gravierenden Technologie- und Leistungssprünge, die alle bisherigen in den Schatten stellen werden, stehen uns folglich erst noch bevor. Und jede wird in ihren Möglichkeiten doppelt so umfassend sein wie bisher. Was wurde bisher schon erreicht? Die Preise für PCs bspw. sind nach Angaben des *US-Bureau of Economic Analysis* seit 1980 um 99,9% gefallen. Ein Beispiel: Während 1982 eine 1-Giga-Byte-Festplatte von *Control Data* noch 50.000 DM kostete, verfügt das *iPhone 6* über einen Speicher von 128 Giga-Byte und verursacht dafür Kosten in Höhe von lediglich ca. 40 €. Selbst Software kostet nur noch 0,7% von dem, was für eine vergleichbare Leistung noch 1980 bezahlt werden musste. Auch die Gebühren für die mobile Telefonie sind signifikant gesunken und haben sich seit 1990 mehr als halbiert (vgl. Schäfer, 2015, S. 26).

Ergänzt man die hier präsentierten **Effekte eines exponentiellen Wachstums** um die nachfolgend beschriebenen Möglichkeiten der Digitalisierung und „multipliziert" diese mit den **Implikationen der Kombinatorik**, wird die **Veränderungsdynamik** deutlich, an deren Anfang wir jetzt stehen. Die angesprochene Kombinatorik wird zunächst gefördert durch das kontinuierliche Wachstum des Netzes. *Google, Facebook* und Co. investieren Milliarden US-$, um mit Drohnen, Ballons und Satelliten möglichst der ganzen Menschheit (kostengünstigen) Zugang zum Internet zu ermöglichen (vgl. Fuest/Kaiser, 2014). Mit dem kostenlosen Online-Dienst *internet.org* will *Facebook*-Chef *Mark Zuckerberg* die nächste Milliarde Menschen für das Internet gewinnen (vgl. Heuzeroth, 2015, S. 27). Parallel versuchen Hardware-Hersteller, durch kostengünstigere Angebote von Computern, Tablets und Smartphones den vielen Millionen Menschen Zugang zum Internet zu ermöglichen, die sich aufgrund fehlender Kaufkraft die notwendigen Devices bisher nicht leisten konnten (vgl. o. V., 19.2.2014). Hierdurch wird das Internet in den nächsten Jahren noch weiter an Bedeutung gewinnen.

Die **Implikationen der Kombinatorik** werden zusätzlich sichtbar, wenn man sich den Trend zu immer mehr und weiter vereinfachten Schnittstellen zur Steuerung von und zum Zugriff auf Computer vor Augen führt. Hierzu trägt der zunehmende **Einsatz von Sensoren** nachhaltig bei. Sensoren, verbunden über das Internet of Everything, gekoppelt mit leistungsstarken Algorithmen zur Mustererkennung, treiben die Digitalisierung von Prozessen weiter voran. Zusätzlich wird sich der Einsatz von Sensoren immer stärker auch auf Tiere und Menschen (bspw. als Patienten) ausdehnen. Denn gerade für Monitoringaufgaben sind Computer bestens geeignet, weil sie nie schlafen, ihnen Trägheit fremd ist und der menschliche Bias in der Bewertung entfällt. Wir stehen somit am Beginn der **Entwicklung einer Sensor-Economy**, deren Auswirkungen sich momentan erst schemenhaft abzeichnen. Die rückläufigen Kosten für digitale Sensoren verbunden mit Low-Energy-Solutions werden diesen Trend weiter beschleunigen.

Einen weiteren Beschleuniger der Digitalisierung und Automatisierung stellen die immer smarter werdenden **Benutzerschnittstellen** dar – neben der **Sprachsteuerung** oder der **Gestensteuerung**. Computern wird es durch diese Schnittstellen immer leichter gemacht, auf ein ganzes Spektrum menschlicher Wünsche zu reagieren. Systeme wie *Apple Siri,*

Google Now und *Amazon Echo* setzen natürliche Benutzerschnittstellen ein. Sie erkennen das gesprochene Wort, interpretieren seine Bedeutung und agieren entsprechend. Hiermit tun sich ganz neue Einsatzfelder auf, weil eine Tastatur oder ein Tablet als Eingangsmedium entfallen.

Der **Kombinatorik verschiedener Anwendungen** sind dann keine Grenzen mehr gesetzt! Die digitalisiert verfügbaren Daten können bei Bedarf in Echtzeit ausgewertet werden, um – ggf. ebenfalls in Echtzeit – Produkte, Services und Prozesse zu optimieren. Ein Beispiel hierfür ist die Verknüpfung von *Google Maps* mit dem Navigationssystem, welches – in Echtzeit – Verkehrsfunkdaten erhält und eine dynamische Stauumfahrung ermöglicht. In Abhängigkeit der bereits erreichten Reisezeit kann dem Fahrer, der ggf. über ein Wearable bzgl. seiner Körperfunktionen getrackt wird, gleichzeitig noch ein Restaurant auf der Ausweichroute empfohlen werden. Dieses Restaurant wird auf Basis von Kundenbewertungen ausgewählt, die dem Profil des Fahrers entsprechen und deshalb als relevant erachtet werden. Außerdem können Restaurantpräferenzen Berücksichtigung finden, die der Fahrer bei *Facebook*, *Google+* oder *Yelp* zum Ausdruck gebracht hat. Für die einen eine Horrorvision – für die anderen einfach nur Bequemlichkeit und Relevanz!

In Abb. 1.3 wird zunächst das exponentiell wachsende **Veränderungspotenzial** aufgezeigt, das sich aus den vorgenannten Entwicklungen ergibt. Im Hinblick auf die Ausschöpfung von **Gestaltungsmöglichkeiten für Unternehmen** müssen wir uns über eines im Klaren sein: Unternehmenslenker und damit Unternehmen sind häufig erst dann bereit, sich zu ändern, wenn Krisen bereits eingetreten sind. Diese sind hier durch die **Break Points** gekennzeichnet. Aber selbst dann wird durch Vorstandswechsel oder strategische Neuausrichtungen des Unternehmens das vorhandene **Veränderungspotenzial** häufig nur teilweise ausgeschöpft.

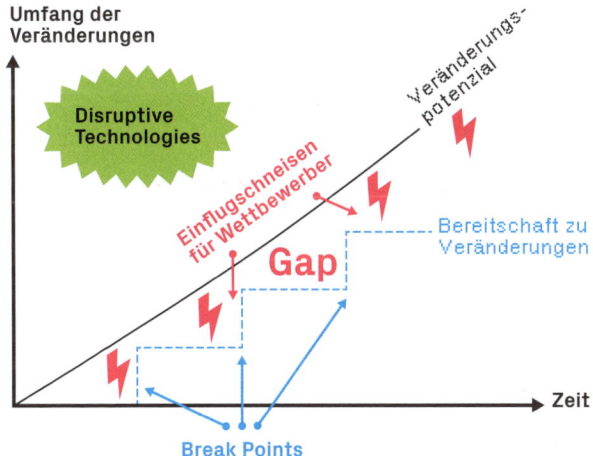

Abb. 1.3: Wie groß ist die Bereitschaft zu Veränderungen in unserem Unternehmen?

Und was ist die Konsequenz? Die Lücke („**Gap**"), die sich zwischen der Bereitschaft für Veränderungen im jeweiligen Unternehmen und den tatsächlichen Handlungsmöglichkeiten auftut, ist die **Einflugschneise für (neue) Wettbewerber**. Diese richten ihr eigenes Geschäftsmodell optimal an den neuen Handlungsmöglichkeiten aus. Weil sie häufig „unbelastet" sind durch eine spezifische Historie in dieser Branche oder als Start-up die vorhandenen Möglichkeiten uneingeschränkt nutzen können. Dann stehen weder alte IT-Strukturen noch überkommende hierarchische Organisationen der innovativen Marktbearbeitung im Wege. Das bedeutet nichts anderes, als dass die in verschiedenen Branchen etablierten Wettbewerber durch ihr eigenes zögerliches Verhalten (branchenfremden) Unternehmen erst ermöglichen oder erleichtern, in die eigenen Bastionen vorzudringen. Das heißt nichts anderes, als dass nichts oder zu wenig tun die etablierten Unternehmen selbst in Gefahr bringt. Gleichzeitig gilt, dass die sogenannten **disruptiven Technologien** – die bisherige bekannte Entwicklungsläufe unterbrechen – die Handlungsmöglichkeiten in den Unternehmen abrupt verschieben können. Und gerade hier gilt, dass sich neue Unternehmen mit deren Nutzung tendenziell viel leichter tun als die Platzhirsche!

Anhand von zwei **Branchenanalysen** werden die Implikationen verdeutlicht, die eine zögerliche oder fehlende Veränderungsbereitschaft der Unternehmen mit sich bringen. Dazu wurde zunächst die **Zeitungsbranche** untersucht. In Abb. 1.4 wird sichtbar, dass die *Financial Times Deutschland* sowie die *Frankfurter Rundschau* die Veränderungsnotwendigkeit nicht frühzeitig genug erkannt und entschieden gehandelt haben. Während die *Financial Times Deutschland* vom Markt verschwunden ist, konnte die *Frankfurter Rundschau* nur unter dem Dach der Frankfurter Allgemeinen Zeitung gerettet werden. Die einzige Tageszeitung, die in den letzten Jahren – gegen den Branchentrend – gewachsen ist, ist *Die Zeit*. Ihr ist es gelungen, frühzeitig notwendige – auch regionale – Adaptionen vorzunehmen, um in der Zielgruppe eine hohe Relevanz beizubehalten.

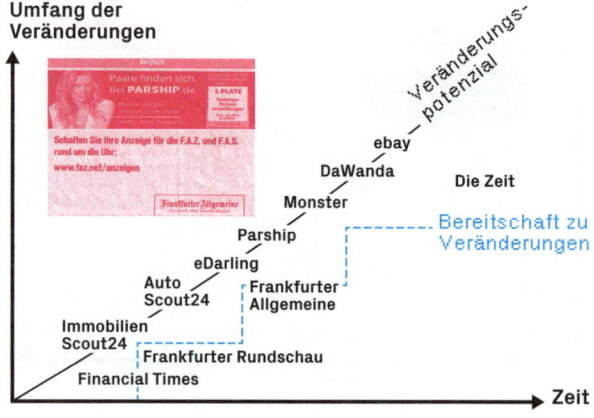

Abb. 1.4: Warum sind die (meisten) Tageszeitungen auf Verliererkurs?

Die **klassischen Zeitungsverlage** hatten ihr **Geschäftsmodell** als „Präsentation von Informationen auf Papier" beschrieben. Deshalb wurde das Internet als Informationskanal ausgeklammert, weil es das eigene (papiergestützte) Geschäftsmodell gefährdet hätte. Die Verlage haben in der Folge die neuen technologischen Möglichkeiten lange Jahre vernachlässigt. Wie Abb. 1.4 zeigt, wurden die Lücken durch neue Anbieter wie bspw. die *Scout-Gruppe*, eDarling, *PARSHIP.de*, *monster.de*, *DaWanda* und *ebay* erkannt und mit innovativen, digitalen Geschäftsideen ausgefüllt.

Was bspw. der *Frankfurter Allgemeinen Sonntagszeitung* von den Partnerschaftsanzeigen noch geblieben ist, ist eine kleine Textanzeige mit dem Hinweis auf die Online-Angebote von *PARSHIP.de*, die in Abb. 1.4 zu sehen ist. Auch Immobilienanzeigen, Stellenangebote sowie Kleinanzeigen für Autos und alle möglichen weiteren Produkte sind in der Mehrzahl unwiederbringlich in die Online-Welt abgewandert. Und damit wurde eine (überlebens-)wichtige Ertragssäule für Zeitungsverlage gekappt!

Online-Plattformen wie der *Apple Zeitungskiosk*, der auf jedem *iPhone* vorinstalliert ist, bieten einen Online-Zugang zu Printmedien. Allerdings findet ein hoher Teil der Wert(ab)schöpfung auch für deutsche Medien dann in den USA statt. Deshalb gewinnen Lösungen wie die *tolino-Allianz* der großen deutschen Buchhändler *Thalia, Weltbild, Hugendubel, Bertelsmann* sowie der *Deutschen Telekom* als Technologie- und Innovationspartner an Bedeutung (*tolino.de*). Denn bei solchen – deutschen – Lösungen bleibt die Wertschöpfung auf dieser Seite des Atlantiks!

Ein Blick auf die **Mediengeschichte** zeigt dabei zweierlei. Zum einen lautet ein schon ehernes Gesetz, dass sich die Dynamik der neuen Medien durch kulturkritische Klagen nicht ausbremsen lässt. Zum anderen wird es dazu kommen, dass gedruckte Zeitungen wieder zu dem werden, was sie einmal waren: „hinkende Boten" und „langsame Reflexionsmedien" (Hörisch, 2014). Den Vorteil, schnell zu sein, haben die Zeitungen schon lange an Radio, TV und jetzt das Internet abgegeben. In der schnelllebigen und häufig auch oberflächlichen Zeit Inhalte zur vertiefenden Reflexion zu bieten, wird zur (Über-)Lebensnische vieler Zeitungen werden.

In einer weiteren Branche hat der digitale Darwinismus ebenfalls zugeschlagen. Wir haben alle mitbekommen, dass *Quelle* – vormals Europas größtes Versandhaus – und *Neckermann* das Lebenslicht ausgeblasen wurde. Mehrere tausend Mitarbeiter verloren in der Folge ihren Job. *Weltbild* liegt auf der Intensivstation, während sich *Tchibo* und *OTTO* (noch) recht erfolgreich – aber teilweise unter Schmerzen – im Wettbewerb bewähren. Die etablierten Versandhäuser werden herausgefordert durch Unternehmen, die es mehrheitlich vor zehn oder zwanzig Jahren noch nicht gab. Ihr großer Vorteil ist: Sie schleppen nicht so viel Ballast in Form von großen, repräsentativen Gebäuden, aufgeblähten Hierarchien und ebensolchen Reportingwegen mit sich. Auch stammt deren IT-Lösung nicht aus Zeiten, in denen zu einer Kundenadresse nicht auch noch eine E-Mail-Adresse abzuspeichern war! Und die große Mehrheit der Mitarbeiter in den neuen Unternehmen wurde mit Online-Angeboten sozialisiert und hat das Internet mit seinen Möglichkeiten bereits umfassend in den eigenen Alltag integriert. Hier hat ein Generationswechsel bei den zentralen Leistungsträgern stattgefunden. Wer einen visuellen Beweis dafür sucht, muss nur einmal die Unternehmenszentralen von *amazon*, *Zalando* oder *myToys* aufsuchen. Der Altersschnitt der Mitarbeiter liegt hier signifikant unter dem der „etablierten" Wettbewerber! In Summe sind diese neuen Wettbewerber damit beweglicher, innovativer und auch deutlich risikofreudiger — schließlich haben sie wesentlich weniger zu verlieren als die etablierten Unternehmen. Ein paar dieser innovativen Unternehmen, die in die Lücke eingestiegen sind, die die etablierten Anbieter unbearbeitet ließen, finden sich in Abb. 1.5.

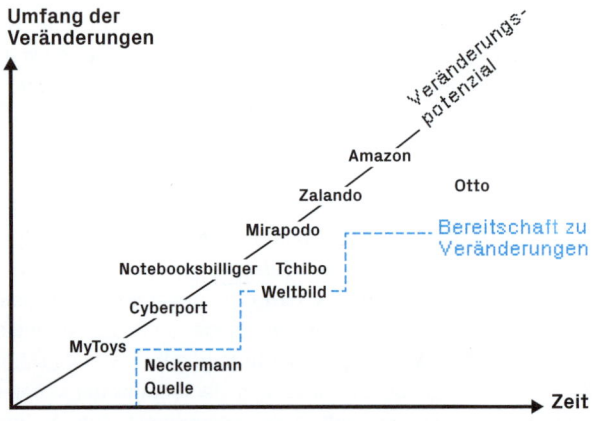

Abb. 1.5: Warum sind die klassischen Versender auf Verliererkurs?

Was ist die Folge? Der digitale Darwinismus macht auch vor den vormals erfolgreichen Playern nicht halt — auch wenn sie viele Jahrzehnte Unternehmensgeschichte auf dem Buckel haben! Wie Abb. 1.6 zeigt, gibt es – außerhalb der Finanzbranche – auch kein „**Too big to fail**" und kein „**Too small to succeed**"! (vgl. Solis, 2012b). Der digitale Darwinismus sortiert auch frühere Weltmarktführer wie *Nokia* und *Kodak* aus, *Blackberry* wird an seine Grenzen geführt und das wichtigste englischsprachige Nachschlagewerk der Welt, die legendäre *Encyclopedia Britannica* hat 2012 ihr Erscheinen beendet. Interessant ist dabei, dass die digitale Fotografie, an der *Kodak* letztendlich gescheitert ist, von *Kodak* selbst entwickelt wurde. Aber das Potenzial dieser neuen Technologie wurde nur in seiner Bedrohung für das eigene Geschäftsmodell gesehen – als Kannibalisierung, aber nicht in seinen Chancen! Deshalb blieb das Potenzial dieser digitalen Technologie ungenutzt. Auch hier hat das zögerliche Vorgehen von *Kodak* erst die Chance für andere Unternehmen eröffnet, in die „digitale" Lücke vorzustoßen, die schließlich zum Ende des ursprünglichen Erfolgsunternehmens *Kodak* führte.

There is not too big to fail!

Nokia	BlackBerry	Kodak	Britannica
DisConnecting	X X	Chapter 11	R.I.P.
People			

And no too small to succeed!

Amazon	Ebay	Facebook	WhatsApp	Uber
Born	Born	Born	Born	Born
1994	1995	2004	2009	2009

Abb. 1.6: Was gilt beim „digitalen Darwinismus"?

Merk-Box

If we don´t create the thing that kills us – someone else will!

Gleichzeit ermöglicht dieser brutale Ausleseprozess auch eines: Neuen Unternehmen wird es möglich, schon in kurzer Zeit extrem schnell zu wachsen und dadurch zur zentralen Bedrohung für etablierte Unternehmen zu werden. Das letzte Beispiel hierfür ist *Uber.* Hierbei handelt es sich um einen Online-Vermittlungsdienst von Fahrgästen an Mietwagen mit Fahrern sowie an private Fahrer zur Personenbeförderung. Auch reguläre Taxis können vermittelt werden. Die Vermittlung selbst erfolgt – digitalisiert – über eine Smartphone-App bzw. über eine Website. Damit hat *Uber* ein Geschäftsmodell außerhalb der etablierten Strukturen und rechtlichen Normen etabliert. Die herausgeforderten Taxi-Unternehmen wollen den Wettbewerb – nur eingeschränkt erfolgreich – mit rechtlichen Schritten unterbinden. Dies hat aber nicht verhindert, dass das Unternehmen *Uber* Ende 2014 mit einem Unternehmenswert von 40 Milliarden US-$ bewertet wurde (vgl. o. V., 7.12.2014, S. 39). Eine beträchtliche Größenordnung für ein Unternehmen, das über kein einziges Fahrzeug verfügt...

Merk-Box

Die Gesamtheit dieser Veränderungen kann man wie folgt zusammenfassen:

- Industrieunternehmen müssen zu Serviceunternehmen werden.
- Hersteller von Konsumgütern entwickeln sich (auch) zu Internet-Unternehmen.
- Energieunternehmen etablieren sich zusätzlich als Informationsprovider.
- Medien- und Unterhaltungsunternehmen erschließen sich die Logistik als weitere Wertschöpfungsplattform.

Hierdurch verschieben sich die Branchengrenzen — und es gilt: „Every business is a digital business" (Accenture, 2014, S. 3). Dabei gilt eines: Die erste Welle der Digitalisierung und Dematerialisierung war die Domäne der Start-ups, die frei von Konventionen, etablierten Strukturen und Prozessen und auch ohne großen Kostendruck innovativ waren.

Jetzt kann die große **Stunde der etablierten Konzerne und Unternehmen** kommen, die die Relevanz der Veränderungen erkannt haben, jetzt die notwendigen Schritte einleiten und mit der vorhandenen Kompetenz, Erfahrung, Kapitalausstattung und einem bewährten Prozess-Know-how ihre PS auf die Straße bringen können.

Merk-Box

Der Zeitpunkt für etablierte Konzerne und Unternehmen zum Einstieg in die digitale Transformation ist jetzt. Das strategische Fenster hierzu ist jetzt offen! Jetzt! Jetzt! Jetzt! Und nicht mehr sehr lange!

Think-Box

- Durch welche Geschäftsmodelle und Konzepte wird mein Unternehmen besonders herausgefordert?
- Welche (neuen) Wettbewerber etablieren sich gerade – ggf. auch aus ganz anderen Branchen?
- Welche Einflugschneisen überlassen wir den Wettbewerbern, weil wir selbst keine angemessenen Angebote präsentieren?
- Welche dieser Lücken sollten wir besonders schnell schließen, weil sie einen hohen Nutzwert für die Kunden bieten?
- Wie lange ist das strategische Fenster noch offen, damit wir selbst mit innovativen Lösungen an den Markt gehen?
- Welche Chancen und Risiken sind mit der exponentiellen Entwicklung der verfügbaren Technologien und Systeme für unser Unternehmen verbunden?
- Welche Bereiche unserer Wertschöpfung sind durch die Digitalisierung besonders bedroht?
- In welchen Feldern können wir interessante Leistungen – digitalisiert – anbieten?
- Welche Kostensenkungspotenziale sind durch die Digitalisierung erreichbar?
- Welche Benchmarks existieren hier – innerhalb und außerhalb meiner Branche?

1/2

2/2

- Was bedeutet die Kombinatorik verschiedener Entwicklungslinien hin zum Internet of Everything für mein Unternehmen?
- Welche Entwicklungen zeichnen sich schon ab?
- Wer ist in meinen Unternehmen für die digitale Transformation zuständig?
- Gibt es hierzu eindeutige Verantwortlichkeiten auf der obersten Führungsebene – unterstützt durch Personal und Budget – und gefordert durch anspruchsvolle Ziele?
- Wenn nicht jetzt, wann dann?

1.2   Social Revolution

Die nachfolgend diskutierten Entwicklungen werden durch einen Prozess beschleunigt und verstärkt, den wir mit dem Begriff **Social Revolution** bezeichnen möchten. Durch die sogenannten „sozialen Medien" wird es selbst dem „durchschnittlichen" Internet-Nutzer möglich, aktiv in die Online-Kommunikation einzugreifen. Bei den sozialen Medien weisen insb. *Facebook*, *Google+*, *Xing* und *LinkedIn*, aber auch *WhatsApp*, *Instagram* und *Tumblr* eine zentrale Bedeutung auf. Aber auch Media-Sharing-Plattformen wie *YouTube* und *Pinterest* erlauben es den Nutzern, eigene Kreationen zu entwickeln und der gesamten Welt zu präsentieren. Wie relevant die „soziale Komponente" inzwischen geworden ist, lässt sich an der **Social Landscape** ablesen (vgl. Abb. 1.7). Dort wird sichtbar, dass immer mehr Begriffe die Vorsilbe „social" tragen und damit die Relevanz dieser Entwicklung unterstreichen. Jedes Unternehmen ist gut beraten, die Auswirkungen davon auf das eigene Geschäftsfeld zu prüfen!

Social Networks

Social POS   **Social Software**

Social Badges   **Social Logins**

Social TV   **Social Commerce**

Social Sharing   Social Recruiting

Social Filter   **Social CRM**

Social News Sites   **Social Search**

Social Ads   **Social Pressure**

Abb. 1.7: Die Social Landscape

Die enorme **Bedeutung der sozialen Medien** verdeutlicht Abb. 1.8. Dort wird sichtbar, dass erstmals allen Bevölkerungsschichten und allen Stakeholdern eines Unternehmens extrem kraftvolle – weil öffentlichkeitswirksame – Instrumente zur Bewertung von Leistungen der Unternehmen sowie zur unmittelbaren Kontaktaufnahme und damit zum Dialog mit diesen zur Verfügung stehen. Wichtig ist allerdings schon an dieser Stelle der Hinweis, dass die sozialen Medien sowohl **werteschaffende** wie auch **wertevernichtende Inhalte** aufweisen können — und es in hohem Maße an unserem unternehmenseigenen Engagement selbst liegt, welche Inhalte dominieren!

Abb. 1.8: Zunehmend unkontrollierbare und komplexe Meinungsbildung von Stakeholdern durch die sozialen Medien

Die sozialen Medien erleichtern einen **Austausch Many-to-many**. Dieser kann sich u. a. an gleichen Interessen, einem vergleichbaren beruflichen Umfeld, gemeinsamen Vorhaben, ähnlichen Meinungen oder politischen Einstellungen orientieren. Durch den **Austausch von Informationen** (wie etwa Kommentaren, Bewertungen oder Empfehlungen) sowie das **Teilen von eigenen Leistungen** (bspw. selbst verfassten Texten, Stand- und Bewegtbildern sowie Audio-und anderen Produktionen) werden **soziale Ziele** verfolgt. Es geht bspw. um Anerkennung, eine Vernetzung zwischen den beteiligten Personen und/oder schlicht den Austausch von unterschiedlichsten Inhalten. **Kommerzielle Ziele** treten bei privaten Nutzern der sozialen Netzwerke untereinander häufig in den Hintergrund. Unternehmen und insb. rein werblichen Botschaften kommt in den sozialen Medien folglich zunächst keine dominante Rolle zu. Dies wird an folgendem Zitat plastisch deutlich: „Statt relevante Informationen im Kontext zu liefern, gezielt Fragen zu beantworten und hilfreich zu sein, wenden viele Marketiers die

Spam-Schleuder auf Facebook, Twitter & Co. an und wundern sich, dass sich ihre Maßnahmen nicht auszahlen" (Steimel, 2012).

Doch was motiviert Konsumenten weltweit, sich in den sozialen Netzen zu engagieren? Die international ausgerichtete Studie UM Wave7 (2014) liefert spannende Ergebnisse (vgl. Abb. 1.9). An erster Stelle der **Motive für ein Engagement in den sozialen Medien** steht nach wie vor die Möglichkeit, mit Freunden in Kontakt zu bleiben und Menschen zu treffen. Die Chance, sich selbst zu verwirklichen und schlicht Spaß zu haben, folgt auf den nächsten Plätzen.

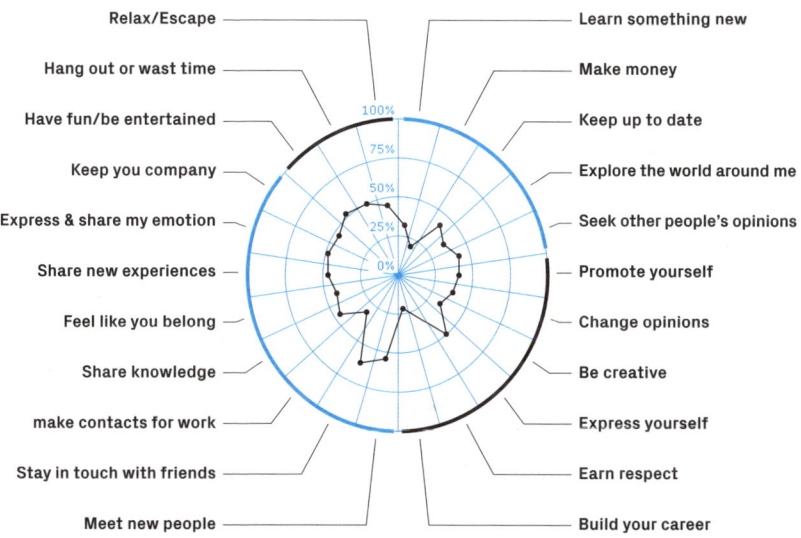

Abb. 1.9: Motive des Engagements in den sozialen Medien
Quelle: UM Wave7 (2014)

Diese **Motivlandschaft** ist bei der Einbindung der sozialen Medien in unsere Unternehmenskommunikation zwingend zu berücksichtigen. Denn im Kern geht es innerhalb der sozialen Medien um eine **Interaktion zwischen Internet-Nutzern** – verbunden mit dem **Austausch von Informationen und User-Generated-Content**. So entstehen zum einen **soziale Beziehungen zwischen den Nutzern**, die sich auf gleicher hierarchischer Ebene begegnen. Dies gilt hier auch für die Begegnung zwischen ganz „normalen Kunden" und Unternehmen – **ein Austausch auf Augenhöhe**. Zum anderen können sich **Meinungsführer-Meinungsfolger-Beziehungen** herausbilden, die sich im gemeinsamen Erstellen, Weiterentwickeln und Distribuieren von Inhalten bspw. über Blogs und Communitys konkretisieren. Die niedrigen Einstiegsbarrieren bei der Nutzung der sozialen Medien – wie geringe Kosten, einfache Möglichkeiten zum Upload von Inhalten, leichte Bedienbarkeit (auch Usability genannt) – fördern deren Verbreitung. Deshalb ist es nicht erstaunlich, dass heute bereits ca. 75% der online verfügbaren Inhalte von Privatpersonen stammen.

Merk-Box

Die Informationshoheit im Internet haben die Unternehmen schon lange an die Internet-Nutzer verloren. Unternehmen haben auch keine Möglichkeit mehr, die dort stattfindenden Diskussionen zu kontrollieren. Auch wenn man es gerne wollte!

Was wir feststellen können, ist eine umfassende **Demokratisierung von Medienmacht**. Früher haben Medienmacher wie *Murdoch*, *Springer* und Co. das **Agenda-Setting** betrieben. Im Jahr 2015 reicht schon der Tweet einer 17-jährigen Schülerin aus Köln aus (vgl. Abb. 1.10), um tagelang Schockwellen durch die Medien zu jagen und verantwortliche Politiker und sonstige Meinungsmacher zu Stellungsnahmen zu zwingen. Wie im Kleinen, können solche Schockwellen auch im Großen ausgelöst werden, wie der *Arabische Frühling* gezeigt hat. Ohne *Twitter*, *Facebook* und Co. hätte er so nicht stattfinden können!

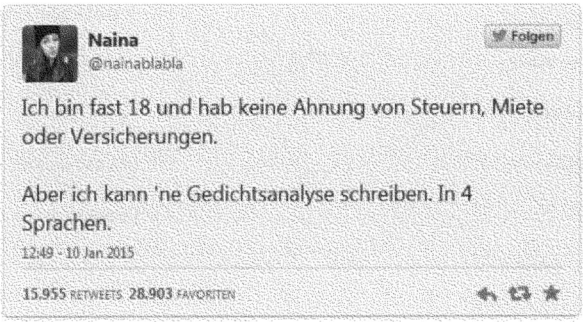

Abb. 1.10: Agenda-Setting durch eine Schülerin per Tweet
Quelle: o. V., 13.1.2015

Wer Unternehmen heute zu einem besseren Service zwingen möchte, präsentiert sein Anliegen auf *Twitter* oder *Facebook*. Wenn das Unternehmen auf klassische Reklamationen über Brief und E-Mail bisher – auch nach Monaten – nicht reagiert hat, stellt sich eine problemlösende Stellungnahme auf den sozialen Medien häufig bereits nach wenigen Stunden ein. Das zeigen eigene Erfahrungen bei *AirBerlin*, *Iberia* und *Deutsche Telekom*.

Einerseits werden die Unternehmen so – Service-bezogen – von den eigenen Kunden auf Trapp gebracht. Andererseits bietet sich aufgrund dieses direkten Austauschs auf Augenhöhe die Möglichkeit, eine viel schnellere und auch direktere Rückmeldung zu Leistungen des eigenen Unternehmens zu erhalten. Die berühmten **Customer Insights** lassen sich so viel einfacher, direkter und in Realtime beschaffen. Allerdings ist hier immer zu prüfen, ob die sich bspw. in den sozialen Medien engagierende Zielgruppe repräsentativ für die gesamten Kunden ist.

Allerdings ist hier auch ein interessanter Effekt festzustellen: „Das Internet gibt jedem die Gelegenheit, sich zu äußern. Das hat das Niveau der Diskurse nicht gehoben", wie der Kabarettist *Dieter Nuhr* treffend feststellte. Oder wie *Sascha Lobo* formulierte: „Soziale Medien schienen bei bestimmten Menschen den dünnen Firnis der Zivilisation abplatzen zu lassen, unabhängig von der Anonymität" (vgl. Franz, 2015, S. 1). Nicht umsonst werden thematische und insb. stilistische Fehlleistungen in den sozialen Medien als Shitstorm bezeichnet. Eine Erklärung für die hier festzustellenden Fehlleistungen – einer **Dehumanisierung** gleich – liefert *Konrad Lorenz* in seinem Werk *Acht Todsünden der zivilisierten Menschheit*: „Der Wettlauf der Menschheit mit sich selbst, der die Entwicklung der Technologie zu unserem Verderben immer rascher vorantreibt, die Menschen blind für alle wahren Werte macht und ihnen die Zeit nimmt, der wahrhaft menschlichen Tätigkeit der Reflexion zu obliegen." Interessant ist, dass dieses Buch bereits 1973 erschien.

Deshalb endete der in Abb.1.10 dokumentierte Denkanstoß von Naina auch in einem Shitstorm. Und die Autorin verabschiedete sich von der *Twitter*-Gemeinde mit dem Tweet: „Dieser Hass hier ist so heftig, Ihr widert mich an. Sagt Bescheid, wenn ihr wieder normal seid. Bis dann." Wenn man *Arthur Schopenhauer* ernst nimmt mit der Aussage, dass die Sprache eines Landes über den Zustand seiner Kultur Auskunft gibt, dann ist es um diese zumindest in den immer umfassender genutzten sozialen Medien relativ schlecht bestellt (vgl. Franz, 2015, S. 1).

Gleichzeitig können wir feststellen, dass wir in der **Epoche der Augenzeugen** angekommen sind. Das bedeutet in erster Linie aber nicht „mehr Aufklärung" für alle, sondern, dass sich jeder seine ganz „eigene Wahrheit" schaffen kann (vgl. Kister, 2014). Dadurch ergibt sich ein ganz unterschiedliches Bild der „Realität", je nachdem, welchen Verschwörungstheorien im Internet man gerade folgen mag. Die entsprechenden Foto- und Video-„Beweise" werden nachgeliefert – dank Photoshop in jeweils der Version, die zur Untermauerung der eigenen Theorie notwendig erscheint. Die **Totalkommunikation** ist wirklich „total": „jeder mit jedem jederzeit über jedes." Die Wahrheit bleibt dabei – immer häufiger unerkannt – auf der Strecke.

> **Merk-Box**
>
> Um diese Entwicklung zu meistern, sollten wir uns an *Goethe* anlehnen. „Er machte es sich zum Grundsatz, nur so viel Welt in sich aufzunehmen, wie er auch verarbeiten konnte. Worauf er nicht irgendwie produktiv antworten konnte, das ging ihn nichts an, mit anderen Worten: Er konnte auch wunderbar ignorieren. Selbstverständlich mußte er auch an vielem Anteil nehmen, das er sich lieber erspart hätte. Aber so weit es an ihm lag, wollte er den Umfang seines Lebenskreises selbst bestimmen" (Safranski, 2013, S. 15).

Uns allen ist dieser Hinweis zur Gelassenheit und Souveränität ans Herz zu legen. Damit wir nicht jeder „Online-Sau" hinterher jagen, die gerade durch's Dorf getrieben wird!

Zusätzlich müssen wir uns mit einem anderen Phänomen beschäftigen, das mit dem Begriff **Filter Bubble** belegt wird. Viele Online-Anbieter (wie *Google*, *Facebook*, Bewertungsplattformen etc.) versuchen, uns Nutzern immer relevantere Inhalte zu präsentieren. Hierfür werten sie Big Data umfassend aus – insb. unsere Präferenzen, die sich in spezifischen Suchanfragen und in Clicks, Shares, Comments etc. als digitaler Schatten niederschlagen. In der Folge werden uns immer mehr Informationen präsentiert, die zu unseren gezeigten Präferenzen in der Vergangenheit passen. So werden wir aufgrund der Tatsache, dass insb. online immer mehr Informationen über uns und unsere Präferenzen vorliegen, immer stärker zum **Gefangenen unserer eigenen Präferenzen**. Dieses Phänomen wird mit dem von Eli Pariser (2011) geprägten Begriff der **Filter Bubble** beschrieben (vgl. Abb. 1.11). Die Online-Anbieter im Internet versuchen immer stärker, Zugang zu unseren Präferenzen zu erhalten, um die vermeintlich am besten geeigneten – weil relevanten – Informationen und Angebote zu unterbreiten. Wenn wir uns mit den bereitgestellten Informationen länger beschäftigen – und dies wird wiederum erfasst – werden unsere schon erfassten Präferenzen bestätigt. Dieses Prozedere wiederholt sich, wenn wir bspw. ein von *amazon* präsentiertes Angebot annehmen. Die Konsequenz: Wir erhalten immer „**Mehr vom Gleichen**".

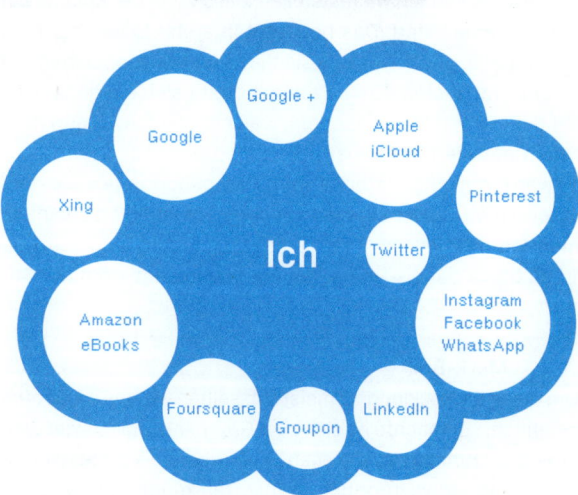

Abb. 1.11: Filter Bubble – Gefangen im Netz der eigenen Präferenzen

Mit diesem Prozess geht – für die Nutzer zunächst unbemerkt – eine kontinuierliche **Einschränkung des Zugangs zu Informationen und Angeboten** einher. Denn es werden uns von *Google*, *Facebook*, *YouTube*, *Pinterest*,

Twitter, Apple, amazon und Co. mehr und mehr nur die Angebote unterbreitet, bei denen bei uns die höchste „Abschlusswahrscheinlichkeit" vorliegt. Die Wirkung der Filter Bubble beschränkt somit in zunehmendem Maße, wie wir die Welt sehen! Und die uns präsentierte Sicht auf die Welt unterscheidet sich – bei divergierenden Präferenzen – von der anderer Nutzer. Das kann jeder feststellen, der einmal folgenden einfachen Versuch unternimmt. Drei Nutzer geben in ihren Laptop oder ihren Tablet-PC bei *Google* die gleichen Suchbegriffe ein. Dann wird leicht sichtbar, dass jeder Nutzer ganz unterschiedliche Angebote erhält. Durch die Orientierung an einem „Mehr vom Gleichen" manifestieren sich kontinuierlich unsere einmal gefassten Meinungen und unsere gezeigten Präferenzen, weil wir weniger alternative Sichtweisen und Angebote unterbreitet bekommen.

Diese Auswertungen führen zu einem Phänomen, das „**Endlos-Inhaltsschleife**" genannt werden kann. Denn es werden – basierend auf den bisherigen Erkenntnissen – immer nur ähnliche Angebote präsentiert, weil diese die **höchsten Abschlusserwartungen** aufweisen! Wenn man schwarz-weiß malt, kann folgende Konsequenz eintreten: „Wir sterben den virtuellen Tod der Berechenbarkeit" (Meckel, 2011, S. 94). Damit gilt: Die **Filter Bubble** blockiert zunehmend, dass sich Nutzer ungehindert Informationen beschaffen, die – nur scheinbar – für alle gleich leicht oder gleich schwer zugänglich im Internet bereitstehen. Welche Informationen der Nutzer online sehen, hören und lesen kann, bestimmt dieser damit nicht mehr alleine, sondern in zunehmendem Maße die **Algorithmen der Informationsanbieter**. Damit beeinflussen diese – noch weitgehend unbeachtet von der Öffentlichkeit – unsere Sicht auf die Welt, die Unternehmen und deren Angebote.

Merk-Box
Wir sehen die Welt durch einen Filter, den wir selbst aufgebaut haben. Und dieser Filter wird dadurch bestimmt, was uns bisher von der Welt interessiert hat.

Wie können sich die Nutzer vor diesen Effekten schützen? Eine Möglichkeit besteht darin, die eigenen Spuren im Internet so gering wie möglich zu halten. Dazu gehört bspw. auch, Cookies regelmäßig zu löschen – was allerdings zu deutlichen Convenience-Einbußen führen wird. Außerdem können verschiedene Accounts und E-Mail-Adressen verwendet werden. Allerdings geht auch das leicht zu Lasten der Bequemlichkeit. Einen Verzicht auf die ganzen Vorteile, die das Internet mit sich bringt, können u. E. nur Untergangspropheten propagieren. Umsetzbar ist ein solches Vorgehen nicht.

Damit werden allerdings die beiden Seiten der sogenannten **Medienmacht** sichtbar. Die Macht der Medien über jeden einzelnen Nutzer wie auch die Macht des einzelnen, die auf dem Einsatz dieser Medien beruhen. Diese umfassende Medienmacht jedes einzelnen wird durch eine

Vertriebsmacht ergänzt. Denn für (fast) jedes Angebot gibt es heute im Internet eine geeignete Vertriebsplattform. Außerdem werden von *Google* & Co. Millionen investiert, um immer weiteren Teilen der Menschheit einen Zugang zum Internet zu ermöglichen. Damit wird die Internet-basierte Vertriebsmacht global. Außerdem unterstützt das Internet und die dort verfügbaren Tools die **Produktionsmacht** jedes Einzelnen in einem bisher nicht bekannten Ausmaß. Soll Musik komponiert werden, ist entsprechende Software vorhanden. Sind umfangreiche Übersetzungen notwendig, helfen – mehr oder weniger ausgereifte – Programme weiter. Sind Fotos zu optimieren, ist Photoshop-Hilfe immer nur einen Mausklick entfernt. Und mit dem Siegeszug von 3-D-Druckern wird zunehmend auch der dreidimensionale Raum für Hobbykreative ins Unendliche geöffnet. Über Plattformen wie *Uber* werden Privatpersonen zu Chauffeuren; Systeme wie *airbnb* oder *wimdu* werden private Haushalte Teil des Übernachtungsgewerbes. Schließlich stattet das Internet zusätzlich auch jeden „normalen" Nutzer mit einer **Distributionsmacht** aus, weil – gerade digitalisierte Produkte – hier weitgehend ohne technische Beschränkungen Länder-, Sprach- und Kulturgrenzen überwinden können. Alle vier Machtbereiche zusammen bilden die Treiber der sozialen Revolution (vgl. Abb.1.12).

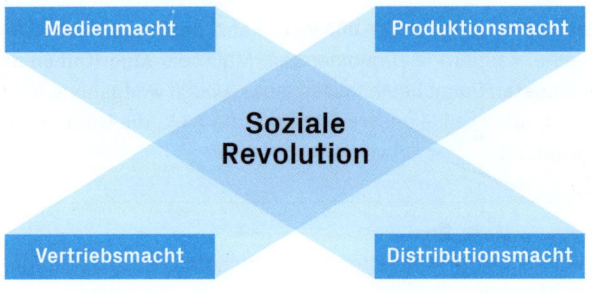

Abb.1.12: Die vier Treiber der sozialen Revolution

Der Treiber hinter diesen Entwicklungen sind die neu entstehenden **Plattformen**, die über die bisher bekannten sozialen Netzwerke weit hinausgehen. Durch die Allgegenwart einer Zugänglichkeit zu Netzwerken in Verbindung mit dem Aufkommen von Smart Devices – neben Smartphones, Tablets, Smartwatches in zunehmendem Maße auch Sensoren, Roboter, Drohnen etc. – werden immer mehr Informationen auf Plattformen verfügbar. Die zunehmende Verbreitung sogenannter Wearables (i. S. von tragbaren Geräten) ermöglicht es immer mehr Menschen, sich selbst zu vermessen (Stichwort „Quantified Self"). Und Millionen Nutzer folgen diesem Trend. Dabei wird eine Vielzahl von Daten auf den entsprechenden Plattformen generiert, die Unternehmen für eigene Produkt- und Prozessinnovationen einsetzen können. *Adidas* schafft mit dem Konzept *miCoach* (*micoach.adidas.com/de*) das Angebot eines individualisierten Trainingsplans; hierdurch entsteht eine neue Form der Interaktion mit den Nutzern. Auch *Fitbit* bieten mit einem Aktivitäts- und Schlaftracker die Möglichkeit, sich selbst zu vermessen (*fitbit.com/de*). Wir stehen gerade erst am Anfang der Entstehung von immer neuen Plattformen, die neben Gesundheit und Fitness auch die gemeinsame Entwicklung von Innovationen (wie bei *innocentive.com*), auch das Crowdfunding bis hin zum Sharen von Eigentum (wie bei *Uber, airbnb* oder *wimdu*) umfassen. Plattformen wie *waze* machen es darüber hinaus möglich, durch den Zugriff auf eine Community-basierte Verkehrs- und Navigations-App sein Ziel noch sicherer und schneller zu erreichen, als dies bei klassischen Navigationssystemen heute der Fall ist. Weil hier viele Nutzer für die Daten über Verkehrsströme und mögliche Hindernisse teilen!

Die große Herausforderung für jedes Unternehmen besteht darin, auf Relevanz und Convenience ausgerichtete **Gestaltungsfelder** der hiermit einhergehenden Social Revolution für sich zu erkennen und frühzeitig zu nutzen. Denn diese Revolution nimmt keine Rücksicht auf die Langsamen! Und jeder, wo auch immer er tätig ist, kann hier aktiv werden. Klassische Standortvorteile – von einer schnellen Internetverbindung einmal abgesehen – verlieren dabei an Bedeutung.

Think-Box
- Welche Relevanz hat die „Social Landscape" für uns?
- In welchen Bereichen sind wir durch diese Entwicklungen eher bedroht?
- In welchen Feldern können wir entweder Kosten durch Social Service einsparen oder zusätzliche Kundenvorteile generieren?
- Wer analysiert dies systematisch in meinem Unternehmen?
- An wen werden entsprechende Erkenntnisse in meinem Unternehmen berichtet?
- Wissen wir, mit welcher Motivation sich unsere Interessenten und Kunden in den sozialen Medien bewegen? Was sie motiviert? Was sie von uns dort gerne sehen und erleben möchten?
- Wie gut haben wir schon die sozialen Medien in unsere (Kunden-)Kommunikation eingebunden?
- Nutzen wir die sozialen Medien systematisch, um Customer Insights zu gewinnen?
- Über welche Devices sind wir mit Lieferanten, Produzenten, Vertriebspartnern und Kunden verbunden?

1/2

2/2

- Wie werden in unserem Unternehmen zurzeit Daten gewonnen, zusammengeführt, verdichtet und zur Entscheidungsunterstützung aufbereitet und eingesetzt?
- Über welche Wege, Instrumente und Kanäle sowie von welchen Standorten aus kommunizieren Kunden mit uns über unsere Produkte und Dienstleistungen?
- In welcher Form können wir mit den Kunden kommunizieren, um diese zu – für beide Seiten – wertschöpfenden Transaktionen zu motivieren bzw. dabei zu unterstützen?
- Wie gelingt es anderen Unternehmen bereits – auch in anderen Branchen – die Customer Experience zu verbessern, die Außendienstmitarbeiter zu unterstützen und zusätzliche Intelligenz in Lösungssysteme zu integrieren?
- Welche Auswirkungen hat die Filter Bubble für uns als Unternehmen?
- Welche Auswirkungen hat die Filter Bubble für unsere Kunden? Laufen wir Gefahr, dass unsere Informationen aufgrund eines spezifischen Nutzerverhaltens zu diesen gar nicht mehr durchdringt?
- Von welchen Community-basierten Entwicklungen geht für mein Unternehmen die größte Gefahr aus? Wo entstehen mögliche neue Wettbewerber?
- Welche Community-Ansätze können wir selbst initiieren, um für Kunden weitere Vorteile zu präsentierten – und ggf. selbst weitere Daten zu generieren und die Kunden enger zu binden?
- Gibt es ggf. Community-Konzepte, auf die wir aufspringen können, wenn wir selbst nicht über ausreichende Ressourcen verfügen, um solche Entwicklungen eigenständig voranzutreiben?
- Wie wirken sich die Veränderungen der Medienmacht, der Vertriebsmacht, der Produktionsmacht sowie der Distributionsmacht auf unser Geschäftsmodell aus?
- Wer kümmert sich in meinem Unternehmen um solche Fragestellungen?

1.3 Paradigmenwechsel in der Wertschöpfung

Eines zeichnet naturgemäß alle Prognosen aus: Sie weisen ein sehr hohes Maß an Unsicherheiten auf, weil sie sich meistens auf die Zukunft beziehen! Das ist aber auch schon die einzige Gemeinsamkeit. Erschwert werden die Prognosen über die Ausgestaltung der künftigen Wertschöpfung dadurch, dass sich in Industrie und Gesellschaft ein komplexer Wandel vollzieht. Eine zentrale Ursache hierfür ist darin zu sehen, dass wir – wieder einmal – vor einem **Paradigmenwechsel** stehen. Mit Paradigma wird eine grundsätzliche Denkweise, eine Lehrmeinung oder auch eine Weltanschauung bezeichnet, die für einen längeren Zeitraum Denken und Handeln breiter Bevölkerungsschichten beeinflusst.

Durch die Digitalisierung verändert sich das **Paradigma**, auf welchen Erfolgsfaktoren die (internationale) Wettbewerbsfähigkeit der deutschen Volkswirtschaft in Zukunft fußen soll. Dabei stellen sich zentrale Fragen:

- Werden auch in Zukunft eine Vielzahl **hochinnovativer und spezialisierter Unternehmen**, die häufig mittelständisch geprägt sind, im Verbund mit einer überschaubaren Anzahl von Großunternehmen den internationalen Erfolg der deutschen Volkswirtschaft fortsetzen können?
- Ist der vorhandene **Vernetzungsgrad** ausreichend, um auch in einer zunehmend digitalisierten und weiterhin globalisierten Welt zu bestehen?
- Oder verändern sich die relevanten **Erfolgsfaktoren**, weil die Digitalisierung und die damit einhergehende Datenflut automatisch die Unternehmen begünstigt, die über die größten Netzwerke verfügen?
- Können und werden aufgrund der damit erzielbaren **Netzwerkeffekte** Monopole entstehen, die sich heute bereits abzeichnen bzw. schon etabliert sind?

Mit **Netzwerkeffekten** werden positive Effekte bezeichnet, die mit dem Einsatz von Netzwerken einhergehen, wenn sich die Nutzerzahl vergrößert. Steigt mit zunehmender Nutzerzahl die durch ein Netzwerk erreichbaren Vorteile an, wird von einem positiven Rückkopplungseffekt gesprochen. Beispiele für Netzwerkeffekte finden sich gerade im Internet. Bereits das Internet alleine ist ein überzeugendes Beispiel für ein Angebot mit extrem hohen Netzwerkeffekten. Je mehr Nutzer angeschlossen sind, desto höher sind die erzielbaren Vorteile. Auch bei *Microsoft, Facebook, Skype, Apple, WhatsApp, Google, airbnb* und zu *ImmoScout24* sind solche Effekte festzustellen. Je mehr Nutzer, Anbieter oder Nachfrager auf den jeweiligen Plattformen unterwegs sind, desto vorteilhafter ist dies für alle Teilnehmer! Teilweise handelt es sich hier um regelrechte „**The winner takes it all**"-**Konzepte**: Man möchte dort dabei sein, wo alle sind, wo die Musik spielt! Ein selbststimulierendes Wachstum ist die Folge, weil alle dorthin gehen, wo schon viele andere sind. In der Folge kann es zu einer Konzentration auf einen oder wenige Anbieter und damit zur Bildung von Monopolen oder Oligopolen kommen.

Die Auswirkungen dieser Effekte können durch einen Blick auf die Liste der **wertvollsten Unternehmen der Welt** im Jahr 2014 bestätigt werden. Unter den Top-10-Unternehmen sind mit *Apple, Microsoft* und

Google gleich drei Unternehmen, die sich solcher Netzwerkeffekte zunutze machen. Bei den **wertvollsten Marken der Welt** 2014 sind unter den Top-10-Marken mit *Google, Apple, Microsoft, Visa, AT&T* und *amazon* sogar sechs Unternehmen, die auf starken Netzwerken aufbauen. In diesem Falle kann man den Erfolg der Unternehmen tatsächlich in hohem Maße über die Netzwerkeffekte begründen. Denn überzeugende Angebote alleine reichen nicht aus, wenn keine Technologien zur Verfügung stehen, die zur Vernetzung der Nutzer beitragen.

Hiermit werden die zentralen **Standortfaktoren** in Frage gestellt, die bisher den Erfolg von Deutschland als führende Industrie- und Exportnation befördert haben. Um eine hohe Wertschöpfung auch langfristig in Deutschland zu halten, bedarf es auch hier **intelligenter Netzwerke** – und nicht nur in der Wirtschaft selbst. Notwendig ist vielmehr ein zielorientiertes und intelligentes Zusammenwirken der zentralen Protagonisten aus Gesellschaft, Wissenschaft, Politik und Wirtschaft. Man kann es auch noch präziser formulieren (vgl. BDI, 2011, S. 16).

Merk-Box

Wir benötigen eine wertschöpfungsorientierte Innovationspolitik und auch eine wertschöpfungsorientierte Innovationskultur. Deren zentrales Ziel muss darin bestehen, die internationale Wettbewerbsfähigkeit der deutschen Volkswirtschaft und damit die Quelle des gemeinsam erreichten Wohlstands zu sichern.

Wir müssen deshalb in Zukunft in Software denken, so wie wir heute in Autos, Maschinen und Anlagen denken. Es gilt, **gemeinsame Standards**, **leistungsstarke Allianzen** (auch zwischen Wettbewerbern und länderübergreifend) und **offene Plattformen** zu schaffen, um unseren Lösungen eine größere Stärke und damit Durchschlagskraft im globalen Wettbewerb zu verschaffen.

Die sich abzeichnenden Veränderungen haben vielfach disruptiven Charakter. Die sich abzeichnenden **Disruptionen** können zum einen aus Trendbrüchen resultieren, weil sich – häufig liebgewordene Handlungsmuster – nicht einfach mehr in die Zukunft verlängern lassen. Sie können zum anderen auch durch technologische Durchbrüche hervorgerufen werden, wie sie im 2. Kapitel beleuchtet werden. Die insgesamt zu bewältigenden Herausforderungen sind in Abb. 1.13 zusammengefasst.

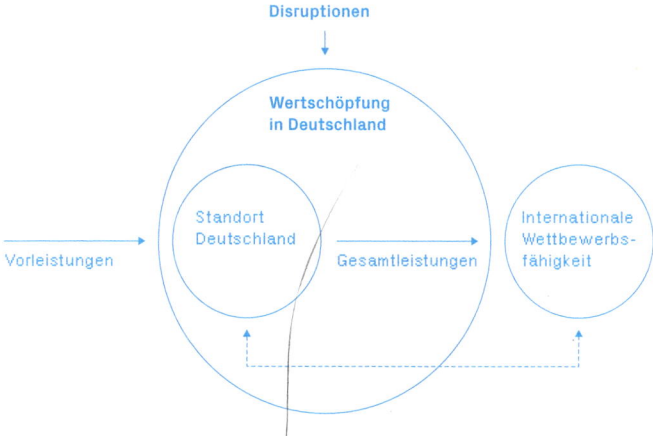

Abb. 1.13: Disruptionen und ihr Einfluss auf die Wertschöpfung in Deutschland
Quelle: BDI, 2011, S. 17

Diese Darstellung macht eines deutlich: Die Effekte von disruptiven Entwicklungen dürfen nicht – quasi Unternehmen für Unternehmen, Branche für Branche – untersucht werden. Die große Bedrohung wie auch die enormen Chancen ergeben sich vielmehr erst durch das Zusammenspiel der verschiedenen Trends. Erst bei einer branchenübergreifenden Analyse wird sichtbar und prognostizierbar, welche tiefgreifenden Veränderungen zu erwarten sind. Man kann es auch ganz einfach formulieren: Die **Spielregeln auf dem Markt** verändern sich (vgl BDI, 2011, S. 16).

> **Merk-Box**
> Technologischer Fortschritt wird nur noch durch unsere Vorstellungskraft und unseren Willen limitiert!

Dabei sollten wir uns vor Augen führen, dass die **Disruptionen von heute** den **Standard von morgen** darstellen können. Wer kommt heute noch auf die Idee, dass der Geldautomat, der am 27. Mai 1968 erstmalig in Deutschland von der *Kreissparkasse Tübingen* eingesetzt wurde, zu einem Game Changer werden sollte? Der den Self-Service im Bankenwesen einführte und damit – neben Online-Banking – ein Treiber für das Filialsterben der Banken noch heue darstellt.

Wie können Unternehmen handeln, um diesem Trend bei der **Entwicklung des eigenen Geschäftsmodells** Rechnung zu tragen? Eine wichtige Orientierung kann hierzu das **strategische Spielbrett** liefern (vgl. Abb. 1.14). Dieses stellt zunächst die Frage, ob das Unternehmen mit neuen oder bekannten Regeln in einem Markt tätig ist. Zusätzlich wird gefragt, ob dabei der Gesamtmarkt oder eine Nische bedient werden soll. Bevor wir allerdings mit Innovationen in der Nische oder sogar im Gesamtmarkt starten, müssen wir genauer wissen, welche neuen Regeln im Markt bereits gelten.

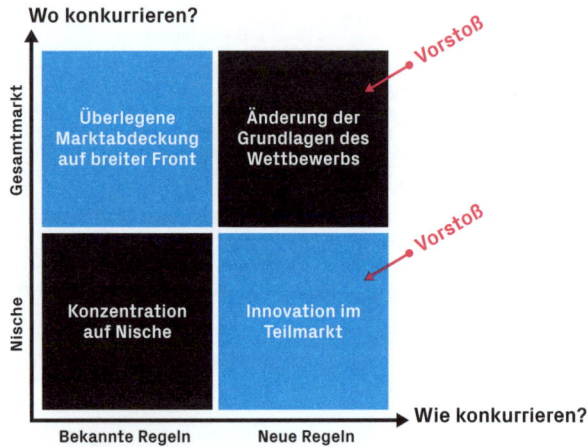

Abb. 1.14: Strategisches Spielbrett – Können wir die Spielregeln im Markt verändern?
Quelle: Kreutzer/Land, 2013, S. 31

Dabei ist zu berücksichtigen, dass sich das gesamte **strategische Spielfeld** momentan gravierend verändert:

- Das **Spielfeld** wird größer, weil physische Grenzen bei Leistungserstellung, Kommunikation und Leistungsabforderung an Bedeutung verlieren (insb. durch die weitere Verbreitung des Internets und den übergreifenden Trend zur Dematerialisierung).
- Gleichzeitig erlangen neue **Spielregeln** Gültigkeit, weil sich die Markteintrittsbarrieren deutlich verringern und Start-ups vom Fließband laufen und etablierte Wettbewerber angreifen.
- Zusätzlich werden laufend neue **Spielgeräte** eingeführt, wie sie die sozialen Netzwerke (bspw. *Facebook*, *Twitter* und *Pinterest*) darstellen. Auch Kommunikationsplattformen wie *WhatsApp*, *Skype* und *Instagram* oder Bewertungsplattformen wie *Yelp* & Co. verändern das Kommunikationsverhalten laufend. Dazu zählen aber auch die Plattformen wie *Uber*, *wimdu*, *Zilok* oder *car2go*, die in den direkten Wettbewerb zu etablierten Geschäftsmodellen treten.
- Außerdem drängen Millionen von zusätzlichen **Spielern** auf das Spielfeld, weil es heute quasi jedem Internet-Nutzer möglich ist, sich mit Fragen oder eigenen Inhalten an jeglicher Form von Kommunikation zu beteiligen. Und es wird laufend daran gearbeitet, den Internet-Zugang für immer mehr Menschen auf der Welt sicherzustellen.
- Gleichzeitig erfolgt eine **Spielfelderweiterung in die 3. Dimension**, weil die Art der Informationsbereitstellung – basierend auf Big Data – eine dreidimensionale Kundenansprache erlaubt. Hierdurch wird es bei vielen Anbietern möglich, bei der Kundenansprache Ort, Zeit und Präferenzen gleichzeitig zu berücksichtigen und Angebote nicht nur Just-in-Time und Just-in-Place, sondern auch According-to-Preferences bereitzustellen.

- Zusätzlich wird beim Eingehen von Geschäftsbeziehungen und insb. bei der Zurverfügungstellung von Daten „Vertrauen" immer wichtiger. Wird dieses als weitere handlungsrelevante Komponente eingeführt, ergibt sich eine **Spielfelderweiterung in die 4. Dimension**.
- Zusätzlich erhöht sich die **Spielgeschwindigkeit** dramatisch, weil Informationen nicht nur in einer bisher ungekannten Dichte zur Verfügung stehen, sondern deren Änderungen oft in Realtime verfügbar sind. Deshalb werden Kunden immer ungeduldiger, während sie auf Reaktionen ihrer Unternehmen warten.

Diese Gesamtheit der Veränderung führt in manchen Unternehmen zu einer regelrechten **Schockstarre** – nicht wirklich eine Erfolgsstrategie zur Meisterung des digitalen Darwinismus! Früher galt noch der Glaubenssatz: „Wer sich bewegt, hat verloren!" Heute heißt es: „Wer sich heute nicht bewegt, hat morgen schon verloren!" Doch wann wollen wir uns als Unternehmen bewegen? Sehen wir uns als First Mover oder Fast Mover, indem wir Trends früh und aktiv aufgreifen? Oder fällt unser Unternehmen eher in die Gruppe der Late Movers, die anderen gerne den Vortritt lassen? Das Risiko, dass die Late Movers zu First Losers werden, wird angesichts der Änderungsgeschwindigkeit immer größer. Die **Anpassungsfähigkeit unserer Geschäftsmodelle** avanciert zum strategischen Wettbewerbsvorteil (vgl. weiterführend Kreutzer/Land, 2013).

Think-Box

- Gibt es auch in meiner Branche entsprechende Netzwerkeffekte? Wo liegen diese?
- Besteht die Gefahr, dass es zu Winner-takes-it-all-Lösungen kommt?
- Sind wir mit unseren Angeboten dann auf der Gewinner- oder auf der Verliererseite?
- Wer beschäftigt sich bei uns mit diesen Netzwerkeffekten – auf der Beschaffungs-, Produktions- und Vertriebsseite?
- Haben wir bereits einmal systematisch analysiert, wie sich unser strategisches Spielbrett in der Vergangenheit bereits verändert hat?
- Und wie wird das strategische Spielbrett der Zukunft aussehen – in 3, 5 und 7 Jahren?
- Welche Konsequenzen ergeben sich aus dem strategischen Spielbrett für unser Geschäftsmodell?
- Wer in meinem Unternehmen kann dies einmal systematisch analysieren?

---

2 Die kreative und zerstörerische Kraft der Dematerialisierung

If you can dream it, you can do it!
Walt Disney

2.1 Dematerialisierung und die Verschiebung der Wertschöpfung

Versucht man zu erkennen, welche Kraft hinter den beschriebenen Entwicklungen steht, dann benötigt man den Begriff der **Dematerialisierung**. Es kann auch von einem **Zero Gravity Thinking** – „Null Schwerkraft Denken" – gesprochen werden. Im Kern wird dadurch ein Prozess beschrieben, der eine große Vielzahl an Sachverhalten von ihren physikalischen Beschränkungen in der realen Welt befreit. Konkret ist damit zunächst die **Digitalisierung von Objekten** angesprochen, die – in Nullen und Einsen verwandelt – in den Cyberspace übertragen werden. Damit verlieren diese Objekte alle Einschränkungen, die mit Gewicht und Masse verbunden sind. Und auch die zeitlichen Verzögerungseffekte, die mit einem physischen Transport von Gewicht und Masse einhergehen. Objekte lassen sich – einmal digitalisiert – per Knopfdruck vervielfältigen und in Sekundenbruchteilen um den Erdball bewegen. Außerdem können sie – häufig in Echtzeit – verändert werden. An jedem Ort, zu jedem Zeitpunkt – bevor sie wieder um den Globus gejagt werden ... in Echtzeit!

Die nachhaltigsten Auswirkungen hat diese Dematerialisierung bereits heute im Buch-, Zeitungs-/Zeitschriften- und Musik-/Videogeschäft gezeigt (vgl. Abb.2.1). **Papiergestützte Produkte** werden zunehmend durch Online-Versionen ersetzt. Klassische Datenträger für **Musik- und Videoinhalte** (zuletzt CDs und DVDs) werden durch speicherbare mp3-Dateien oder gleich durch Streaming-Dienste ersetzt. Auch vor dem **Geld** hat die Dematerialisierung nicht halt gemacht. Auch wenn die deutsche Bevölkerung nach wie vor eine große Affinität zu Bargeld und Barzahlung hat, ist der Zeitpunkt des Verschwindens von Münzen und Scheinen nicht mehr fern. Während noch im Jahr 2003 66% der gesamten Umsätze im deutschen Einzelhandel bar bezahlt wurden, waren es 2013 mit 54,4% schon deutlich weniger. Die restlichen Zahlungen entfielen jeweils auf Karten; wobei diese primär bei größeren Beträgen zum Einsatz kommen. Deshalb ist festzustellen, dass heute bei allen Zahlungsvorgängen nach wie vor gut zwei Drittel Bargeld präferieren (vgl. o. V., 7.12.2014, S. 40). Aber schon für 2016 wird vorhergesagt, dass sich die Kurven der Bargeldzahlung und der Bargeldlosenzahlung in Deutschland erstmals schneiden werden und damit ein Gleichstand zwischen beiden Zahlungskonzepten erreicht wird. Und dabei steigt nur die Kurve der Bargeldlosenzahlung!

Abb. 2.1: Was bedeutet die Dematerialisierung für unser Geschäftsmodell?

Check-Box

Sie können sich hier selbst fragen, ob Sie schon einmal Mobile Payment genutzt haben. Nein? Haben Sie vielleicht einen *iTunes*-Account? Ja? Und auch schon einmal dort eingekauft? Dann können Sie sich jetzt selbst noch einmal fragen, ob Sie nicht doch schon einmal Mobile Payment genutzt haben, ohne dass es Ihnen bewusst war. Weil es so einfach ist und elegant in den Workflow eingebunden ist.

Der Prozess der Dematerialisierung beschränkt sich aber nicht auf Objekte alleine. In zunehmendem Maße erfolgt auch eine **Digitalisierung von Prozessen und Dienstleistungen** (vgl. [Abb. 2.1]). Am augenfälligsten ist diese im klassischen **Einzelhandel**. Stationäre Geschäfte werden von Kunden teilweise zu Showrooms degradiert, wo man sich Produkte „in echt" anschauen und sogar anprobieren kann, bevor diese online bestellt werden – häufig schon im Geschäft selbst! Oder Einkäufe werden gleich ganz ins Internet verlagert. Auch **Bildungsinstitutionen** wie Universitäten werden zunehmend durch die Verbreitung von MOOCs (Massive Open Online Courses) herausgefordert. Die Kernfrage lautet dabei: Sollen und können eigene Vorlesungen durch solche MOOCs ergänzt oder abgelöst werden?

Weitere Dienstleistungen verlagern sich zunehmend in den Online-Bereich und fordern etablierte Strukturen heraus. Neben der **Online-Partnervermittlung** hat in den letzten Monaten das Geschäftsmodell von Uber das **Taxi-Gewerbe** in Wallung gebracht. Allerdings hatten die europaweiten Streiks der Taxi-Fahrer gegen *Uber* am 11.6.2014 nur ein Ergebnis: Die Anzahl der Downloads der *Uber*-App war aufgrund des Streiks in den betroffenen Ländern auf das sechs- bis achtfache angestiegen, in Barcelona sogar auf das elffache. Dazu hatte auch beigetragen, dass über die Demonstration und die Ursachen im nationalen TV berichtet wurde (vgl. o. V., 12.6.2014). Ein tolles PR-Feuerwerk für *Uber* – gezündet und bezahlt durch das etablierte Taxi-Gewerbe!

Und diese Entwicklungen sind erst der sanfte Beginn eines

Dematerialisierungs-Tsunamis, der ganze Unternehmen und Industrien in ihren Grundfesten erschüttern wird. Lassen Sie uns die Konsequenzen am Beispiel eines Autoschlüssels verdeutlichen: Was passiert eigentlich, wenn mein neuer *AUDI* zum Öffnen und starten keinen Schlüssel mehr benötigt? Wenn mein Smartphone mit einer App diese Funktionen übernimmt? Welche Konsequenzen sind damit verbunden – nicht alleine für den Nutzer, sondern für die Wertschöpfungskette davor?

Ein **Autoschlüssel** besteht heute mehrheitlich aus verschiedenen Teilen und Materialien. Dazu zählen ein Plastikknopf aus Kunststoffspritzguss, der Schlüsselbart aus einem Metall, ein Chip, eine Batterie, ein Sensor etc. Wenn alle diese Teile in Zukunft komplett durch eine App ersetzt werden, benötigt man keine Maschinen mehr für die Schlüsselproduktion. Und auch keine Maschinen, um Maschinen für die Schlüsselproduktion herzustellen. Und keine weiteren Rohstoffe und Fertigteile, wie Chips, Batterien und Sensoren. Und natürlich auch keine Menschen, die Schlüssel, Maschinen für die Schlüsselproduktion, Maschinen für die Produktion von Maschinen für die Schlüsselproduktion sowie die weiteren Rohstoffe und Fertigteile herstellen.

Und die **App**? Einmal programmiert, kann diese per Knopfdruck auf tausende, zehntausende oder hunderttausende von Smartphones geladen werden! Ohne dass dafür weitere Inputs von Mensch oder Maschine notwendig werden. Und muss einmal ein digitaler Autoschlüssel geändert werden, dann erfordert dies nur an einer zentralen Stelle ein Software-Update, das dann für alle Nutzer in Sekundenschnelle bereitgestellt werden kann. Gleichzeitig wird auch der klassische Schlüsselbund obsolet – und alle vorgelagerten Produktions- und Vertriebsprozesse (bspw. für Leder, Schlüsselringe), die für Herstellung und Vermarktung wichtig sind! Und natürlich auch alle Prozessstufen, die sich um Verpackung, Entsorgung und Recycling kümmern.

Und wenn man den Autoschlüssel (i. S. der App) vor einer Geschäftsreise einmal nicht an seine Liebste oder seinen Liebsten weitergegeben hat, dann sendet man ihn eben über das Internet an die entsprechende Person. Ganz ohne Einbindung einer klassischen (physischen) Logistik. Eben digital! Und wenn die Kids den Wagen nutzen sollen, aber nicht nach 22 Uhr, dann wird die Nutzung des Schlüssels auf das entsprechende Zeitfenster festgelegt (am Samstag aber bis 24 Uhr!). Software wiegt nichts, kann schnell verändert und in Sekunden an jeden – Internet-mäßig verbunden – Ort der Welt gesandt werden.

Aber: Was passiert, wenn man sein **Smartphone** und damit den zentralen „**Schlüssel zur digitalen Welt**" verliert oder dieses gestohlen wird? Dann kann man nicht mehr Autofahren, kein Taxi bezahlen, die heimische Heizung nicht mehr auf die frühere Heimkehr ausrichten, keine Lebensmittel mobil auf dem Nachhausweg einkaufen. Und ja: Telefonieren geht dann auch nicht mehr! Deshalb kann man auch von Freunden oder Service-Centern keine Hilfe erbitten. Und wo bitte ist das nächste Telefonhäuschen – mit Zahlungsfunktion über Karte? Hier ergeben sich ganz neue Herausforderungen, für die Lösungen gefunden werden müssen. Dies gilt auch für Konzepte des Zugriffschutzes, die mit Fingerabdrücken oder Iris-Scans arbeiten. Bei Personen, die in der Öffentlichkeit stehen und häufig fotografiert und ggf. sogar auf Wahlplakaten groß abgebildet werden, können die zugangsrelevanten Daten ganz einfach gewonnen werden. Ein Foto der Hand oder ein Selfie mit der Zielperson kann schon ausreichen, um biometrische Sicherheitsbarrieren zu überwinden (vgl. Biermann, 2014b; Beuth, 2014).

Welche enormen **Anforderungen an die IT-Sicherheit** und die **Verfügbarkeit des Internets** mit solchen Lösungen verbunden sind, sei bereits hier hervorgehoben. Ist diese nicht gegeben, könnten nicht nur Unberechtigte das Fahrzeug benutzen. Eine Störung des Internets oder eine lückenhafte Abdeckung könnten sonst dazu führen, dass man mit seinem Smartphone vor dem eigenen Fahrzeug steht und dieses nicht nutzen kann. Ein Albtraum eines jeden! Und nicht aus der Luft gegriffen. So stieß der *ADAC* im Jahr 2015 eher zufällig auf eine gravierende Sicherheitslücke der App-Lösung von *BMW*. Die *Connected-Drive-Software* macht es nicht nur den Fahrzeughaltern, sondern auch geübten Hackern möglich, den *BMW* per Smartphone zu öffnen – der Albtraum jedes Nutzers (vgl. Boisserée, 2015, S. 15). Und das Schlimmste: Der Einbrecher und Dieb hätte keinerlei (physische) Spuren hinterlassen. Auch so kann die Dematerialisierung ausfallen: Das Stemmeisen wird ebenfalls durch Software ersetzt.

Auch in der **Hotellerie** laufen erste Projekte, um die klassischen Schlüssel oder Zugangskarten in Hotels durch Apps zu ersetzen. Bei *Starwood Hotels* wird – nach einem erfolgreichen Pilotprojekt im Jahr 2014 – zurzeit in zehn Hotels Keyless Entry eingesetzt. Bis Ende 2015 sollen 150 Hotels mit 30.000 Zimmern an das *SPG Keyless Program* umgestellt sein. Auf Basis einer Companion App mit Low-Energy-Bluetooth wird dem Hotelgast Zugang zu seinem Zimmer gewährt. Durch eine Push-Nachricht erfährt der Gast, dass er eingecheckt ist. Sobald das Zimmer bezugsfertig ist, wird eine weitere Nachricht versandt. Der häufig zeitaufwändige Check-in-Prozess kann entfallen; der Gast geht direkt zu seinem Zimmer und öffnet dieses über die *SPG App* (vgl. Abb.2.2). Offene Frage, wie das Management von mehreren Zugangsberechtigungen (bspw. für mehrere Familienmitglieder) für das gleiche Zimmer, wurden in der Pilotphase beantwortet. Auch die Herausforderung „Zugriffssicherheit" wurde befriedigend gelöst (vgl. Etherington, 2014). Die Hotelgruppe *Hilton* hat nun angekündigt, im Jahr 2015 ein ähnliches Check-in-Programm für seine 4.000 Hotels zu entwickeln, bei dem das Smartphone zum Smart Key wird (vgl. Slivka, 2014). Alternativ zum Smartphone ermöglicht die von *Apple* entwickelte *iWatch* das Einchecken ohne Schlüsselkarte (vgl. Kaiser, 2015, S. 26).

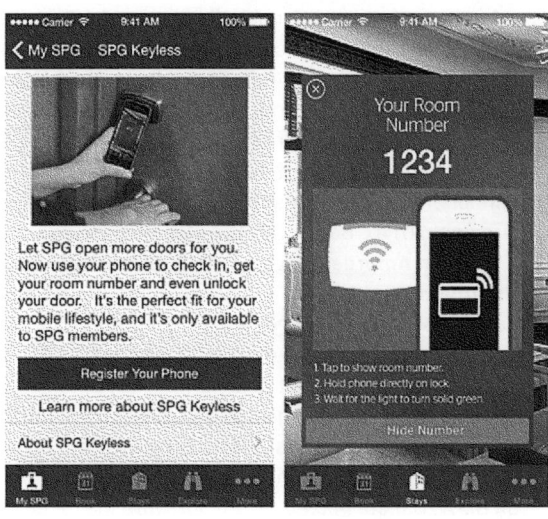

Abb. 2.2: SPG Keyless – der schlüssellose Zugang zum Hotelzimmer
Quelle: Slivka, 2014

Die Richtung wird auch hier deutlich: Es wird zu weiteren Substitutionseffekten von physischen Objekten durch Software und Apps kommen. Denn diese Entwicklung lässt sich auf eine Vielzahl von anderen Anwendungen ausdehnen – nämlich auf alle Bereiche, wo **Zugangskontrollen** stattfinden. Eine Vorstufe waren die bereits in vielen Gebäuden eingesetzten Chipkarten als Zugangsberechtigung. Die App ist nur die konsequente Weiterleitung, die dann auch noch die Chipkarten-Produktion unnötig macht – inkl. Installation und Wartung der Chipkarten-Leser vor Ort. Ein Software-Update kann man zentral für viele Gebäude und Einrichtungen vornehmen lassen – auch aus dem Ausland.

Auch auf Flughäfen ist diese Entwicklung festzustellen: Nach einem **Online-Check-in** (auch mit Gepäck), kommt man in den Security-Bereich durch eine automatisierte Zugangskontrolle – ohne von Personen betreut zu werden. Die Zugangsschleusen werden entweder gar nicht oder nur von wenigen Personen überwacht. Die für Sicherheit zuständigen Mitarbeiter wurden bereits mehrheitlich dematerialisiert. Bei der physischen Fluggastkontrolle ist dies noch nicht gelungen – aber sicherlich auch nur eine Frage der Zeit.

Aber auch ganz andere Branchen werden den Druck der Dematerialisierung zu spüren bekommen. **Coupons** werden schon heute in vielen Fällen digital angeboten und bspw. über das Coupon-Center der *Payback*-App elegant verwaltet. Damit fallen alle mit Druck und Versand verbundenen Prozessschritte weg. Auch **Kreditkarten** werden zur Software. Ein Beispiel hierfür ist *Apple Pay*. Diese App ermöglicht die kontaktlose Bezahlung durch ein Gerät, das man immer mit sich trägt: sei dies ein *iPhone*, eine *Apple Watch* oder ein *iPad* (vgl. Apple, 2014). Dadurch verliert auch die Kreditkarte ihre physischen Limitierungen. So kann der Nutzer in Zukunft einer dritten Person ermöglichen, auf diese „Software-Kreditkarte" zuzugreifen, ohne sie selbst aus der Hand zu geben. Es wird möglich – bspw. in einem Freizeitpark – seinen Kids online ein Guthaben auf deren Smartphone zu übermittelt. Mit ein paar Einschränkungen: Die übermittelten 20 € dürfen nicht für Alkohol und Zigaretten verwendet werden! Und am Ende des Tages wird ein – allerdings nur theoretisch vorhandenes – Restguthaben automatisch ausgebucht! Wenn allerdings die Kreditkarte zur Software wird, dann werden auch keine Maschinen zur Fertigung von Kreditkartenrohlingen und Chips sowie zu deren Beschriftung und Versand benötigt.

Wenn **Bargeld** selbst zur App wird, brauchen wir weder Maschinen zur Herstellung, zum Transport, noch zur Vernichtung von Bargeld. Damit fallen große Produktionsprozesse von Münzen und Geldscheinen aus, die uns bei Berichten über die Geldvermehrungsaktionen der *Europäischen Zentralbank* immer wieder gerne gezeigt werden. Diese Produktion wird auf mittlere Sicht ganz wegfallen. Wir benötigen dann auch keine Geldtransporter mehr und Tresore, um dieses zu sichern. Und auch klassische Geldbörsen werden nicht mehr benötigt. So werden heute schon QR-Codes von *PayPal* in Zahlungsterminals im stationären Einzelhandel eingesetzt. Diese werden durch die *PayPal*-App gescannt und ausgelesen, um sofortige Zahlungstransaktionen anzustoßen. Auch *amazon* stößt mit seinem Angebot *Amazon Wallet* in den Zahlungsbereich vor. Zusätzlich kann durch diese Lösung eine Vielzahl von Kundenkarten verwaltet werden (vgl. Oberndorfer, 2014). Mit dem Ergebnis, dass auch deren Produktion entfallen wird...

Merk-Box

Wir benötigen auch in Zukunft Bankdienstleistungen – aber benötigen wir dafür auch Banken? Banken werden zunehmend dematerialisiert – und entsprechende Dienstleistungen werden verstärkt durch Unternehmen übernommen, die schon jetzt eine direkte Verbindung zu ihren Kunden haben, wie bei *Apple, Google, Amazon, Facebook* & Co. Diese Unternehmen haben zusätzlich noch die Möglichkeit, die Finanzdienstleistungen durch das eigene „Kerngeschäft" zu subventionieren – falls es im Wettbewerb notwendig werden sollte.

Vor diesem Hintergrund kann eine Information aus dem Haus der Münchner Banknotendrucker *Giesecke & Devrient* nicht wirklich überraschen. Damit das Unternehmen im Preiskampf in der Branche überleben kann, werden weltweit Arbeitsplätze gestrichen. Im Jahr 2013 hatte das Unternehmen bei stagnierenden Erlösen einen Gewinneinbruch um 90 % auf 2,6 Millionen € verbucht. Gleichzeitig gab *Giesecke & Devrient* das Ziel auf, das Betriebsergebnis von 56 auf 95 Millionen € zu steigern (vgl. o. V., 12.12.2014). Heute werden weltweit noch ca. 90 % der Geldscheine (u. a. Euros und Dollars) auf Maschinen aus Deutschland von *KBA-GIORI* gedruckt (vgl. Tober, 2011, S. 10). Das ist bald auch nicht mehr nötig.

Auch **klassische Armbanduhren** werden zunehmend digitalisiert —
durch Smartphones. In Deutschland verzichten bereits 20% der Bevölkerung
auf eine solche Uhr. Tendenz weiter steigend. Auch hier werden perspektivisch immer mehr Produktionsprozesse in der klassischen Uhrenproduktion
verloren gehen.

Die **technologischen Sprünge im Einzelhandel** gehen noch weiter. An
Supermarktkassen in USA, Großbritannien (u. a. *Tesco*) und vereinzelt auch
in Deutschland (etwa bei *Rewe*) werden bereits **Self-Checkout-Kassen** eingesetzt (vgl. Abb.2.3). Eine besonders innovative Variante des Self-Checkout
ist, dass die Produkte bereits beim Einlegen in den Einkaufswagen gescannt
werden und beim Passieren des Ausgangs der Zahlungsvorgang unmittelbar
erfolgen kann. Ein Schlangestehen entfällt — ebenso wie die Notwendigkeit,
eine Vielzahl von Kassen mit menschlichen Kassierern vorzuhalten. Wenn
Roboter in Zukunft auch noch die Regale auffüllen, die Überwachung noch
stärker vom Ladendetektiv auf Kameras übertragen wird, wird die Anzahl der
Mitarbeiter im Einzelhandel weiter abnehmen. Der Begriff „Selbstbedienung"
muss dann noch umfassender gedacht werden.

Abb. 2.3: Einsatz von Self-Checkout-Kassen
Quelle: Schader, 2014

Die hier gezeigten Entwicklungen machen eines deutlich: Wir stehen am
Beginn einer Entwicklung, die das Smartphone zu einem **Smart Service
Terminal** werden lässt. Weil immer mehr Anwendungen zur App werden
(vgl. Abb.2.4). Neben Autoschlüssel, Coupons, Kreditkarten und Geldbörse
werden in Zukunft auch Reisepass, die häusliche Klimaüberwachung, die
Überprüfung des Feuchtigkeitsgehalts der Windeln unserer Kids (über
einen Feuchtesensor, verbunden mit einem Mom-Dad-Alert), Zugangskon-
trollen und vieles mehr über das Smartphone verwaltet werden. Das wird
so normal, wie heute schon Mobile Shopping und Mobile Banking für viele.
Über dieses Service Terminal lässt sich auch steuern, auf welche Apps die
eigenen Kids Zugriff haben – und wie lange. Spätestens wenn man per
App den Internet-Zugang der Kids unterbricht, kommen diese auch zum
Essen! Wir sehen: Das Smartphone wird zum **zentralen und ganzheitlichen
Steuerungs- und Navigationsinstrument**.

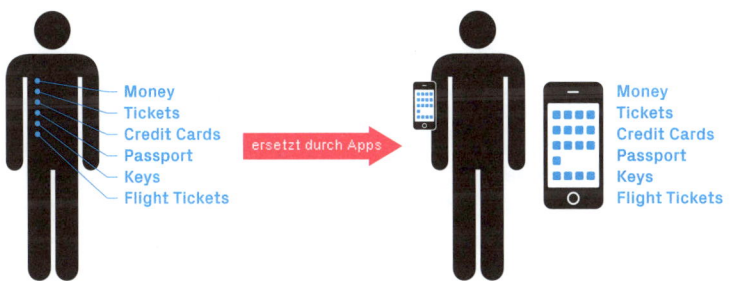

Abb. 2.4: Der Weg zum Smart Service Terminal

Die Grenzen zwischen online und offline verschieben sich zu „**no-line**". Denn auch wer unterwegs ist, stationäre Geschäfte aufsucht, Face-to-Face mit Menschen spricht – ist meistens gleichzeitig auch online und folglich mit den Datenströmen des Internets verbunden. Damit sind immer mehr Menschen nicht nur „always on", sondern auch „always connected".

Diese Entwicklungen gehen mit einer nachhaltigen **Veränderung des Kaufverhaltens** einher. Denn nicht nur die unterschiedlichsten Services werden auf einem Gerät verfügbar. Während des Kaufprozesses kann auf die „Weisheit" der Welt mobil zugegriffen werden – zu jeder Sekunde, in jeglicher vorstellbaren Informationsgranularität: von der oberflächlichen Pauschbewertung bis zur tiefgehenden Durchleuchtung eines Produktes in einem Expertenforum. Abrufbar per Fingertip! Der kinderleichte Zugang zu vielen Informationen im Internet erfolgt durch das Auslesen von Produkt-Barcodes, den Einsatz von Apps zur Erkennung physischer Produkte (bspw. über die *RedLaser-App*), die Identifikation von Musik (etwa durch *Shazam*) sowie durch den vielfältigen Einsatz von QR-Codes (so beim QR-Shopping mit *eBay*). Mit einem hohen Maß an Bequemlichkeit und damit Kundenrelevanz! Und weitere Schritt sind schon vorgezeichnet. So beabsichtigt *Apple*, den **Austausch der SIM-Karte** beim Wechsel des Netzbetreibers durch ein Software-Update zu ersetzen (vgl. Kleinz, 2014). Dass sich die Begeisterung der Service-Provider der Telekommunikationsbranche darüber in Grenzen hält, ist unschwer vorzustellen!

Gleichzeitig verwandeln immer mehr Apps das Smartphone in einen Sensor. Das **Leistungsspektrum dieser Sensoren** wird heute und morgen eine Vielzahl von weiteren Anwendungen ermöglichen (vgl. Biermann, 2014a):

- **Barometer, Thermometer und Luftfeuchtigkeitssensor**
  Mobiltelefone werden zu Wetterstationen, die bspw. den Luftdruck, die Temperatur und die Luftfeuchtigkeit messen.
- **Beschleunigungssensor**
  Wenn das Handy gedreht wird, ändert sich die Richtung der darauf wirkenden Schwerkraft. So werden Bewegungen erkannt.

- **Fingerabdrucksensor**
  Der Fingerabdrucksensor fotografiert den Finger und kann damit einen Nutzer identifizieren.
- **GPS**
  Das Global Positioning System ermöglicht die räumliche Lokalisierung des Nutzers.
- **Helligkeitssensor**
  Dieser Sensor kann Helligkeit erfassen.
- **Magnetometer**
  Spezielle Sensoren messen die Stärke und Richtung des Erdmagnetfeldes.
- **Geräuschsensor (Mikrofon)**
  Geräusche können erfasst und entschlüsselt werden.
- **Näherungssensor**
  Mit Infrarotstrahlen misst ein Sensor, ob das Telefon ans Ohr gehalten wird.
- **Pulsmesser**
  Der Puls eines Menschen kann gemessen werden.
- **Kamera**
  Kameras in Mobiltelefonen können immer hochauflösendere Fotos und Videos (unterstützt durch Gesichtserkennung) produzieren.
- **Stimmerkennung**
  Die eingesetzten Mikrofone ermöglichen eine Stimmerkennung.
- **Chemisches Spektrometer**
  Sensoren können in Zukunft auch bestimmte Chemikalien in der Luft erkennen, um so die Luftqualität zu überwachen.
- ...

Damit sind wir bereits in der **App- und Sensor-Economy** angekommen. Viele weitere Anwendungen werden sich aus der analogen in die digitale Welt hinein entwickeln. Die App-Wasserwaage, die App-Taschenlampe, die Blutdruck-Überwachung per App und vieles mehr sind erst der Anfang. Und jedes Mal werden physische Produkte oder Dienstleistungen, die bisher von Menschen erbracht wurden, durch Software auf einem einzigen Gerät pro Nutzer ersetzt. Hierdurch verstärkt sich laufend der **Trend zur wertschöpfungsübergreifenden Digitalisierung**. Denn wenn nicht nur **Daten** (bspw. über unsere Kunden) und **Prozesse** (wie Beratung, Verkauf, Zahlungen) digitalisiert und damit mobil verfügbar werden, sondern auch die bisher überwiegend physisch bereitgestellten **Produkte**, verlieren manche Geschäftsmodelle ihre Existenzberechtigung und neue Modelle können ihre Wirkung entfalten.

Ein Beispiel hierfür stellt die **Hotellerie-Branche** dar, die sich – über das schon Berichtete hinaus – noch einer ganz anderen Herausforderung gegenüber sieht: Was würde bspw. passieren, wenn für die erfolgreiche Vermittlung von Zimmern gar keine eigenen Räumlichkeiten notwendig wären? Wenn sich der Hotelier alleine auf die Vermittlung konzentrieren würde? Auch dies ist keine Fiktion mehr, sondern inzwischen ein milliardenschweres Geschäft. Ursprünglich einmal als **Couch-Surfing** gestartet, vermittelt *airbnb* heute schon mehr Zimmer als die *Hilton*-Gruppe. Im ersten Jahr wurden über *airbnb* gerade einmal 21.000 Übernachtungen vermittelt — heute sind es ca. eine Million pro Monat! Und während die *Hilton*-Hotelgruppe über ca. 680.000 Zimmer verfügt, werden von *airbnb* ca. 800.000 angeboten (vgl. Schulz, 2014). Ein paar weitere Fakten zu *airbnb* gefällig (vgl. airbnb, 2014)?

- *airbnb* wurde 2008 mit Sitz in San Francisco, Kalifornien, gegründet und versteht sich selbst als gemeinschaftlicher Marktplatz, auf dem Menschen unterschiedlichste Unterkünfte auf der ganzen Welt online anbieten, entdecken und buchen können.
- Das Angebot von *airbnb* deckt jede Preisklasse ab und umfasst Übernachtungsmöglichkeiten in über 34.000 Städten und mehr als 190 Ländern.
- Die Gesamtzahl der bisher von *airbnb* vermittelten Gäste beläuft sich auf über 25 Millionen.
- Gleichzeitig nähern sich die Marktkapitalisierungen von *airbnb* und *Hilton* immer mehr an – mit einem einzigen Unterschied: *airbnb* besitzt keine einzige eigene Unterkunft!

airbnb ist es als einem der wenigen Start-ups auf Anhieb gelungen, mit digitalen Technologien etablierte Geschäftsmodelle regelrecht zu sprengen und sie durch eigene, effizientere Prozesse zu ersetzen. Gleichzeitig hat sich *airbnb* zu einer globalen Marke entwickelt. Allerdings wird das Geschäftsmodell von verschiedenen Seiten angegriffen. Die Vorwürfe der Hotelindustrie sowie von Stadtverwaltungen und Nachbarschaftsverbänden lauten u. a.: illegale Vermietung, ungleiche Regulierung und fehlende Versteuerung der erzielten Einnahmen (vgl. Schulz, 2014). In Städten wie Berlin werden in bestimmten Stadtteilen schon deutlich mehr Wohnungen über *airbnb* angeboten, als dem normalen Vermietmarkt zur Verfügung stehen. Nach einer aktuellen Studie steht im Bezirk Wrangelkiez in Kreuzberg 102 Ferienwohnungsangeboten bei *airbnb* gerade ein Mietwohnungsangebot gegenüber. Hierdurch reduziert sich – besonders in attraktiven Städten – das Angebot an bezahlbaren Mietwohnungen deutlich, was zur Kritik am Geschäftsmodell führt (vgl. Kloepfer, 2014, S. 22).

Die Digitalisierung und Dematerialisierung fördern – wie dieses Beispiel deutlich zeigt – einen Trend, der mit dem Begriff **Sharing Economy** (auch "Shared Economy") bezeichnet wird. Hierunter versteht man im Kern das systematische Ausleihen von Gegenständen sowie das gegenseitige Bereitstellen von Räumen und Flächen. Anbieter hierfür können sowohl Privatpersonen als auch Unternehmen sein. Eine Kernidee dieses Ansatzes besteht darin, das rechtliche Eigentum an einer Sache durch den Erwerb zeitlich befristeter Nutzungsmöglichkeiten zu ersetzen. Im Ergebnis stellt sich dann ein Gemeinschaftskonsum ein (auch **Collaborative Consumption** genannt), weil mehrere Personen bspw. eine Wohnung nutzen, die bisher einem Bewohner vorbehalten war (vgl. Bendel, 2015). Die Sharing Economy führt dabei zur **Ausbildung von zweiseitigen Märkten**: Über eine Online-Plattform werden nicht nur viele Anbieter, sondern auch viele Nachfrager systematisch zusammen geführt. Die beschriebenen Netzwerkeffekte treten dabei auf beiden Seiten auf.

Außer im **Übernachtungsgewerbe** (Stichwort *airbnb*, *wimdu*) hat sich dieses Konzept auch im Markt der **Autovermietung** auf breiterer Basis durchgesetzt. Unternehmen wie *BMW* und *Sixt* (mit *DriveNow*) sowie *Daimler* und *Europcar* (mit *car2go*) haben hier eigene Anbieter an den Start gebracht, um frühzeitig eigene Erfahrungen mit diesen Konzepten zu sammeln. Denn eines ist klar: Wenn mehrere Personen – jeweils zeitlich befristet – dasselbe Auto nutzen wollen und können, ersetzt das einerseits viele Neuwagenkäufe und kann andererseits die klassische Autovermietung substituieren. Die *Deutsche Bahn* (2015) ist mit dem Angebot Namens *Flinkster* als Marktführer in diesem Segment aktiv, um seinen Kunden integrierte Mobilitätsangebote zu unterbreiten. Aber auch Fahrräder (*cyclehop.com*), Bekleidung (*datemywardrobe.com*), Büroflächen (*sharedesk.net*) und sonstige Fähigkeiten (*skillshare.com*) werden im Netz immer breiter geteilt. Welche Lösungen sich hier schon entwickelt haben, zeigt Abb. 2.5. Es unterstreicht, welche Bedeutung dieser Sharing Economy heute bereits zukommt.

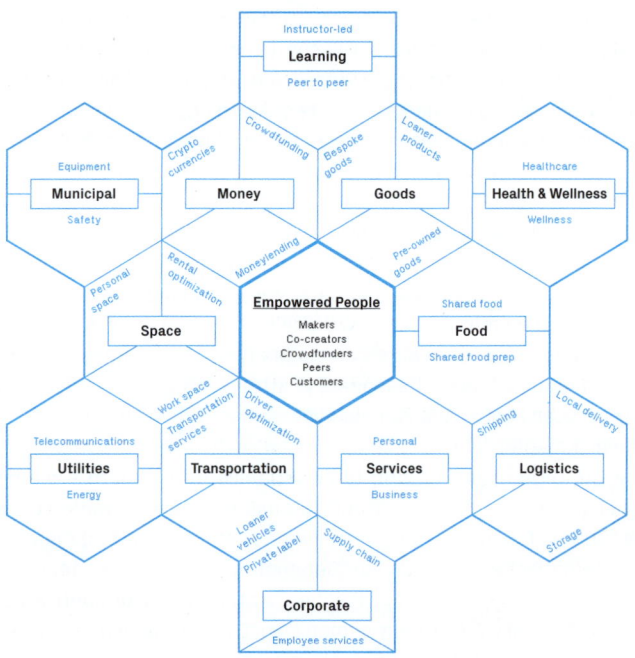

Abb. 2.5: Collaborative Economy Honeycomb – Version 2.0
Quelle: Owyang, 2014

Welches sind die Treiber hinter einer solchen Entwicklung? Vor wenigen Jahren noch bestimmte „Freude am Fahren" den Zeitgeist der Menschen. Innerhalb der letzten Jahren wandelte sich das für immer mehr allerdings zu „keine Freude am Fahren". Immer häufiger wird das Auto eher als Ballast angesehen. Dies ist vor allem in Großstädten der Fall, wenn parallel zum Wachstum der Urbanisierung nicht auch ausreichend neue Parkplätze entstehen. Gleichzeitig wird immer wieder Protest laut, wenn immer mehr Grünfläche für Autos „zubetoniert" wird. Zusätzlich versuchen immer mehr Stadtplaner, Autos aus den Innenstädten ganz oder teilweise zu verbannen, indem bspw. die Parkgebühren extrem hoch angesetzt werden. Hierdurch wird das Autofahren – insb. in den größeren Städten – zur Qual. Da in vielen Ländern der **Trend zur Urbanisierung** anhält, werden sich diese Effekte zunächst noch verstärken. Deshalb gilt in vielen Industrienationen heute: Wer kann, verzichtet im Innenstadtbereich gerne auf das eigene Auto. Dies steigert den Trend dazu, ein Auto dann zu „besitzen" (i. S. der „tatsächlichen Herrschaft über eine Sache"), wenn man es benötigt. Dafür muss man aber kein Eigentum (i. S. der „rechtlichen Herrschaft über eine Sache") mehr erwerben. Ein **zeitlich beschränktes Nutzungsrecht** reicht dafür völlig aus.

Was folgt daraus? „Das Smartphone wird der Schlüssel für die Mobilität der Zukunft" (Graf/Zschunke, 2015, S. 7). Da 90% des Personentransports nicht-standardisiert ablaufen, bleibt der **Kern des Individualverkehrs** bestehen. Allerdings ändert sich die Umsetzung gewaltig. Nicht nur Taxis, sondern viele weitere Fahrzeuge der Zukunft werden perspektivisch elektrisch und in mehreren Jahren auch autonom fahren. Und schon viel früher wird deren Nutzung für viele Menschen über sogenannte Mitfahr- oder Sharing-Apps geteilt.

Wer wird beim **Auto der Zukunft** die Nase vorne haben? Bei PCs und Mobiltelefonen sind die etablierten Hardware-Hersteller durch die Anbieter von Software und Diensten überholt worden. Dies kann den Automobilherstellern – zumindest in Teilbereichen – auch passieren. Allerdings ist die Komplexität einer Massenproduktion von Autos nicht mit der von PCs und Mobiltelefonen vergleichbar. Aber: Aufpassen! Denn eines gilt: Die Dynamik der Entwicklung wird heute weniger von der Antriebstechnik oder der automobilen Formgebung befeuert werden. Richtige **Innovationsschübe** sind eher von den Daten und deren intelligenter Nutzung zu erwarten. Gerade durch die Verknüpfung von Auto- und Fahrerdaten, die durch intelligente Cloud-Lösungen bearbeitet und zu Location-based-Services zusammengeführt werden, ergeben sich ganz neue Geschäftsmodelle. Der Treiber dahinter: die Daten. Somit ist zu erwarten, dass Autos in Zukunft noch stärker als bisher durch Software-Updates und Apps neue Fahr-Funktionalitäten erhalten. (vgl. Graf/Zschunke, 2015, S. 7). Wie lauten dazu die entsprechenden Ausführungen zur neuen Software beim Anbieter von Edel-Elektroautos *Tesla* (2014)?

„Today, we're announcing details about new software being delivered to Model S customers through an over-the-air update. The new features further personalize the Model S ownership experience and help make the car smarter about owners' individual preferences. This is the latest in a series of software updates issued since we launched Model S in 2012, enabling new features such as hill start assist, smart suspension controls, and energy saving sleep mode. The Software v6.0 update introduces traffic-based navigation and commute advice, provides an in-car view of daily schedules, enables location-based air suspension settings, and allows owners to name their Model S and start it remotely using their mobile phone."

Dass neben *Google* sich jetzt auch *Apple* mit der Entwicklung von Automobilen beschäftigt, wurde Anfang 2015 publik. Dazu wurden nicht nur Spezialisten aus etablierten Unternehmen abgeworben, sondern auch große Entwicklungsbudgets bereitgestellt. Hier wird eines sichtbar: Die nächsten Herausforderer insb. von *Volkswagen, Opel, Toyota* und Co. kommen nicht aus dem etablierten Wettbewerberumfeld, sondern aus dem Kreis von Software- und Consumer-Electronic-Unternehmen!

Merk-Box

Es reicht nicht mehr aus, meine Wettbewerbsanalyse auf die etablierten Player auszurichten. Es wird immer wichtiger – möglichst frühzeitig – festzustellen, wer sich gerade warm-läuft, um mein Geschäftsmodell herauszufordern. Das Augenmerk ist ganz im Sinne der 5-Forces-Analyse von *Michael Porter* auf die „new entrants" zu richten, auch Anbieter, die ein neues Geschäftskonzept oder andere Produkte und Dienstleistungen als Substitut für den momentanen Standard auf dem Markt anbieten.

Inzwischen hat sich das **Sharing-Konzept** auch andere – eher ungewöhnliche – Einsatzfelder erschlossen, bspw. unter *borrowmydoggy. com* oder shareapet.org. Hier wird angeboten, bspw. Hunde zeitlich befris-tet „anzumieten" (vgl. Krüger, 2015, S. 36). Und weitere Bereiche können erschlossen werden. Wie häufig nutzen wir bspw. bestimmte Werkzeuge (bspw. eine Kettensäge)? Oder den Vertikutierer? Oder den Laubsauger? Oder das Fondue-Set? Wir kaufen etwas, das wir nur ganz selten brauchen, um es für diesen einen Moment verfügbar zu haben. Für viele Dinge des täglichen Lebens könnte dann – bspw. App-gesteuert – Abhilfe geschaffen werden. Indem sichtbar wird, dass der Nachbar zwei Häuser weiter – seinen Vertikutierer gerne für zwei Stunden und fünf Euro zur Verfügung stellt. Plattformen wie *us.zilock.com* machen es möglich. Entsprechende Plattformen wie *datemywardrobe.com* machen auch vor dem eigenen Kleiderschrank nicht halt! Und *jetsmarter.com* bietet die Möglichkeit, über eine App freie Kapazitäten in Privatjets zu buchen (Champagner inbegriffen) – quasi die Taxi-App für Flugzeuge!

> **Merk-Box**
>
> Spannend ist, dass die der Sharing Economy zugrunde liegende Geschäftsidee „allein" darin besteht, die Assets von „normalen Bürgern" – seien es Autos, Kleidung, Haushaltsgegenstände oder ganze Wohnungen – über eine Vernetzung für andere zugreifbar zu machen. Damit wird das – bisher rein privat genutzte – Eigentum von Menschen zur gesellschaftlichen Wertschöpfung eingesetzt. Nicht mehr und nicht weniger!

Aber was sind die Konsequenzen? In Summe bedeutet auch das weniger (kaufende) Nachfrage und folglich weniger Produktion und weniger Menschen, die mit Herstellung und Vertrieb beschäftigt werden müssen. Soweit überhaupt noch Menschen in die Herstellung eingebunden sind. Neben diesen **negativen Effekten auf Beschäftigung und Wirtschaftswachstum** fördert die Share Economy allerdings auch die **Nachhaltigkeit des Wirtschaftens**. Die Energiebilanz verbessert sich am nachhaltigsten, wenn Produkte oder Dienstleistungen gar nicht erst unter Einsatz von Ressourcen erstellt werden müssen, weil die vorhandenen einer intensiveren Nutzung zugeführt werden. Allerdings wird man hier einen Splitt zwischen den entwickelten Industrienationen und den Schwellen- und Entwicklungsländern sehen. Gerade Länder wie China, Indien und einige Staaten in Afrika und Südamerika setzen zurzeit noch voll auf die Industrialisierung, um ihren Lebensstandard zu erhöhen. Aber müssen sie dabei die gleichen ökologischen Fehler begehen wie die heutigen Industrienationen?

Die Voraussetzung für das Entstehen dieser Angebote der Sharing Economy sind zum einen die **Internet-Plattformen**, die eine Vermittlung von Angebot und Nachfrage kostengünstig abbilden können. Zusätzlich werden interessierte Personen über die sozialen Medien leicht über die Vorteile dieses Geschäftskonzepts informiert. Gleichzeitig können die **sozialen Medien** und insb. integrierte **Bewertungsmechanismen** für eines sorgen: Dass die Nutzung der überlassenen Objekte „mit Anstand" erfolgt, weil über Missbrauch und Beschädigung in den relevanten Kreisen offen berichtet werden kann. Diese Bewertungsmöglichkeiten führen auch auf Anbieterseite dazu, dass „schwarze Schafe" nur eine geringe Überlebenschance aufweisen! Die sozialen Medien sorgen damit auf Anbieter- und Nachfragerseite für die erforderliche Transparenz und die soziale Kontrolle, die bisher den Nachbarn, dem Freundeskreis und den Arbeitskollegen vorbehalten war und im Online-Kontext fehlte.

Ein häufig hervorgehobener Vorteil der Sharing Economy ist der erwähnte **geringere Ressourcenverbrauch**, der mit der gemeinsamen Nutzung gleicher Objekte einhergeht. Statt vieler, häufig nur stundenweise genutzter Fahrzeuge, die nicht nur in der Produktion, sondern auch beim Fahren und Parken (Standfläche) Ressourcen verbrauchen, sind wenige Fahrzeuge intensiv im Einsatz. Collaborative Consumption erhält nicht nur in Krisenzeiten Auftrieb, wenn mit Ressourcen besonders sparsam umgegangen werden muss. Dieser kann auch Ausdruck einer **Erlebnis- und Spaßgesellschaft** sein (vgl. Brendel, 2015) – ganz nach dem Motto: „Immer mal wieder etwas Neues!". Welche möglichen **Kehrseiten** sind mit dieser Sharing Economy verbunden? *Stephan Grünewald* vom *Kölner Rheingold Institut* weist auf folgendes hin: „Wir erleben einen Paradigmawechsel, bei dem der verantwortungsvolle Besitz in konsequenzenlose Verfügbarkeit umgewandelt wird. ... Die psychologische Kehrseite des Ganzen ist die Austauschbarkeit" (Krüger, 2015, S. 36). Eines kann jedoch heute schon festgestellt werden: Die Angebote der Sharing Economy haben einen kritischen Nerv der Kunden gefunden und treffen folglich auf immer breitere Akzeptanz – bei Anbietern und Nachfragern. Und so etwas lässt sich nicht wirklich aufhalten!

Folglich macht auch einer der Gründer von *airbnb*, *Nathan Blecharczyk*, deutlich, dass sich das Unternehmen nach den erzielten Erfolgen in weitere Geschäftsbereiche hinein entwickeln möchte. Nicht nur Übernachtungen, sondern der gesamte Tourismus-Sektor mit Essen, Transport und weiteren Services soll in die Leistungspalette von *airbnb* integriert werden. So sollen bspw. auch „lokale Dienstleistungen" angeboten werden. In verschiedenen Städten sind Entwicklungsteams schon damit betraut. Warum „think big" angesagt ist, verdeutlicht *Blecharczyk*: Der Weltmarkt für Übernachtungen weist eine Größe von 500 bis 700 Milliarden Dollar auf. Die gesamte Tourismusindustrie ist dagegen ein Billionen-Dollar-Business (vgl. Schulz, 2014).

Vor dem Hintergrund der aufgezeigten Beispiele können folgende große **Entwicklungslinien der Dematerialisierung** erkannt werden:

1. Schritt   **Analoge Hardware wird zur digitalen Hardware**
Diese Entwicklung ist beim Wechsel von Musikkassetten zu CDs sowie von Videobändern zu DVDs festzustellen. Auch der Schritt von Büchern zu Hörbüchern auf CDs fällt in diese Entwicklungsstufe.

2. Schritt   **Digitale Hardware wird zur Software**
Dieser Schritt wurde vollzogen, als CDs zunehmend durch mp3-Dateien und DVDs durch Streaming-Angebote ersetzt wurden.

3. Schritt   **Analoge Hardware wird zur Software**
Diesen Digitalisierungsschritt machen sich 3-D-Printer-Lösungen zunutze. Zunächst werden Objekte real gescannt oder gleich digital entwickelt, um sie dann aus der digitalen Welt wieder in die reale 3-D-Welt zu transformieren. Auch die Beispiele des Ersatzes von Schlüsseln durch Apps fallen in diese Kategorie.

4. Schritt   **Statt Software zu besitzen, wird diese zum Nutzungszeitpunkt bereitgestellt**
Das gesamte Streaming-Angebot bei Musik- und Video-Inhalten basiert auf diesem Geschäftsprinzip. Der klassische

Verkauf von digitalen Inhalten (bspw. über *iTunes*) wird zunehmend durch die Verfügbarmachung von Inhalten in Realtime abgelöst (bspw. durch *Spotify*). Auch die Geschäftsmodelle von Unternehmen wie *Maxdome*, *Netflix*, *Telekom Entertain* basieren auf diesem Konzept. Auch Software-Hersteller bieten zunehmend Lösungen als SAAS („Software-as-a-Service") über Cloud-basierte Lösungen an.

5. Schritt   **Ergänzung der realen Welt durch digitale Inhalte**

Die Lösungen aus dem Bereich der Augmented Reality stellen eine weitere Entwicklungsstufe dar. Hier werden reale Objekte (bspw. der *Reichstag* in *Berlin*) bei der Betrachtung durch Zugriff auf eine entsprechende App mit relevanten Hintergrundinformationen angereichert. Oder der *IKEA*-Katalog ermöglicht es, schon einmal zu prüfen, wie der neue Teppich im eigenen Haus an der gewünschten Stelle tatsächlich gut aussehen würde.

6. Schritt   **Digitale Erzeugung von digitalen Inhalten**

Auch dieser Schritt ist schon vollzogen. Bereits heute generiert der sogenannte Roboter-Journalismus automatisiert Meldungen, die über Online-Kanäle verbreitet werden. Der nicht-menschliche „Redakteur" ist dabei allerdings kein Roboter, sondern schlicht eine Software, die aus einlaufenden Informationen automatisiert Kurznachrichten generiert. Für den Leser sind die digitalisiert erstellten Inhalte als solche nicht zu erkennen.

In Teilbereichen dieser Abfolge müssen Inhalte immerhin noch durch kreative Köpfe generiert werden. So etwa bei Literatur, Musik, Film, Software etc. Doch im 6. Schritt deutet sich schon an, dass auch die Generierung der Inhalte selbst durch Software erfolgt. Während in den davorliegenden Stufen lediglich klassische Prozessstufen der Vervielfältigung und Distribution digitalisiert wurden, fällt im 6. Schritt sogar deren Produktion durch Menschen weg. Vor diesem Hintergrund sollte sich jedes Unternehmen die Frage stellen, welche Konsequenzen mit einer solchen Entwicklung für das eigene Geschäftsmodell einhergehen. Und auf volkswirtschaftlicher Ebene stellt sich die Frage, welche ausbildungs- und beschäftigungsbezogenen Effekte auf die Nationalstaaten zukommen werden (vgl. vertiefend Kapitel 3).

Schließlich fördern diese Entwicklungslinien die Weiterentwicklung des Internet of Things zur **Schaffung des Internets of Services & Customers**. Dabei werden die heute noch festzustellenden Trennlinien zwischen Produzenten und Konsumenten immer weiter verschwinden. Nicht nur, weil Teile der Konsumenten zu Prosumenten mutieren, indem sie in den Produktions- und Serviceprozess eingebunden werden. Denn Konsumenten können auch selbst zu echten Produzenten werden und ihre Leistungen auf Online-Plattformen anbieten. Gleichzeitig können Unternehmen zu Kunden werden, die die Leistungen einer schier unbegrenzten Zahl von Leistungsträgern punktuell abrufen können, indem sie sogenannte **Click-Worker** fallweise in eigene Projekte einbeziehen. Dieser Begriff wurde zunächst für ein *NASA*-Projekt verwendet, bei dem eine große Zahl an wissenschaftlichen Laien die Auswertung von Fotografien der Marsoberfläche unterstützte. Inzwischen wird der Begriff verwendet, wenn Internet-Nutzer im Rahmen von Crowdsourcing-Projekten Aufgaben für Unternehmen bearbeiten, ohne bei diesen angestellt zu sein.

Think-Box

- In welchem Ausmaß sind meine Branche und mein Unternehmen schon heute durch die Dematerialisierung herausgefordert?
- Welche Teile unserer Wertschöpfungskette werden obsolet werden?
- Welche – bisher vielleicht unbekannten – Player steigen hier in den Wettbewerb ein?
- Wo können wir durch die Dematerialisierung Kosten reduzieren oder weitere Kundenvorteile erzielen?
- Welche neuen Geschäftsfelder ergeben sich durch die Dematerialisierung?
- Ist in den nächsten Jahren eine Bedrohung meines Geschäftsmodells durch die Entwicklung der Sharing Economy zu erwarten?
- Wie kann mein Unternehmen selbst wertschöpfend in diesen Bereich einsteigen?
- Empfiehlt sich ein Engagement als Plattformanbieter oder als Player auf schon bestehenden oder sich entwickelnden Plattformen?
- Wo stehen meine Branche und mein Unternehmen hinsichtlich der erreichten Phase der Digitalisierung?
- Welches werden die nächsten Schritte sein und welche Lösungen sind dafür erforderlich?
- Welche Position können wir im Internet of Things einnehmen?
- Welche wertschöpfenden Möglichkeiten bestehen für unserer Unternehmen bei der Schaffung des Internets of Services & Customers?
- Wer analysiert die Implikationen in meinem Unternehmen und erarbeitet eine Roadmap für die Weiterentwicklung des eigenen Leistungsspektrums?

2.2 Vernetzung als Treiber der Dematerialisierung

Mit der Digitalisierung und Dematerialisierung von Daten, Objekten und Prozessen geht eine weitere Möglichkeit einher: Eine fast grenzenlose Vernetzung. Eine Vernetzung von Objekten und Menschen! Nach einer Prognose von Cisco (2014) wird die **Internet-basierte Vernetzung** in den nächsten Jahren massiv zunehmen (vgl. Abb. 2.6).

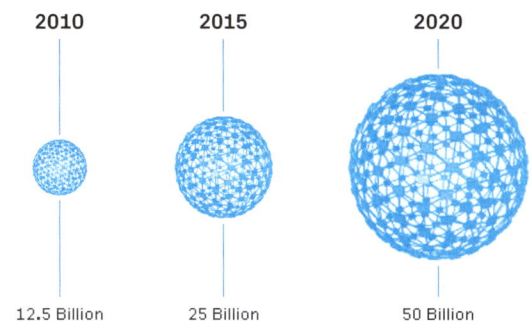

Abb. 2.6: Wie wird sich die „Verknüpfungsintensität" weiterentwickeln?
Quelle: Cisco, 2014

Basierend auf dieser massiven Vernetzung wird sich das **Internet of Things** zum **Internet of Everything** entwickeln. Denn nicht nur „Dinge" werden miteinander vernetzt werden, sondern auch „Lebewesen". Die „gechipte Kuh", die automatisch die Temperatur und Anzeichen von Krankheiten per Alert sendet, ist schon länger Gegenwart geworden. In Summe geht *Cisco* davon aus, dass das Internet of Everything aufgrund der Vernetzung bis zum Jahr 2022 weltweite **Gewinne** und **Einsparungen** in folgenden Größenordnungen erzielen wird (vgl. Evans, 2011):

• US-$ 2.5 Billionen durch eine bessere **Anlagennutzung**
• US-$ 2.5 Billionen durch gesteigerte **Mitarbeiterproduktivität**
• US-$ 2.7 Billionen durch Verbesserungen in der **Supply Chain**
• US-$ 3.7 Billionen durch optimierte **Kundenerlebnisse**
• US-$ 3.0 Billionen durch **Innovationen**

Dies entspricht Gesamteffekten in der Größenordnung von US-$ 14.4 Billionen. Damit soll eine **Steigerung der Unternehmensgewinne** von bis zu 21% einhergehen (vgl. Evans, 2011). Auch wenn man den Zahlen nicht absolut vertrauen möchte, zeigt sich doch, welches Potenzial hinter der Vernetzungsentwicklung steht.

Welche Schritte die **Entwicklung zum Internet of Everything** gefördert haben, zeigt Abb. 2.7. Ein zentraler Treiber war zunächst **Mobile Computing**. Der mobile Zugriff auf das Internet bildete die zentrale Schnittstelle zum dezentralen Zugriff auf dezentrale und zentrale Anwendungen. Zusätzlich hat die Intensität von **Collaboration** durch die Werkzeuge des Webs 2.0 zugenommen. Hierdurch wurde es für mehr und mehr Menschen und Unternehmen einfacher, sich über Online-Plattformen auszutauschen und gemeinsam

Lösungen zu erarbeiten. Ein weiterer wichtiger Treiber ist **Big Data**. Immer mehr Daten werden über immer mehr Nutzer, Unternehmen, Objekte und Prozesse verfügbar, aus denen zentrale Erkenntnisse zu destillieren sind.

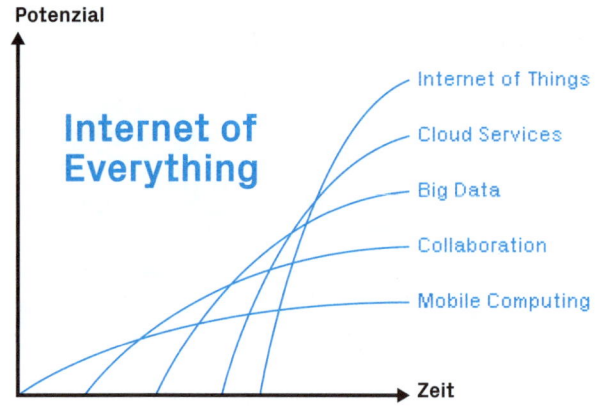

Abb. 2.7: Der Weg zum Internet of Everything

Die Verlagerung von Prozessen und ganzen Wertschöpfungsprozessen „in die Cloud" durch sogenannte **Cloud Services** haben die Abhängigkeit von zentralen Standorten weiter reduziert. Durch solche Services entfällt für viele Objekte der digitale Transport zum Käufer, um bspw. Inhalte physisch auf einem Endgerät zu speichern. Die relevanten Substanzen (Musik, Videos, aber auch Texte und Software etc.) werden in der Cloud vorgehalten und erst im Nutzungsmoment per Streaming zur Verfügung gestellt. Eine dezentrale Datenhaltung pro Nutzer wird durch eine zentrale Datenhaltung in der Cloud ersetzt. Dieser Trend zur Verlagerung in die Cloud beschränkt sich nicht auf Daten, sondern umfasst weiterführende Prozesse und ganze Geschäftsan-wendungen. Die Digitalisierung erfasst damit ganze Geschäftsprozesse. So entstand das **Internet of Things**, das nun – durch eine Überwindung des Fokus auf „Objekte" – zum **Internet of Everything** geworden ist.

Vor diesem Hintergrund ist in der produzierenden Wirtschaft ein **Paradigmenwechsel** im Gange: Unternehmen wandeln sich zunehmend von reinen Produktherstellern zu Anbietern ganzheitlicher Lösungen. **Systems Selling** ist das Schlagwort, das diesen ganzheitlichen Verkaufsansatz kennzeichnet. Bei Unternehmen, die sich diesen Ansatz zunutze machen, löst sich die vorher häufig dominante Trennungslinie zwischen Produkten und Dienstleistungen auf. Dieser Trend wird im Maschinenbau besonders deut-lich. Unternehmen liefern hier häufig nicht nur Produkte, sondern bemühen sich darum, auch begleitende Leistungen wie Instandhaltung, Wartung und Verbrauchsgüter – bis hin zu Versicherungs- und Finanzierungsangeboten – in einem systemischen Angebot zu vermarkten (vgl. BDI, 2011, S. 22).

Einen noch konsequenteren Schritt vollziehen Unternehmen, die – bspw. im IT-Umfeld – nicht mehr nur Hard- und/oder Software anbieten, sondern gleich eine **Komplettlösung für ihre Kunden** präsentieren. Stichworte wie SAAS – Software-as-a-Service – sowie weiterführende Cloud-Anwendungen beschreiben diese Entwicklungen. Entsprechende Entwicklungen sind auch in der Medizintechnik sowie in der optischen und elektrotechnischen Industrie festzustellen. **Cloud Computing** hat damit bereits eine neue Runde der Informatisierung der Wirtschaft eingeläutet. Dieser Prozess folgt der schon bekannten Logik des Outsourcings. Für die Nutzer solcher Cloud-Services ergeben sich interessante Skaleneffekte – häufig verbunden mit flexiblen Dienstleistungsmodellen, da Rechner- und Servicekapazitäten dann abgerufen werden, wenn diese benötigt werden. Eine „Vorratshaltung" von Rechner- und Servicekapazitäten durch jedes einzelne Unternehmen selbst kann dadurch entfallen – wie bei der Sharing Economy. Gleichzeitig wächst natürlich die Abhängigkeit der eigenen Leistungsfähigkeit von Dritten. Außerdem müssen die zentralen Fragen des Datenschutzes und damit die Sicherheit der ausgelagerten Daten gewahrt werden. Schließlich handelt es sich bei den ausgelagerten Daten und Prozessen oft um die wichtigsten Betriebsgeheimnisse von Unternehmen, die beim Cloud Computing auf Rechnern Dritter abgelegt werden (vgl. BDI, 2011, S. 22, 25).

Zusätzlich zeichnet sich in vielen Industrien eine weitere Entwicklung als notwendige Maßnahme ab: Die Ergänzung der klassischen – physischen – Wertschöpfungskette durch eine virtuelle Wertschöpfungskette. Die **klassische Wertschöpfungskette** (auch Value Chain) ist in Abb. 2.8 dargestellt und zeigt auf, wie die Kernprozesse und die flankierenden Prozesse in einem Unternehmen ausgestaltet sein können, um Mehrwert für Kunden zu schaffen und dadurch einen Gewinn zu erzielen (vgl. vertiefend Kreutzer, 2013, S. 106-110).

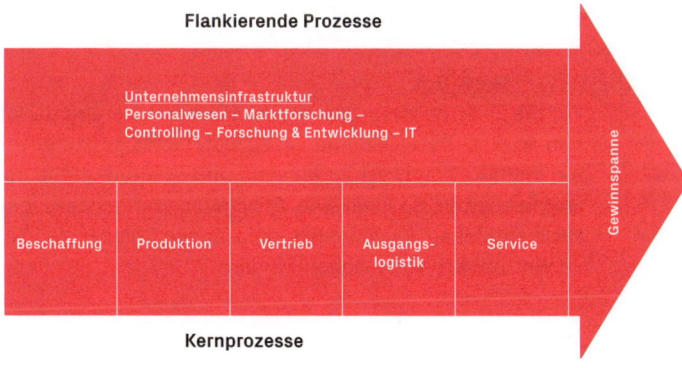

Flankierende Prozesse

Unternehmensinfrastruktur
Personalwesen – Marktforschung –
Controlling – Forschung & Entwicklung – IT

| Beschaffung | Produktion | Vertrieb | Ausgangs-logistik | Service |

Gewinnspanne

Kernprozesse

Abb. 2.8: Grundkonzept einer Wert(schöpfungs)kette
Quelle: Kreutzer, 2013, S. 107

Die Digitalisierung macht es gleichermaßen möglich – wie in vielen Fällen notwendig – die klassische durch eine **digitale (informatorische) Wertschöpfungskette** zu ergänzen. Abb. 2.9 zeigt, wie diese Ergänzung erfolgen kann. Die physische Wertschöpfungskette wird durch eine digitale Wertschöpfungskette gleichermaßen durchdrungen und angereichert. Auf diese Weise können vielfältige Effizienz- und Effektivitätsreserven in der Wertschöpfung realisiert werden (vgl. auch Hollensen, 2014, S. 40).

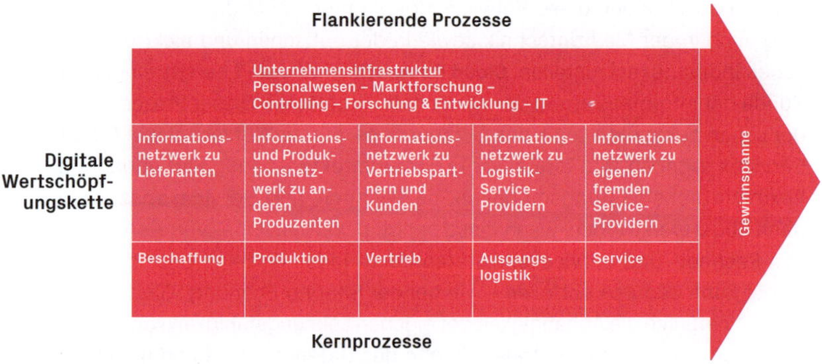

Flankierende Prozesse

Unternehmensinfrastruktur Personalwesen – Marktforschung – Controlling – Forschung & Entwicklung – IT				
Informationsnetzwerk zu Lieferanten	Informations und Produktionsnetzwerk zu anderen Produzenten	Informationsnetzwerk zu Vertriebspartnern und Kunden	Informationsnetzwerk zu Logistik- Service- Providern	Informationsnetzwerk zu eigenen/ fremden Service- Providern
Beschaffung	Produktion	Vertrieb	Ausgangslogistik	Service

Digitale Wertschöpfungskette

Gewinnspanne

Kernprozesse

Abb. 2.9: Physische und digitale Wertschöpfungskette

Es gilt, die in Unternehmen bestehenden Datensilos zugunsten von **Daten-Ecosystems** einzureißen. Gleichzeitig sind im Sinne eines Outside-in-Prozesses eine Vielzahl von Informationen aus dem unternehmerischen Umfeld zu integrieren. So kann viel schneller und umfassender auf notwendige Veränderungen reagiert werden. Die digitale Wertschöpfungskette basiert damit auf einer **informatorischen Supply Chain**, die interne und externe Informationsflüsse verbindet. Ein besonders erfolgreiches Beispiel hierfür stellt die Mode-Gruppe Zara dar. Hier ist es gelungen, einen geschlossenen Informationskreislauf zu etablieren. Dadurch gelingt es, neueste Modetrends auf den Catwalks der Welt bereits 14 Tage später als kaufbare Mode in den Geschäften anbieten zu können.

> **Merk-Box**
> Für die Unternehmen besteht die Herausforderung darin, End-to-End-Datenlösungen statt Datensilos aufzubauen, um mehr Kundenwert zu erzielen und Kostenvorteile zu erwirtschaften. So kann eine intelligente Wertschöpfungskette entstehen. Es entstehen Data-driven Companies, die im Wettbewerb vorne liegen werden.

Werden die solchermaßen angereicherten Wertschöpfungsketten verschiedener Unternehmen miteinander verzahnt, entstehen die sogenannten **Systeme integrierter Wertschöpfungsketten** (auch Value Systems). Die Wertschöpfungskette des eigenen Unternehmens ist gleichsam vernetzt mit der Wertschöpfungskette von Lieferanten einerseits und Kunden andererseits. Diese Vernetzung kann sowohl die direkten wie auch die indirekten Lieferanten und Kunden einbeziehen (vgl. Abb. 2.10). Durch diese informatorische Vernetzung können weitere Effizienz- und Effektivitätsreserven in der Wertschöpfung – sowohl auf Lieferanten- wie auf Kundenseite – ausgeschöpft werden. In Deutschland hat man für diesen Entwicklungsschritt einen besonderen Namen gefunden: **Industrie 4.0**.

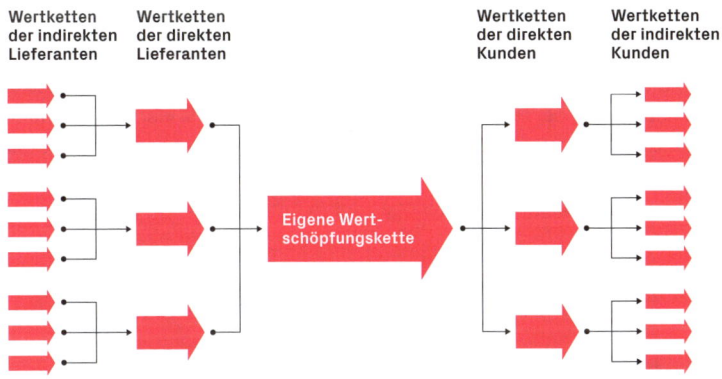

Abb. 2.10: System von Wertschöpfungsketten

Der Kerninhalt von **Industrie 4.0** stellt die Informatisierung der Fertigungstechnologien dar. Das Ziel besteht in der Entwicklung der sogenannten „intelligenten Fabrik" (auch **Smart Factory**). Diese soll sich zum einen durch die Fähigkeit auszeichnen, sich den beschleunigenden Veränderungsprozessen leichter anpassen zu können. Zum anderen soll die Effizienz und Effektivität der Leistungserbringung gesteigert werden, indem eine **informatorische Integration von Lieferanten und Kunden** erfolgt, wie sie in Abb.2.10 im System der Wertschöpfungsketten dargestellt wird. Wichtige technologische Grundlage für die Möglichkeit, solche Systeme aufzubauen, stellt das Internet of Things dar.

Je mehr Menschen und Objekte sich durch Sensoren überwachen und diese Informationen über das Netz verfügbar machen, desto umfassender kann eine (global ausgerichtete) wirtschaftliche Wertschöpfungskette ausgestaltet werden. Dann können sich Unternehmen wie interessierte Prosumenten, wann und von wo immer gewünscht, in den Wertschöpfungsprozess einklinken, um ihren Anteil am Prozess und ggf. auch an der erzielten Wertschöpfung zu erhalten (vgl. Rifkin, 2014b).

Aus unserer Sicht beschränkt sich der Begriff Industrie 4.0 und der damit bezeichnete Integrationsprozess zwischen Unternehmen zu stark auf den industriellen Sektor ein. Aber nicht nur klassische „Industrieunternehmen" können von vernetzten Wertschöpfungsketten profitieren, sondern alle Unternehmen und damit die gesamte Wirtschaft. Deshalb sprechen wir im Folgenden konsequent von **Wirtschaft 4.0**, um die Perspektive auf alle relevanten Sektoren ausrichten zu können. Gleichzeitig macht diese begriffliche Ausweitung auch deutlich, dass eine Integration nicht an Unternehmensgrenzen halt machen sollte, sondern auch Kunden mit einbeziehen kann – sei es als Informationslieferant, als Co-Produzent (Prosumer) oder als Endkunde.

Warum wird für diese Entwicklung der Begriff Industrie 4.0

verwendet? Die **erste industrielle Revolution** wurde verursacht durch die Erfindung der Dampfmaschine in der Mitte des 18. Jahrhunderts. Die **zweite industrielle Revolution** wurde getrieben durch die Erfindung des Stroms und der damit verbundenen Elektrifizierung gegen Ende des 19. Jahrhunderts; diese ermöglichte eine Massenfertigung unter Einsatz von Fließbändern. Die **dritte industrielle Revolution** wurde verursacht durch die allgegenwärtige Computerisierung, die durch den Einsatz von Elektronik und IT zur weiteren Automatisierung der Produktion führte. Jetzt steht uns die **vierte industrielle Revolution** ins Haus: die Vernetzung von Wertschöpfungsprozessen über die Grenzen einzelner Unternehmen hinaus. Genau das wird Industrie 4.0 – oder im oben beschriebenen Sinne – als Wirtschaft 4.0 bezeichnet!

Merk-Box

Es gibt keine nicht-digitalen Unternehmen mehr. Alle Unternehmen sind – in unterschiedlicher Intensität – digital! Deshalb hat das Thema Wirtschaft 4.0 auch für alle Unternehmen eine große Bedeutung.

Was wird durch **Wirtschaft 4.0** möglich und angestrebt? Die Digitalisierung der Produktionslandschaft ermöglicht ein Konzept, das mit dem Begriff **Selbstflexibilisierung** bezeichnet werden kann. Kunden kann hierdurch ein (datentechnischer) Zugriff auf den Produktionsprozess und damit eine Individualisierung der Leistungserstellung ermöglicht werden. Teilweise wird dadurch auch bei komplexen Systemen der Massenfertigung eine „Losgröße 1" erreicht. Dieses Konzept der Mass Customization verbindet eine hoch flexibilisierte (Großserien-)Produktion mit den spezifischen Individualisierungswünschen breiter Kundenschichten. Diese Individualisierung wird durch die Digitalisierung der Kundenwünsche und deren digitalen Transfer an die jeweiligen Produktionsstandorte massiv erleichtert. Die Bandbreite der Mass Customization reicht dabei von der individuellen Müsli-Mischung bei *mymuesli.com*, über das individualisierte Parfüm von *myparfum.de*, den individuellen Schuh bei *nike.com* (vgl. Nike, 2014) bis hin zu individuell konfigurierten Computern bei *Dell* und „maßgeschneiderten" Autos von *Volkswagen, Audi, Daimler* & Co. (vgl. Abb.2.11). Der Kern des Mass Customization ist ein Baukastensystem, aus dem der Kunde über einen Produktkonfigurator sein Wunschprodukt zusammenstellen kann.

Abb.2.11: Beispiele von Mass Customization
Quelle: mymuesli.com, myparfum.de, nike.com

Von einer **Selbstoptimierung** wird bei Fertigungsprozessen immer dann gesprochen, wenn die Systemkonfiguration sich kontinuierlich und automatisch den veränderten Rahmenbedingungen anpasst, um eine möglichst optimale Gesamtleistung zu erzielen. Solche Optimierungsprozesse kommen bspw. in der Mobilfunktechnik zum Einsatz.

Andere Methoden basieren auf der **Selbstkonfiguration**. Hierunter ist ein Prozess zu verstehen, bei dem sich ein (Produktions-)System automatisiert einer neuen, u. U. vorher unbekannten Situation anpasst. Einfache Beispiele hierfür stellen der Regensensor beim Auto und die automatische Umstellung der Anzeige des Navigationssystems auf Tag- bzw. Nachbeleuchtung dar. Auch die Blenden- und Zeitautomatik bei einer Kamera ist ein Beispiel für Selbstkonfiguration. Kernpunkt hierbei ist, dass sich das technische System ohne externen Eingriff selbst konfiguriert; manuelle Eingriffe von außen können folglich entfallen. Hierdurch wird nochmals die Relevanz der informatorischen Wertschöpfungskette verdeutlicht. Denn diese kann die für die Selbstkonfiguration notwendigen Daten bereitstellen.

Ein weiteres hier zum Einsatz kommendes Verfahren stellt die **Selbstdiagnose** dar. Hierbei handelt es sich um Prozesse, bei denen laufende Produktionsprozesse sich selbst überwachen. In Abhängigkeit der Ergebnisse dieser Diagnosen können – über die virtuelle Wertschöpfungskette – automatische Bestellungen an Lieferanten oder Informationen über Lieferengpässe an Kunden ausgelöst werden. Basierend auf dieser Selbstdiagnose können auch Aufträge an Serviceeinheiten übermittelt werden. Dies ist bspw. in der Luftfahrt der Fall. Die Flugzeuge monitoren sich laufend in der Luft, optimieren den Spritverbrauch und senden die Ergebnisse an die stationären Servicestationen. Im Bedarfsfall fordert ein Flugzeug eigenständig ein Ersatzteil an, welches nach der nächsten Landung zum Austausch bereit steht und kann so Ausfälle verhindern, noch bevor sie auftauchen (vgl. Accenture, 2014, S. 21). Smart Houses übermitteln eine Vielzahl von Daten über das Nutzungsverhalten der Bewohner, die für werbende Unternehmen hoch relevant sind. Erst vor diesem Hintergrund wird die Akquisition des Unternehmens *Nest Laps*, ein Spezialist für Thermostate und Rauchmelder, durch *Google* für über drei Milliarden US-$ nachvollziehbar (vgl. o. V., 14.1.2014).

Die Einsatzbereiche des so unterstützten **Monitoring** umfassen außerdem die Zustandsüberwachung von Produkten (bspw. Lebensmitten), Privathäusern und Industrieanlagen. So können nicht nur Temperatur und Energieverbrauch in Smart Houses und Smart Factories überwacht werden. Es wird auch möglich, komplexe Prozesse und Abläufe zu überwachen, wie sie bspw. mit der Wasserinfrastruktur von Städten einhergehen. Die Städte Doha, São Paulo und Peking verwenden Sensoren an Rohrleitungen, Pumpen und anderen Komponenten der Wasserversorgung, um deren Funktionsfähigkeit laufend zu überwachen. Durch die Früherkennung von Leckagen konnte der Wasserverlust um 40–50 % reduziert werden. Der Einsatz von Sensoren wird auch im öffentlichen Bereich Einzug halten, um eine breit angelegte Überwachung sicherzustellen (vgl. MGI, 2013).

Die hier vorgestellten Methoden können als tragende Säulen von sogenannten **Self-Organizing-Networks** (SON) bezeichnet werden und stellen das Herz von Wirtschaft 4.0 dar. Es geht dabei zusammengefasst um Automatisierungstechnologien, die alle Stufen des Management-Prozesses – von der Planung, über die Konfiguration und Optimierung bis hin zur Selbstkorrektur von Fehlern sowie Prozesse der Auslieferung automatisiert und damit „in Eigenregie" durchführen – und das in Echtzeit!

Damit wird eines sehr sichtbar: Der scheinbare Widerspruch zwischen Standardisierung und Differenzierung könnte durch die zunehmende Digitalisierung von Wertschöpfungsprozessen in immer mehr Bereichen überwunden werden. Der Treiber dahinter ist die zunehmende **digitale Durchdringung der Unternehmen**. Denn diese beschränkt sich nicht auf Beschaffung, Produktion, Marketing, Vertrieb, Service oder Logistik, sondern umfasst die gesamte Wertschöpfungskette bzw. das gesamte System von Wertschöpfungsketten. Deshalb tun Unternehmen gut daran, nach der E-Commerce-Welle ihre Aufmerksamkeit verstärkt auf die **Optimierung von inner- und zwischenbetrieblichen Abläufen** zu richten. Die zentralen Vorteile, die hierdurch erzielt werden können, sind die Ausschöpfung von Effizienz- und Effektivitätspotenzialen durch (selbststeuernde) Systeme, die ein höheres Maß an Flexibilität erreichen und damit zur Beschleunigung von Produktionsprozessen bei der Erstellung von Gütern und Serviceleistungen beitragen. Leitbilder hierfür sind neben der schon zitierten **Smart Factory** das **Realtime Enterprise** (Echtzeitunternehmen), bei denen alle relevanten Informationen in einem digitalen (Produktions-Modell) vorliegen. Handlungsoptionen und Entscheidungen werden dabei rechnergestützt modelliert und ersetzen vielfach bisher notwendige externe Interventionen (vgl. BDI, 2011, S. 25).

Merk-Box

Jedes Unternehmen sollte sich mit der Frage befassen, wie nicht nur die eigene Kommunikation, sondern auch die angebotenen Produkte und/oder Dienstleistungen digital unterstützt produziert und vertrieben werden können. Denn die Entwicklung hin zu einer hypervernetzen Welt hat gerade erst begonnen.

Und die Vernetzung ist nicht auf das „produzierende Gewerbe" beschränkt. Wir sehen diese **Vernetzungsdynamik** auch **auf der Konsumentenebene**, die sich gleichsam Stück für Stück in die **Produktionsebene** hineinwebt. Denn das Internet ist schon lange nicht mehr nur auf Kommunikation ausgerichtet. Es schließt in immer höherem Maße auch Konsumenten sowohl in die Produktion wie auch in die Distribution von Produkten und Dienstleistungen ein. Das Internet of Everything überwindet damit die Gräben, die über viele Jahrhunderte zwischen Konsumenten und Produzenten bestanden. Wer als Konsument möchte, wird zum Prosumenten — zum Produzent und

Konsument in einem. Per Klick. Per Upload. Durch die Einstellung eigener kreativer Ergüsse auf Plattformen wie *dawanda.com* oder *etsy.com*, durch das Anbieten der eigenen Wohnung bei *airbnb* etc.

Think-Box

- Welche Bedeutung hat das Internet of Things bzw. das Internet of Everything für unser Geschäftsmodell?
- Welche Auswirkungen hat die zunehmende Vernetzung von Objekten, Prozessen und Menschen?
- Wo zeichnen sich Chancen, wo eher Bedrohungen ab?
- Ergeben sich für uns Ansätze zu einer effizienteren Anlagennutzung?
- Wie kann die Mitarbeiterproduktivität durch die Vernetzung gesteigert werden?
- Welche Optimierungen in der Supply Chain sind möglich?
- Welche besonderen Kundenerlebnisse können wir durch die Vernetzung schaffen?
- Wie können unsere Innovations-Prozesse durch die Vernetzung optimiert werden?
- Welche Geschäftsfelder können durch Cloud-Services besser oder kostengünstiger erschlossen werden?
- Welche Ansätze für ein System Selling gibt es in meinen Unternehmen?
- Haben wir schon geprüft, in welchem Umfang unsere klassische Wertschöpfungskette durch eine digitale Wertschöpfungskette durchdrungen werden sollte?
- Welche Ansätze bestehen bei uns, integrierte Value Systems durch die Vernetzung mit vor- und nachgelagerten Wertschöpfungsketten zu erreichen?
- Wie weit sind wir auf dem Weg zur Umsetzung von Industrie 4.0 bzw. von Wirtschaft 4.0 schon vorangeschritten?
- Wie können wir die Konzepte wie Selbstflexibilisierung, Selbstoptimierung, Selbstkonfiguration und Selbstdiagnose in meinem Unternehmen nutzen – über den reinen Produktionsbereich hinaus?
- Wer beschäftigt sich bei uns mit diesen ganzen Themenstellungen?

2.3   Theorie der Null-Grenzkosten

Die bisher diskutierten Entwicklungen gehen mit einem weiteren Phänomen Hand in Hand, dessen Tragweite kaum überschaut werden kann: die **Theorie der Null-Grenzkosten** (vgl. Rifkin, 2014b). Wir alle haben einmal gelernt, welche Bedeutung den Grenzkosten (auch Marginalkosten genannt) in der unternehmerischen Kalkulation zukommt. Mit den **Grenzkosten** werden diejenigen Kosten bezeichnet, die mit der Herstellung einer zusätzlichen Mengeneinheit eines Produktes oder einer Dienstleistung einhergehen. Mathematisch kann die Grenzkostenfunktion als erste Ableitung der Kostenfunktion eines Produktionsprozesses ermittelt werden. Die bildet dann die Steigung dieser Kostenfunktion in Abhängigkeit von der Anzahl der produzierten Einheiten ab.

Um die Bedeutung der Grenzkosten zu verdeutlichen, hilft das folgende Beispiel. Gehen wir davon aus, dass für die Herstellung eines Produktes bspw. zunächst 200.000 € als Fixkosten anfallen (bspw. für F&E, Patentgebühren, Personalkosten, Miete für das Forschungslabor, Erstellung der Produktionsanlagen und der Fertigungshallen). Diese Kosten sind bereits entstanden, bevor auch nur ein einziges Produkt tatsächlich hergestellt worden ist. Mit der so geschaffenen Infrastruktur können 10.000 Einheiten hergestellt werden. Die variablen Kosten für die Herstellung belaufen sich bspw. auf 10 € (für Material, Stromkosten, Personalkosten in der Fertigung etc.). Wird nur ein einziges Stück hergestellt, fallen dafür Gesamtkosten von 200.010 € an. Bei zwei gefertigten Einheiten belaufen sich die Gesamtkosten auf 200.020 €. In diesem einfachen Beispiel liegen die Grenzkosten bei 10 €. Häufig können im Zuge der Herstellung Effizienzreserven mobilisiert werden. Dies gelingt bspw. durch Mengenrabatte beim Rohstoffeinkauf, durch die Erhöhung der produzierten Menge pro Personalstunde etc., die insgesamt als Economies of Scale bezeichnet werden und einen Treiber dafür darstellen, warum Unternehmen Umsatzwachstum bei gleichen Produkten und Dienstleistungen anstreben. Economies of Scale können die **Grenzkosten sinken**, bspw. auf 9,50 oder auf 9 €. Das ist ein wichtiges Ziel im Produktionsbereich.

Steigt die Nachfrage über die geschaffene Produktionskapazität hinaus, müssen ggf. Überstunden (mit entsprechenden Zuschlägen) angeordnet, zusätzliche Wartungsarbeiten an den Maschinen vorgenommen und/oder externe Kapazitäten zu höheren Kosten eingebunden werden. Dann können die **Grenzkosten** wieder **steigen**.

Was hätte es für Konsequenzen, wenn die Grenzkosten gegen „Null" tendieren würden – ohne dass dafür gesonderte Anstrengungen notwendig würden? Tatsächlich kann in vielen Wirtschaftsbereichen festgestellt werden, dass die Digitalisierung und Dematerialisierung von Produkten und Services zu Grenzkosten in Höhe von „0" geführt hat. Ein Beispiel hierfür liefert die **Buchproduktion**. Das Verfassen eines Buches kann heute entweder noch klassisch papiergestützt und mit Schreibmaschine erfolgen. Allerdings finden sich Fotos eines solchen „Produktionsprozesses" eher bei unseren etablierten, älteren Schriftstellern. Klassischerweise findet die Schaffung textbasierter Inhalte durch die Autoren bereits digitalisiert statt. Aber lassen Sie uns den Fokus nur auf die Vervielfältigung eines Werkes legen. Der Autor stellt seinen Text mit den entsprechenden Abbildungen dem Verlag heute in digitalisierter Form zur Verfügung. Diese „Lieferform" als Word-Datei ist Bestandteil jedes klassischen Autorenvertrages. Der Verlag muss häufig „nur" noch die Formatierung übernehmen, soweit diese nicht auch schon an den Autoren delegiert wurden.

Wird das Buch als gedrucktes Exemplar erstellt, kann die oben genannte Grenzkostenkalkulation zum Einsatz kommen. Für jedes gedruckte Werk fallen entsprechende Grenzkosten an. Auch dann, wenn – wie teilweise schon umgesetzt – ein Print-on-Demand erfolgt. Zu den Fertigungskosten kommen zusätzliche Kosten für Verpackung und Versand an den Kunden – sei dies der Endkunde bei einem eigenen Online-Shop oder ein Vertriebspartner. Doch wie sieht das bei einem E-Book aus? Ist die Datei einmal erstellt, kann eine zusätzliche Kopie des Werkes quasi zu „Null-Grenzkosten" erstellt werden. Hier sehen wir den Entfall von Grenzkosten in der Produktion. Da Internet-Dienstleistungen häufig als Flat-Rate abgerechnet werden, ist die (Online-)Lieferung an den Käufer ebenfalls ohne zusätzliche Kosten möglich. Das heißt nichts anderes, als dass die Erstellung und sogar die Auslieferung weiterer Werke – und das sogar weltweit – mit Grenzkosten in der Höhe von „Null" einhergehen. Man führe sich das vor Augen: Bei digitalen Produkten ist auch ein **Entfall von Kosten in der Zustellung** gegeben.

In Fall des E-Books werden **Kosten** für die Erreichung der Null-Grenzkosten-Situation beim Verlag **auf die Käufer** verlagert. Diese müssen sich als Voraussetzung für das Lesen eines E-Books eine entsprechende Hardware zulegen. Möchte der Nutzer selbst Teile eines solchen Werkes ausdrucken – soweit dies überhaupt geht – werden auch die dafür anfallenden Kosten auf den Käufer verlagert.

Check-Box

- Was bedeutet es, wenn eine der **Grundfesten des Kapitalismus und der Produktionstheorie** ihre Gültigkeit verliert?
- Was geschieht, wenn ein zentraler Treiber im Wettbewerb um die Gunst der Kunden und die Erzielung von Gewinnen – nämlich die **Senkung der Grenzkosten** – auf einmal wegfällt?
- Was passiert langfristig, wenn in bestimmten Industrien die **Grenzkosten gegen Null** gehen?
- Was hat es für Konsequenzen, wenn nicht nur dieser Wettbewerbsmotor wegfällt, sondern langfristig auch viele Millionen **Arbeitsplätze**, deren Wegfall u. a. die Ursache für die Null-Grenzkosten darstellen?

Denn – um an das obige Beispiel anzuknüpfen – es bedarf zur Vervielfältigung eines E-Books keiner Papier-, Druckfarben- und Verpackungsherstellung mehr. Und auch keiner Druck-, Verpackungs- und Zustellprozesse. Und auch keiner Herstellungsprozesse für die Vorprodukte selbst sowie für die

Maschinen, um Druckmaschinen und die Maschinen für die Herstellung der Vorprodukte zu schaffen etc. Den Download-Prozess für eine zusätzliche E-Book-Kopie stößt der Nutzer mit seiner Bestellung sogar selbst an und wickelt diese in Echtzeit ab. Die einzigen Grenzkosten, die dann noch anfallen, beziehen sich auf eine ggf. mengenbezogene Vergütung des Autors sowie die Abwicklung des – i. d. R. auch digitalisierten – Zahlungsvorgangs. Die Grenzkosten gehen Richtung „null"!

Check-Box
- Was bedeutet das für andere Geschäftsbereiche?
- Welche Konsequenzen hat es, wenn man quasi kostenlos produzieren kann, sobald die Fixkosten für ein Produkt oder eine Dienstleistung erwirtschaftet sind?
- Heißt das, dass Unternehmen, deren Grenzkosten nahe Null sind, keine Profite mehr erwirtschaften oder steigen die Profite sogar ins Unermessliche, da dem Kaufpreis des Kunden keine eigenen Grenzkosten mehr gegenüberstehen und deshalb die Angebote auch bei sinkenden Preisen nach wie vor einen Profit abwerfen?

Ein Beispiel kann den Sachverhalt verdeutlichen. Das Werk *Digitaler Darwinismus* von *Kreutzer/Land* kostet bei *amazon* in der Printversion 44,99 €. Als *Kindle* Version wird das Buch für 34,99 € verkauft. Ein großer Teil des erwirtschafteten Preises entfällt auf die Vertriebsprovision von *amazon*, die *amazon* dem Verlag SpringerGabler abringt. Der verbleibende Rest geht an den Verlag, der dadurch seine Fixkosten abdecken und die minimale variable Vergütung für die Autoren bezahlt muss. Trotz Grenzkosten nahe „0" sind wir – aus gutem Grund – von Preisen nahe „0" weit entfernt. Denn wer in der Wertschöpfungskette – außer den Kunden – hätte ein Interesse an einer Preisstellung nahe der Grenzkosten? Denn in Abhängigkeit von der Preiselastizität der Nachfrage führen Preissenkungen nicht nur zu geringeren Profitspannen pro Buch, sondern insgesamt auch zu Umsatzeinbußen. Allerdings finden sich heute schon Anbieter, die ihre minimalen Grenzkosten in hohem Maße an Kunden weitergeben. So bietet das Unternehmen *Scribd* (scribd.com) seinen Nutzern die Möglichkeit, für eine Monatsgebühr von 8,99 US-$ einen unbeschränkten Zugang zu einer halben Million E-Books zu erhalten (vgl. Ha, 2015).

In welchen Bereichen – neben der Buchproduktion – sind solche Effekte der Null-Grenzkosten heute schon sichtbar? Wir sehen dies bei gegenständlichen Waren, bei der Bereitstellung von Informationen und in anderen Dienstleistungsbereichen. Zunächst können die Effekte in weiteren **Printbereichen** festgestellt werden, sobald papiergestützte Produkte digital bereitgestellt werden. Das können sowohl Magazine als auch Zeitungen sein. Analoge Entwicklungen sehen wir in der **Musik- und Filmindustrie**, die sich vom Datenträger über den klassischen Download zu einer Streaming-Branche entwickelt hat. Auch im **Bildungswesen** gibt es entsprechende Effekte: Wenn klassische Vorlesungen durch Online-Kurse substituiert werden, fallen bei jedem neuen Nutzer keine Grenzkosten mehr an.

Aus unserer Sicht wird diese Entwicklung – anders als vom Promotor der „Null-Grenzkosten-Gesellschaft", dem Autor *Jeremy Rifkin* (2014b) postuliert – allerdings nicht zum Niedergang des Kapitalismus führen. Es werden sich dramatische Veränderungen ergeben, aber die ökonomischen Gesetze bleiben gültig: Technology changes — economic laws don't!

Check-Box

- Wo findet noch eine – auch menschlich unterstützte – **Wertschöpfung** statt, die unser auf Wachstum ausgerichtetes Wirtschaftssystem so dringend benötigt, um Arbeitsplätze und Einkommen für breite Bevölkerungsschichten zu schaffen?

- Aus welchen Geschäftsbereichen wird dieses notwendige **Wachstum** getrieben werden, wenn eine Vervielfältigung vieler Objekte zu Null-Grenzkosten und damit auch ohne (menschlichen) Ressourceneinsatz möglich wird?

Zum einen wird es zu den in Kapitel 3 diskutierten **Arbeitsplatzverlusten** kommen. Zum anderen können wir in dieser Entwicklung aber auch einen leistungsstarken Motor für die **Entwicklung neuer Geschäftsmodelle** sehen, der sich in Aktivitäten niederschlägt, wie sie in Abschnitt 2.4 beschrieben werden. Denn wenn ein Geschäftsmodell zunächst nur die eigenen Fixkosten abzudecken hat – ohne hohe variable Kosten in der Produktion – muss dies nicht die Entwicklung ganz neuer – digitaler – Geschäftsmodelle extrem erleichtern? Weil für die Herstellung und Auslieferung der neuen Produkte oder Dienstleistungen keine hohen Investitionen in Produktionsanlagen notwendig sind. *Uber, airbnb, wimdu, couchsurfing* und andere lassen grüßen!

Und beim Scheitern eines solchen Geschäftsmodells müssen nur die Fixkosten für die Entwicklung und Verprobung der Geschäftsidee abgeschrieben werden. Die IT-Hard- und Software kann dagegen ggf. nahtlos für die nächste Idee eingesetzt werden. Hierdurch wird auch erklärbar, warum sich schon viele Tausende von Hobbybastlern und Start-ups auf die Reise gemacht haben, neue Geschäftsideen zu entwickeln und an den Start zu bringen. Wenn ich zu Hause mit einem 3-D-Drucker zu minimalen Grenzkosten eigene kreative Werke produzieren und dies dann über eine Online-Plattform vermarkten kann, warum sollte ich nicht einfach probieren, ob es klappt. Die notwendige Software für die Programmierung steht häufig kostenlos online zur Verfügung. Die Verkaufsplattformen muss ich teilweise nur erfolgsabhängig bezahlen. Der Anteil der **Sunk Costs** ist folglich häufig minimal. Mit diesen sogenannten „versunkenen Kosten" werden die Kosten bezeichnet, die bei einer Investition in ein Geschäftsmodell als irreversibel verloren angesehen werden müssen, auch wenn dieses nicht aufgeht. Damit wird deutlich: Die „Grenzrisiken" einer Innovation halten sich folglich häufig auch in engen Grenzen. Was den Start-up-Geist beflügelt und beflügeln sollte.

Ein schönes Beispiel hierfür liefert das erste Auto-Chassis, das durch einen 3-D-Drucker produziert wurde (vgl. Abb. 4.3). Dieses *Strati* genannte Fahrzeug wurde von einem italienischen Amateur aus der Crowd entworfen und dann vom US-Unternehmen *Local Motors* innerhalb von 44 Stunden aus einem schnelltrocknenden Carbon-Plastik-Gemisch gefertigt (vgl. Staun, 2014). So sehen heute Innovationen aus! Was sind die Konsequenzen? Im konventionellen Fahrzeugbau werden heute extrem teure Pressen im Karosseriebau eingesetzt. Diese müssen – Monate vor dem Start der Produktion – entworfen und gefertigt werden. Der für die Fertigung des *Stratis* erforderliche garagengroße Drucker kann täglich mit neuer Software gespeist werden und heute einen Roadster, morgen einen Kombi und übermorgen eine Limousine herstellen. Die Vorlaufzeit der Produktion verkürzt sich und die notwendigen Investitionen für die Herstellung verschiedenster Fahrzeug-Chassis reduzieren sich dramatisch (vgl. Debus, 2015, S. V11). Das bleibt auch den neuen Fahrzeugproduzenten wie *Google* und *Apple* nicht verborgen, die mit ihrer Autoproduktion keine riesigen Produktionshallen füllen müssen!

Dabei bleibt der Einsatz von 3-D-Druckern nicht auf Kunststoffprodukte beschränkt. Der **3-D-Metalldruck** funktioniert nach einem ähnlichen Prinzip wie der Kunststoffdruck. Das Metallpulver wird durch einen Laser geschmolzen und durch die Düsen des Druckers gepresst. Die für die Programmierung auch aufwändiger Objekte notwendige Software findet sich – teilweise sogar als Freeware – im Internet (u. a. *FreeCAD, Autodesk*). Zusätzlich wurden Plattformen mit 3-D-Modellen aufgebaut. Diese lassen sich einfach herunterladen und zu Hause ausdrucken (bspw. *thinkiverse.com*).

Durch solche Anwendungen lässt sich auch das **Ersatzteilwesen** revolutionieren. Statt – bspw. als Spiele- oder Haushaltswarenhersteller – jahrelang relevante Ersatzteile vorhalten zu müssen, reicht jetzt eine Datenbank mit den digitalen Druckanleitungen zum Online-Download aus. Wer immer ein Ersatzteil benötigt, lädt die Datei herunter und druckt diese selbst oder über einen entsprechenden **3-D-Druckshop** aus (vgl. Oberhuber, 2015, S. 21). Selbst die US-Army versucht, die Ersatzteilbewirtschaftung durch den Einsatz von 3-D-Druckern zu vereinfachen (vgl. Boulton, 2013). **Print-on-Demand** erfährt hier eine ganz neue Dimension! Und wieder entfällt eine ganze Produktions- und Logistikkette, die bisher vielen Tausenden von Menschen Arbeitsplätze geboten haben!

Auch **Entwicklungszyklen** lassen sich durch 3-D-Druck dramatisch verkürzen. Bei *Ford* konnten die Iterationsschleifen in Entwicklungsprozessen für Maschinenteile deutlich verkürzt werden – im Schnitt um einen Monat pro Teil. Beim Motorradhersteller *Ducati* wurde die Entwicklungszeit durch 3-D-Druck-Anwendungen halbiert (vgl. Boulton, 2013).

Gleichzeitig ermöglicht die weiter zunehmende Vernetzung zwischen ursprünglich eher privaten Bereichen und der Geschäftswelt das, was heute mit dem Begriff „**Kollaborativen Commons**" bezeichnet wird (vgl. Rifkin, 2014b). Damit ist eine Organisationsform gemeint, bei der das individuelle Eigentum an einer Sache zugunsten einer gemeinschaftlichen Nutzung an Bedeutung verliert. Diese Entwicklung wird gefördert durch online-basierte **Peer-to-Peer-Plattformen**, die – wiederum kostengünstig – eine Vielzahl von Leistungserbringern und Leistungsnutzern zusammenbringen. Durch die Eliminierung von (kostenintensiven) Vermittlern können die entsprechenden Angebote preislich sehr attraktiv sein.

Solche Peer-to-Peer-Plattformen werden durch das **Internet of Everything** ermöglicht, weil viele Anbieter – von Einzelpersonen bis hin zu Unternehmen – auf solchen Plattformen zusammenkommen, um gemeinsame Ziele zu verwirklichen. Die neue Form der kooperativen Produktion wird dazu führen, dass sich wirtschaftliche Macht von den etablierten Unternehmen wenn nicht auf Einzelpersonen, so doch auf die Plattform-Anbieter verlagert. Heute ist eine Tendenz zu sehen, dass immer mehr Menschen im Zuge dieser Kollaborativen Commons aktiv werden. Diese sogenannten Prosumenten erstellen und teilen Informationen, Unterhaltung, eigene Fertigungen der 3D-Drucker, Videos und Fotos mit anderen Personen. Dabei kommt ihnen zu Gute, dass die Produktion und Verteilung nach der initialen Erstellung zu Null-Grenzkosten möglich ist (vgl. Rifkin, 2014).

Spannend wird sein, wie viele Menschen sich aus der passiven Rolle der Konsumenten tatsächlich zu aktiven Prosumenten entwickeln werden. Bei einem Blick auf die Beteiligungsquoten bei großen derartigen Projekten (wie bspw. *Wikipedia*), aber auch bei vielen Online-Communitys und Blogs zeigt sich immer wieder die klassische Verteilung. Bei einer **Bewertung des Engagements von Internet-Nutzern** wurde immer wieder die **10:20:70-Regel** bestätigt (vgl. Abb.2.12). Länderübergreifende Studien zeigen, dass ca. 10% der Internet-Nutzer sehr aktiv sind und bspw. eigene Beiträge in Blogs oder Online-Communitys posten. 20% der Internet-Nutzer reagieren auf solche Einträge – während eine „schweigende Mehrheit" von 70% lediglich lesend aktiv ist.

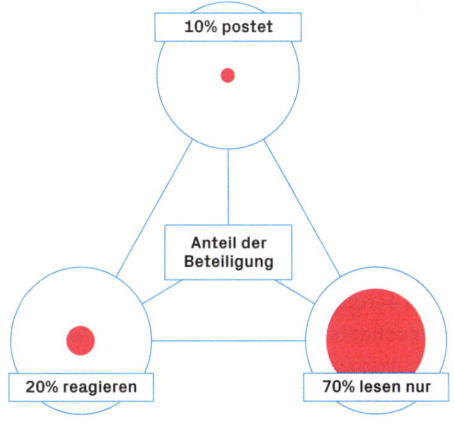

Abb.2.12: Die 10:20:70-Regel

Vor diesem Hintergrund sollte man vorsichtig sein, wenn man eine umfassende Substitution der klassischen arbeitsteiligen Wirtschaft durch **Kollaborativen Commons** propagiert. Schließlich haben sich auch andere – auf gemeinschaftliches Eigentum und gemeinsame Nutzungsrechte – ausgerichtete Wirtschaftsformen in den letzten Jahrhunderten nicht durchgesetzt, sondern sind letztlich kläglich gescheitert.

Das bedeutet allerdings nicht, dass trotzdem spannende Nischenmärkte entstehen werden, die es zu identifizieren und zu nutzen gilt. Denn auch bei den Gründern hinter den vorgenannten Plattformen, die den Kollaborativen Commons fördern, stehen Geschäftsleute. Hinter diesen stehen häufig wiederum Kapitalgeber, die eine anständige Verzinsung des eingesetzten Kapitels verlangen. Ein Blick auf die Börsennotierungen dieser Unternehmen reicht zur Bestätigung aus. Vor diesem Hintergrund bleibt auch bei diesen Lösungen die zentrale Triebkraft des Kapitalismus erhalten.

Think-Box

- Wie stark ist unser eigenes Geschäftsmodell durch die Tendenz zu Null-Grenzkosten herausgefordert?
- Können wir selbst von Null-Grenzkosten in der Produktion und/oder im Vertrieb profitieren?
- Wie hoch sind die zu erwartenden Sunk Cost in unserer Branche, wenn Start-ups hier eindringen wollen?
- Welche Möglichkeiten haben wir, die vielfältigen Einsatzmöglichkeiten von 3-D-Druck zu erschließen?
- Können wir interessante Einsatzbereiche in der Entwicklung von Prototypen, in der Produktion und/oder im Ersatzteilwesen erschließen?
- Was haben unsere Wettbewerber hier schon umgesetzt?
- Welche Start-ups laufen sich warm, um uns mit entsprechenden Angeboten herauszufordern?
- Welche Bedeutung hat in unserer Branche die Entwicklung von „Kollaborativen Commons" und Peer-to-Peer-Plattformen?
- Sind die Kunden interessiert an diesen Erscheinungen oder dominiert noch die „Freude am Eigentum"?
- Wer analysiert in unserem Unternehmen dieses Feld und bewertet die Relevanz dieser Entwicklungen für uns?

2.4 Förderung der Entwicklung neuer Geschäftsmodelle durch die Dematerialisierung

Die diskutierten Entwicklungen ermöglichen eine weiterhin rasante **Entstehung neuer Geschäftsmodelle**. Die ersten Stufen der industriellen Revolution gingen noch mit relativ hohen Markteintrittsbarrieren einher. Wer hier neue Unternehmen gründen und zum Erfolg führen wollte, benötigte häufig eine größere Menge Kapital, um in die notwendige Infrastruktur (bspw. für Produktionsstätten) zu investieren. Hierbei kann an Unternehmensgründer wie *Carl Benz*, *Robert Bosch*, *Gottlieb Daimler*, *Friedrich* und *Alfred Krupp* sowie *Carl Miele* und *Reinhard Zinkann* (beide *Miele*) gedacht werden. Auch Gründungen im Einzelhandel, wie von *Karl* und *Theo Albrecht* (*Aldi*) sowie *Josef Neckermann* (Versandhaus *Neckermann*) und *Gustav Schickedanz* (Versandhaus *Quelle*), setzten schon höhere Investitionen in der Startphase voraus. Und was tat früher einer, der Unternehmer werden wollte?

„Er vergrub sich mit einer Idee, einem Traum, in Werkstatt oder Labor und überraschte die Umwelt nach Jahren des Experimentierens mit einem Motor, einem Föhn oder einer Schwebebahn. Mit der Weiterentwicklung seiner Erfindung (oder dem Ausbau eines Stahlwerks, Reisekonzerns oder Discounters) beschäftigte der Unternehmer sich fortan Zeit seines Lebens" (Weiguny, 2015, S. 15).

Im **Zeitalter der Dematerialisierung** können neue Geschäftsmodelle mit einem Computer, einem Internet-Zugang und Kreativität entwickelt werden. Hierfür stehen beispielhaft die Unternehmensgründungen von *Jeff Bezos (amazon)*, *Larry Page* und *Sergey Brin (Google)*, *Mark Zuckerberg (Facebook)*, *Pierre Omidyar (ebay)*, *David Schneider* und *Robert Gentz (Zalando)*, *Jan Koum* und *Brian Acton (WhatsApp)* sowie *Garrett Camp* und *Travis Kalanicki (Uber)*. Hohe Investitionen sind in der Startphase häufig nicht notwendig, sondern erst dann, wenn ein neues Geschäftsmodell großflächig bekannt gemacht oder auf andere Länder übertragen werden soll. Folglich erst dann, wenn sich ein Geschäftsmodell schon in ersten Einsatzfeldern und Ländern bewährt hat!

Merk-Box

Wir benötigen keine Garage mehr, um Geschäftsmodelle zu entwickeln, die den etablierten Unternehmen das Fürchten lehren. Ein Laptop mit Internet-Anschluss genügt vollkommen.

Gleichzeitig geht mit der Dematerialisierung der **Trend zur Selbstbedienung in fremder Erfahrung** einher. Ein digitales Geschäftsmodell, das in einem Land funktioniert, wird gerne von anderen Start-ups kopiert, um es – häufig nur leicht abgewandelt – in anderen Ländern an den Markt zu bringen. Früher standen am Anfang von Konzerngründungen häufig singuläre Erfindungen, die teilweise über Jahre entwickelt wurden. Nach der erfolgreichen Entwicklungsphase, die für den Erfinder oft sehr entbehrungsreich und arbeitsam war, wurden Investoren für die weitere Geschäftsentwicklung gesucht. Heute hat sich dagegen ein eigener Berufszweig etabliert, der seinerseits nach Unternehmen mit innovativen Geschäftsideen sucht, um diese mit **Geld** und häufig auch **Start-up-Consulting** zu versorgen. Die entsprechenden Partner dafür nennen sich Business Angel, Inkubatoren, Gründungszentren und Venture-Capital-Investoren.

Diese Entwicklung führt heute zu regelrechten **Serien-Gründern**, die einen Online-Marktplatz nach dem anderen eröffnen oder Entwickler finanzieren, die Apps für Shopping, Musik, Kommunikation, Finanzdienstleistungen, Wetter oder andere Lebensbereiche entwickeln. Eine Geschäftsidee nach der anderen wird entwickelt, finanziert, ausgebaut – und dann entweder zum Erfolg geführt oder auf dem **digitalen Scheiterhaufen** entsorgt. Ein steter Strom von Ideen ist vorhanden – und die Prüfung auf Praxistauglichkeit erfordert keine extrem hohen Investitionen. Die Angebote werden einfach auf den Markt geworfen und auf Akzeptanz geprüft. Top oder Flop! Dies fördert und unterstützt eine **Start-up-Mentalität**, die auch einmal ohne Netz und doppelten Boden frisch ans Werk geht. Weil Scheitern nicht das Ende, sondern den Anfang von etwas Neuem darstellen kann — und beim Neuanfang keine extremen Schuldenberge drücken, die das Scheitern hinterlassen hat.

Um allerdings die klassischen Fehler vieler Gründer zu vermeiden, unterstützen Unternehmen wie *Rocket Internet* die Startups mit Infrastruktur und Beratung in den Bereichen IT, Logistik, Werbung, Businessplan. Für den Aufbruch in andere Länder stehen Übersetzer zur Verfügung, die Online-Plattformen in die Zielsprache transferieren und gleichzeitig eine Adaption der Wort- und Bildsprache an den kulturellen Notwendigkeiten ausrichten. Um rechtliche Fehltritte zu vermeiden, werden international erfahrene Juristen eingebunden, die selbst das Kleingedruckte auf die Besonderheiten von Ländern und Branchen ausrichten.

Damit wird eines möglich: **Firmen vom Fließband** (vgl. Weiguny, 2015, S. 15). Im Zeitalter vor der Dematerialisierung waren hierzu noch größere Investitionen notwendig. Heute können Online-Niederlassungen per Knopfdruck eröffnet und auch wieder geschlossen werden, ohne dass damit große finanzielle Verluste einhergingen. Niedrige Markteintrittsbarrieren für Neugründungen, die überschaubaren Verluste beim Scheitern einer Geschäftsidee oder beim Überschreiten von Ländergrenzen fördern die **Kreativität**. Allerdings erfordert das Zeitalter der Dematerialisierung auch ein extrem hohes Maß an **Geschwindigkeit**. Weil fast jeder jedes Online-Geschäftsmodell innerhalb einer sehr kurzen Zeit kopieren kann, gilt es, attraktive Marktsegmente in den Zielmärkten möglichst schnell zu besetzen. Das berühmte Strategic Window of Opportunity ist nur extrem kurz geöffnet. Wer die relevanten Zielmärkte nicht schnell mit dem eigenen Geschäftsmodell besetzt, landet schnell in der Verlierergruppe. „Für Spätzünder ist im Zeitalter des Internets keine Zeit" (Weiguny, 2015, S. 15).

Folglich ist **Geschwindigkeit in der Startphase** fast alles – und bringt folglich nach der Prüfung der Marktgängigkeit einer Geschäftsidee – dann einen höheren Finanzbedarf mit sich. In dieser Kombination von innovativer Geschäftsidee verbunden mit der finanziellen Ausstattung konnten Unternehmen wie *amazon*, *ebay*, *Facebook*, *Zalando* und *Alibaba* (China) ihren Siegeszug antreten. Dabei waren selbst die reinen Finanzvestoren damit einverstanden, Wachstumsraten beim Umsatz zu Lasten der Dividende einzutauschen. Diese Perspektive widerspricht allerdings allem, was einmal mit dem Leitbild des „ehrbaren Kaufmanns" verbunden war. Deshalb tun sich manche Unternehmen und Unternehmensführer mit dem Einstieg in diesen dynamischen Markt so schwer.

Merk-Box

Die Erfolgsfaktoren haben sich in der digitalen Ökonomie verschoben. Der schelle Gewinn muss häufig zugunsten der schnellen Penetration der wichtigsten Zielmärkte mit einer Geschäftsidee zurückgestellt werden, um Wettbewerber keine Chance zum Kopieren zu geben. „Später" bedeutet hier häufig „zu spät"!

Neue Gründergenerationen, wie sie stellvertretend von den *Samwer-Brüdern* verkörpert werden, zeigen hier ein anderes Selbstbewusstsein, wie *Oliver Samwer* ausführt: „Vielleicht ein Prozent eines späteren Geschäftserfolgs ist einer Idee geschuldet. 99% gehen auf das Konto von Fleiß, Disziplin, operatives Geschick und Prozesssteuerung. ... Im Internet lassen sich Unternehmen heute viel schneller aufbauen. Statt drei Generationen dauert es jetzt nur noch fünf Jahre. Aber je schneller du groß sein willst, umso mehr Wachstumskapital musst du einsammeln. Du brauchst Partner" (Tuma, 2015, S. 25). Dabei spielt auch die oben genannte „Selbstbedienung in fremder Kreativität" eine große Rolle. Immer wieder werden erfolgversprechende Ideen anderer Gründer – aus einer Vielzahl von Ländern – geprüft, bewertet und bei ausreichend spannendem Potenzial selbst in Angriff genommen. Deshalb werden hier häufig Begriffe wie **Klon-Krieger** oder **Copycat-Gründer** ins Rennen geführt.

Die **innovativsten Unternehmen** zeichnen sich dabei durch bestimmte Merkmale aus, wie eine entsprechende Studie der *Boston Consulting Group* (2014) zeigt. Unternehmen, die nicht nur einmal, sondern dauerhaft Innovationen hervorbringen, weisen einen sehr analytisch-systemischen Innovationsansatz auf. Diese **Systematik des Innovations-Managements** bei Unternehmen wie *Apple, Google, Samsung, Microsoft, IBM, amazon, Tesla, Toyota, Facebook* steht im Widerspruch zu den chaotisch-disruptiven Prozessen, die solchen Unternehmen häufig unterstellt werden. In Abweichung eines unserer Lieblingsslogans „Genius is hard work!" kann hier festgestellt werden: „Innovation is hard work!" Und eine Aufgabe, die nicht auf niedrigere Hierarchiestufen delegiert werden sollte. Gerade die großen Unternehmen setzen beim Thema Innovation auf **Corporate Think Tanks**, die bei *Google X Lab, Clay Street Project (Procter & Gamble)* und *Audi Think Tank* genannt werden. Hier wird außerhalb der etablierten Unternehmensstrukturen versucht, die Zukunft zu gestalten (vgl. vertiefend Poguntke, 2014).

Warum viele Neugründungen erfolgreich sein können, ist mit dem **Long-Tail-Ansatz** zu erklären, der maßgeblich von Anderson (2009) geprägt wurde. Die Entstehung des Begriffs „Long Tail" wird anhand der Abb. 2.13 nachvollziehbar. Um diese Kurve zu zeichnen, müssen die relevanten

Untersuchungsobjekte (bspw. Produkte, Dienstleistungen) absteigend sortiert nach der Anzahl der erzielten Verkäufe (Stückzahl oder Wert) auf der X-Achse abgetragen werden. Auf der Y-Achse werden die korrespondierenden Verkaufszahlen der jeweiligen Produkte abgetragen. Diesen ersten Teil der Kurve nennt man **Shoulder**: Hier finden sich die Bestseller oder auch Blockbuster genannten Untersuchungsobjekte. Dies können Produkte (etwa Bücher, Kleidungsstücke, Musiktitel oder Filme), aber auch Dienstleistungen sein. Der zweite Teil der Kurve wird **Long Tail** (zu Deutsch „langer Schwanz") genannt. Hier findet man alle weiteren Angebote, die sich einer deutlich geringeren Nachfrage erfreuen. Produkte, die nur bei wenigen Liebhabern auf Interesse stoßen, finden sich am Ende des Long Tails wieder.

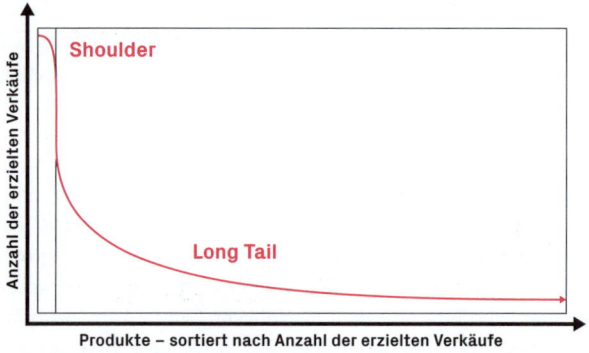

Abb. 2.13: Konzept des Long Tail

Dass heute auch hochspezialisierte Anbieter durch die Betreuung kleinster Segmente und Marktnischen profitabel zu führen sind, ist allein dem Internet zu verdanken. Das Internet und speziell die Funktionen der Suchmaschinen können Anbieter und Nachfrager von **Nischenprodukten** zu vertretbaren Kosten zusammenführen. Während ganz ausgefallene Musik-, Bücher- oder Bekleidungswünsche durch die klassischen stationären Vertriebskanäle mit ihrem eingeschränkten regionalen Einzugsgebiet ökonomisch vielfach nicht bedient werden können, eröffnet das Internet hier lukrative Geschäftsfelder. Im Extremfall steht dem hochindividuellen Angebot eine globale Nachfrage gegenüber. Die Überwindung regionaler Grenzen führt zur **Entstehung lukrativer Nischenmärkte** und damit des Long Tails. Im Kern lassen sich nach Andersen (2009, S. 60–67) drei **Wirkungsmechanismen des Long Tails** herausarbeiten, die zur Reduktion von Kosten geführt haben, um Nischenmärkte profitabel zu bedienen:

- **Demokratisierung der Produktionsmittel**
  Die umfassende **Verbreitung wichtiger Produktionsmittel** (bspw. PCs, MP3-Recorder, Digital-Kameras, 3-D-Drucker) sowie von **Do-it-yourself-Produkten** aller Art ermöglicht es heute vielen Millionen Menschen, eigene Kreationen zu erstellen. Damit entstehen jeden

Tag viele neue Texte, Musiktitel, Fotos und Videos sowie andere Produkte für eine Vermarktung. Teilweise gehen hier die Grenzkosten der Herstellung von Leistungen ebenfalls gegen null. Durch die Zunahme von Anbietern verlängert sich in Summe die Kurve in Abb.2.13 nach rechts, d. h., der Long Tail wächst.

- **Demokratisierung des Vertriebs**
Jeder, der heute Zugang zum Internet hat, kann online Informationen über eigene Angebote einstellen bzw. auf Informationen über die präsentierten Angebote zugreifen und diese ggf. sofort bestellen. Dies gilt für offline wie online verfügbare Produkte gleichermaßen. Die Vertriebskosten sinken dadurch rapide, weil die **Online-Präsentation** von Angeboten einfach und kostengünstig oder kostenlos erreicht wird und keine physische Regalfläche zur Bedienung einer regional eingeschränkten Zielgruppe mehr erforderlich ist. So wird der Long Tail dicker, weil mehr Transaktionen ökonomisch durchgeführt werden können. Die Treiber für solche Angebote sind bspw. *eBay*, *iTunes* und *amazon* sowie weitere einschlägige Online-Plattformen wie *etsy.com* und *DaWanda.com*, auf denen jedermann seine Produkte präsentieren kann.

- **Verbindung von Angebot und Nachfrage**
Das Internet erleichtert die Zusammenführung von Angebot und Nachfrage insb. durch **Suchmaschinen** und **soziale Netzwerke** sowie übergreifend durch **Social-Bookmarking, Blogs, Foren und Communitys**, mit denen persönliche Empfehlungen ausgesprochen werden. Durch die hier auffindbaren und kommunizierten Informationen wird es immer leichter, Nischenanbieter und Sucher nach Nischenprodukten zusammenzuführen. Hierdurch kann sich die Nachfrage nach Massenprodukten vom Shoulder-Bereich in den Bereich des Long Tails verlagern, weil als Alternative zu den Standardprodukten Angebote auffindbar werden, die den eigenen Bedürfnissen u. U. besser entsprechen. Auch hierdurch wird der Long Tail dicker. Die geringen Grenzkosten des Vertriebs fördern auch diese Entwicklung nachhaltig.

Auch wenn der Long-Tail-Ansatz die Relevanz und Wirtschaftlichkeit einer Bedienung von Nischenmärkten nachvollziehbar beschreibt, wird dadurch in Summe das **Pareto-Prinzip** (auch **80:20-Regel** genannt) nicht außer Kraft gesetzt. Dieses bringt im übertragenen Sinne zum Ausdruck, dass es in allen Bereichen **Konzentrationseffekte** gibt, so auch beim Kauf von Produkten oder bei der Nachfrage nach Dienstleistungen. Es kann zwar zutreffen, dass die Summe der Umsätze in Nischenmärkten die von Blockbustern übersteigt. Allerdings muss darauf hingewiesen werden, dass hinter einem Blockbuster wie *Harry Potter* oder *Fifty Shades of Grey* genau eine Autorin und ein Verlag stehen, während hinter den Angeboten des Long Tails eine Vielzahl von Anbietern existiert und es deshalb wenig zielführend ist, deren Umsatz einfach summarisch zu betrachten, ohne auch die Vertriebskosten über alle Anbieter zusammenzufassen.

Dennoch ist es wichtig, darauf hinzuweisen, dass über die Vertriebs-breite des Internets auch ein sogenannter **Trickle-up-Effekt** zum Tragen kommen kann. Bisher wurde immer nur von einem Trickle-down-Effekt („trickle" steht für „sickern, tröpfeln") gesprochen, womit ein Durchsicker-ungseffekt „von oben nach unten" gemeint war. Dieser bezog sich ursprüng-lich auf die Entwicklung von Wohlstand in Ländern, wonach dieser – idealer-weise – von den Reichen nach und nach in die darunter liegenden Schichten der Gesellschaft durchsickert (vgl. Gabler 2005, S. 2977). Heute wird dieser Begriff auch verwendet, um aufzuzeigen, wie bspw. eine neue strategische Ausrichtung im Unternehmen oder die Bekenntnis zur Notwendigkeit einer „Digitalen Transformation" erst nach und nach in der gesamten Organisation umgesetzt wird.

Von einem **Trickle-up-Effekt** – sozusagen wider die Schwerkraft – kann bei ausgewählten Angeboten im Internet gesprochen werden, weil es in der Nische präsentierte Angebote schaffen, durch die unterschiedlichs-ten Kommunikationsinstrumente des Internets für die Weltöffentlichkeit sichtbar zu werden. Dies können Songs oder Texte bisher unbekannter Künstler sein, deren Bekanntheit aufgrund von viralen Effekten im Internet innerhalb einer kurzen Zeit signifikant steigt, wie dies bei *Justin Bieber* und den inzwischen zum Welt-Bestseller mutierten Texten *Fifty Shades of Grey* von *E. L. James* der Fall war.

Im Start-up-Segment herrscht folglich eine regelrechte **Goldgrä-berstimmung**. Diese wird auch befeuert durch eine Prognose des *Bundes-verbandes Deutscher Startups*. Danach sollen in den nächsten fünf Jahren alleine in Deutschland 150.000 neue Arbeitsplätze geschaffen werden. Dies wären mehr, als die DAX-Unternehmen *Deutsche Bank*, *Bayer* und *Lufthansa* heute zusammen beschäftigen (vgl. Weiguny, 2015, S. 15). Und gerade diese Großunternehmen stellen fest, dass sie ihre eigene Entwick-lung nicht ohne den Zugriff auf diese neuen Unternehmensgründungen gestalten sollten. Deshalb suchen auch die Vertreter der Old Economy den Zugang zu den Start-ups, um mit innovativen Geschäftsmodellen zu diversifizieren oder ihre bestehenden Geschäfte dadurch zukunftsfähiger zu machen. Zu den Finanziers im Start-up-Umfeld gehören Unternehmen wie der Versandhändler *Otto*, die *Commerzbank*, die *Deutsche Telekom* sowie die *Münchner Rück*. Dafür sichern sie sich Unternehmensanteile an den Neugründungen (vgl. Weiguny, 2015, S. 15).

Think-Box
- Wie entstehen in meiner Branche neue Geschäfts-modelle?
- Wer sind hier die Treiber – unbekannte Start-ups oder die etablierten Unternehmen?

1/2

2/2

- Was können wir selbst tun, um hier Vorreiter in Innovationen zu werden?
- Was können wir von der Mentalität der Start-ups lernen, um schneller und innovativer zu werden?
- Wie können wir im Unternehmen den Mut aufbauen, uns auch selbst kannibalisieren zu wollen – bevor es andere tun?
- Wie haben wir unser Innovations-Management organisiert?
- Für Großunternehmen: Stellt die Etablierung eines Corporate Think Tanks für uns eine lohnende Konzeption dar?
- Für kleine und mittelgroße Unternehmen: Können wir im Zuge von Konferenzen mit unseren Führungskräften oder durch Workshop das Kreativpotenzial unserer Mitarbeiter ausschöpfen?
- Wie können wir vom Long Tail profitieren?
- Wie lässt sich das Kreativgut der Start-ups für die Weiterentwicklung unseres eigenen Geschäftsmodells nutzen?
- Haben wir einen Überblick über die relevanten Entwicklungen in der Start-up-Szene?
- Wer hat diese Aufgaben in unserem Unternehmen in seiner „Leistungsbeschreibung" definiert?

Panta rhei – alles fließt
Heraklit

3.1   Warum man sich heute über die Neuverteilung der Arbeit Gedanken machen sollte

Im Hinblick auf die Neuverteilung der Arbeitswelt stellen sich drei große Fragen:

- Welche **Konsequenzen** sind mit den bisher aufgezeigten Entwicklungen verbunden?
- Wieso kann hier gleichsam von einer **Neuverteilung der Arbeitswelt** gesprochen werden?
- Und wieso ist es angeraten, sich gerade jetzt über die **Implikationen der Dematerialisierung auf die Arbeitswelt** Gedanken zu machen, wenn in Deutschland ein Beschäftigungsrekord nach dem anderen vermeldet wird?

Versucht man, die **Ursachen für den heute vermeldeten Höchststand der Beschäftigung** seit der Wiedervereinigung in Deutschland zu ergründen, so stellt sich insb. die Frage nach den Ursachen für die zurzeit vorherrschende **relative Wettbewerbsstärke der deutschen Volkswirtschaft.** Hierfür können folgende Faktoren herangezogen werden:

- Deutschland fährt heute die **Reformdividende der Agenda 2010** ein. Die Flexibilisierung insb. der Arbeitsmärkte hat für Unternehmen Handlungsspielräume geschaffen, um zusätzliche Beschäftigungsverhältnisse aufzubauen. Der Reformstau in den meisten großen Industrienationen in Europa (insb. in Spanien, Italien und Frankreich) festigt diese relative Wettbewerbsstärke Deutschlands zusätzlich. Dieser steht eine Agenda-Politik noch bevor – und es ist nicht wirklich sichtbar, wie umfassend dort notwendige Reformen tatsächlich in Angriff genommen werden.
- In Deutschland haben Unternehmen und Gewerkschaften in den letzten Jahren eine relative Lohnzurückhaltung an den Tag gelegt. Während die Lohnstückkosten in anderen Industrienationen massiv zulegten – weitgehend unabhängig von den jeweils erzielten Produktivitätsfortschritten – wurden hier die Löhne nur moderat angepasst. Auch dies förderte die internationale Wettbewerbsfähigkeit durch ein attraktives Preis-Leistungs-Verhältnis von Produkten „Made in Germany".
- Außerdem weist Deutschland im Vergleich zu Ländern wie Italien, Frankreich und Großbritannien immer noch ein hohes **Maß an industrieller Wertschöpfung** auf. Dieser produktive Sektor Deutschlands stabilisiert nicht nur die Gesamtnachfrage nach Leistungen aus Deutschland, sondern stellt nach wie vor auch viele anspruchsvolle

Arbeitsplätze mit hoher Wertschöpfung zur Verfügung. Hier ist insb. auch auf den wertvollen Beitrag des deutschen Mittelstandes hinzuweisen.

Deutschland gehört – gemessen an der **Bruttowertschöpfung des verarbeitenden Gewerbes** – mit China, den USA und Japan zu den größten Industrienationen. Zusätzlich gilt, dass nur wenige Volkswirtschaften eine höhere Industriedichte als Deutschland aufweisen. Mit einem Anteil von 22,6 % nimmt Deutschland unter den 51 relevanten Industrieländern den 9. Rang. Spitzenreiter bei der Industriedichte sind Thailand (35,6%), Südkorea (31,2%) und China (29,6%). Dagegen weisen andere klassische Industrienationen wie Frankreich, USA und Großbritannien deutlich geringere Quoten auf (vgl. Institut der deutschen Wirtschaft, 2013, S. 5). Die Frage ist jetzt: Ist dies eine gute oder schlechte Ausgangsposition für Deutschland?

• Schließlich trägt auch das Fluten der Geldmärkte durch die Europäische Zentralbank und die damit verbundene **Schwäche des Euro** zu weiteren Erfolgen außerhalb der Euro-Zone bei.

Im Sinne einer **antizyklischen Wirtschaftspolitik** ist gerade in einer Zeit hoher Beschäftigung und sprudelnder Steuereinnahmen das Augenmerk auf die nächsten 10-20 Jahre zu richten. Um die Weichen für die **Beherrschung des Dematerialisierungs-Tsunamis** frühzeitig und richtig zu stellen. Hierfür geben die nachfolgenden Abschnitte wertvolle Orientierungshilfe.

3.2   Routinearbeit wurde und wird ersetzt

Wie der technologische Fortschritt in Gestalt von Digitalisierung und Dematerialisierung den Arbeitsmarkt des 21. Jahrhunderts beeinflussen wird, muss sich in seiner gesamten Auswirkung erst noch zeigen. In Summe liefert ein Blick auf die Geschichte erste wichtige Hinweise darauf, dass sich im Zuge des technologischen Fortschritts die Aufteilung der Arbeit bisher immer signifikant verschoben hat. Zunächst erfolgte in der Mehrheit der Länder eine deutliche Abkehr vom **Primärsektor** (auch Urproduktion genannt), zu dem die Gewinnung von Rohstoffen in Landwirtschaft und Bergbau gehört. Diese Entwicklung führte zunächst zu einer Stärkung des **Sekundärsektors** (auch industrieller Sektor). Nach dem Wachstum des handwerklichen Sektors erfolgt die zunehmende Industrialisierung der Produktion. Diese ging mit einer höheren Kapitalintensität und mit einer Veränderung der Qualifikationsanforderungen an die Mitarbeiter einher. Mit der zunehmenden Entwicklung der Länder erfolgen ein deutlicher Ausbau des **Tertiärsektors** (auch Dienstleistungssektor) und damit die Entstehung von Service-Gesellschaften. Die Frage lautet jetzt, wie sich die weitere Dematerialisierung auf diese bisher zu beobachtenden Entwicklungen innerhalb der verschiedenen Länder auswirken wird. Die bisherigen vorgetragenen Befürchtungen bzgl. einer "technologisch-bedingten Arbeitslosigkeit" haben sich im Laufe der früheren Technologiesprünge nicht bewahrheitet (vgl. Frey/Osborne, 2013, S. 13). Die Frage ist, ob das auch in Zukunft so sein wird.

Wie oben ausgeführt, weist Deutschland eine hohe Bruttowertschöpfung des verarbeitenden Gewerbes und eine hohe Industriedichte auf. Ist das für Deutschland jetzt eine gute oder schlechte Ausgangsposition? Zunächst kann festgestellt werden, dass Deutschland aufgrund der hohen Industriedichte von der **Entwicklung zur Wirtschaft 4.0** massiv beeinflusst werden wird. Die Fallhöhe bei einem Scheitern der Umsetzung einer digitalen Agenda für ganz Deutschland ist damit besonders hoch. Allerdings hat auch diese Medaille zwei Seiten.

> **Merk-Box**
> Aufgrund der hohen Wertschöpfung im verarbeitenden Gewerbe sind Deutschland und die deutschen Unternehmen ganz nah an den sich abzeichnenden Veränderungen! Diese Chance gilt es zu nutzen, um als einer der Innovationstreiber bei der Etablierung von Wirtschaft 4.0 wirken zu können.

Analysiert man die Effekte der ersten drei industriellen Revolutionen im Detail, dann können verschiedene Auswirkungen deutlich herausgearbeitet werden. Zum einen wurden die jeweiligen **„vorrevolutionären" Produktionsformen** – bspw. das klassische Handwerk – auf breiter Front durch leistungsstärkere Fertigungskonzepte ersetzt. Dabei kam es zu dem **Deskilling** bezeichneten Effekt. Hierdurch wird qualifizierte Arbeit (bspw. in Manufakturen) in vielen Feldern durch weniger qualifizierte Arbeit in der Massenproduktion ersetzt wurde (vgl. Braverman, 1974; Hounshell, 1985). Deskilling steht dabei für ein „Weniger" an „Skills". Komplexe Arbeitsabläufe wurden in wenige einfache Handgriffe für den einzelnen Arbeiter zerlegt und dadurch leicht erlernbar. Außerdem mussten sich die Arbeiter immer weniger von ihrem Arbeitsplatz wegbewegen, weil die Arbeit – i. S. des zu bearbeitenden Objektes – zu ihnen kam. Komplexe Produkte wurden in Einzelteile zerlegt, die durch eine umfassende Normung und Standardisierung auch dann zusammen passten, wenn sie in Massenfertigung an verschiedenen Orten mit hochspezialisierten Maschinen erstellt wurden. Die hoch anspruchsvolle und zeitaufwändige Aufgabe des „Fitters", der im letzten Fertigungsschritt die häufig nur unpräzise zueinander passenden Teile zusammenführen musste, konnte entfallen. Wer sich diesen Entwicklungen als Unternehmen nicht schnell und umfassend genug anpasste, wurde vom Markt gefegt oder in eine Nische gedrängt.

Wie diese Effekte am konkreten Beispiel ausfallen können, sei hier am Beispiel der **Fertigung eines Pflugs** gezeigt. Um einen solchen durch handwerkliche Produktion zu fertigen, mussten zwei Personen 118 Mann-Stunden investieren. Dabei wurden u. a. Hammer, Amboss, Meißel, Beil, Axt und Bohrer benötigt, um elf unterschiedliche Arbeitsschritte zu vollziehen. In einer mechanisierten Pflug-Fabrik wurden dagegen 52 Arbeiter beschäftigt.

Diese verrichteten 97 verschiedene Aufgaben, von denen 72 durch Dampf-
kraft unterstützt wurden. Für die Fertigstellung eines Pflugs wurden dann
lediglich 3,75 Mann-Stunden benötigt (vgl. Frey/Osborne, 2013, S. 8). Gleichzeitig wurde häufig erst durch umfassende Ausbildung und langjährige
Erfahrung gewinnbares Wissen in der herkömmlichen Produktion durch
standardisierte Abläufe und Prozesse ersetzt: Deskilling in "Perfektion".

Obwohl schon 1804 über das erste Fließband berichtet wurde, war es
erst *Henry Ford*, der diesem **Produktionsprinzip** durch die Herstellung des
Model T zum Durchbruch verhalf. Die dadurch verringerten Produktionskos-
ten waren die Voraussetzung für die sich anschließende Massen-Motori-
sierung (vgl. Mokyr, 1990, S. 137). Eine Voraussetzung für die Reduktion der
Kosten war es auch hier, dass das Fließband so konstruiert wurde, dass es
von nicht-qualifizierten Arbeitern bedient werden konnte (vgl. Hounshell,
1985, S. 239). Gleichzeitig wurde die Aufgabenstellung eines einzigen Mit-
arbeiters von einem arbeitsteilig organisierten 29-Mann-Team übernommen.
Diese Veränderungen reduzierten die Arbeitszeit um 34% (vgl. Bright, 1958).

Gleichzeitig führten die zunehmende Industrialisierung – verbunden
mit der Schaffung neuer Arbeitsplätze – und die sich einstellende Pro-
duktivitätssteigerung in der Fertigung in vielen Ländern zur **Zunahme der
Kaufkraft** für breite Verbraucherschichten. Denn „Produktivitätsgewinne"
konnten – nicht nur bei der Herstellung des *Model T* – in niedrigen Preisen
an die Kunden weitergegeben werden. Aufgrund der steigenden Kaufkraft
waren auch die Voraussetzungen zur Steigerung der Nachfrage gegeben.
Die Produktivitätssteigerungen bedingten allerdings auch eine **Freisetzung
von Arbeitskräften**, soweit die Produktivitätsgewinne nicht durch eine
überproportional gesteigerte Nachfrage ausgeglichen wurden und einen
Arbeitsplatzabbau unnötig machten. Zusätzlich wurden auch **Arbeitsplätze
im Dienstleistungsbereich** geschaffen.

Welche Konsequenzen wird jetzt die **4. industrielle Revolution** mit
sich bringen? Werden wir eine weitere Steigerung der allgemeinen Kaufkraft
und ein Zuwachs bei Arbeitsplätzen im Dienstleistungsbereich sehen? Wir
wagen es, hieran deutliche Zweifel anzumelden! Und das aus gutem Grund.
Hierzu sei zunächst gefragt, welche Effekte der 4. industriellen Revolution
bereits jetzt auszumachen sind. Es zeigt sich schon heute, dass die zunehmende **Digitalisierung und Dematerialisierung von Produkten, Prozessen
und Services** den Prozess der Substitution von Routinearbeit durch Software,
digitale Plattformen und Self-Operating-Networks immer weiter vorantreibt.
Welche Auswirkungen auf den Arbeitsmarkt sind dabei zu verzeichnen? Auf
der einen Seite zeichnet sich ab, dass immer mehr **hochqualifizierte Spezialisten** benötigt werden, die IT und Engineering in komplexen Systemen
zusammenführen können. Hier überwiegt (noch) die kognitive Kraft gegenüber Computern – ein Wettbewerbsvorteil des menschlichen Gehirns und
Tuns gegenüber Computern bleibt bestehen (vgl. Autor/Dorn, 2013). In der
Ausbildung und Schulung der erforderlichen hochqualifizierten Spezialisten
liegt übrigens eine große Herausforderung für das Bildungssystem jedes
Landes! Denn der sich hier bereits abzeichnende **Mangel an Fachkräften**

wird in den nächsten Jahren zur zentralen Wachstumsbremse in Ländern wie Deutschland werden. Dies gilt insb. für die sogenannten MINT-Berufe. Damit sind Fachkräfte gemeint, die ihr Studium bzw. ihre Ausbildung in den Fächern Mathematik, Informatik, Naturwissenschaften und Technik absolviert haben. Gleichzeitig wird ein **Heer von Programmieren** benötigt, die in der Lage sind, Apps zu entwickeln. Aufgrund der Digitalisierung der Wertschöpfungskette ist es dabei aber gleichgültig, wo auf der Welt diese Programmierung stattfindet. Deshalb werden – noch stärker als heute schon – Programmieraufgaben nach Indien und in Bälde auch nach China, Vietnam und Kambodscha ausgelagert. Nach Abschluss der entsprechenden Programmierung gilt dann: Für die Vervielfältigung der Software wird keine Manpower mehr benötigt (bspw. bei einer „digitalen" Schlüsselproduktion). Damit zeigt sich, dass die 4. industrielle Revolution zur Substitution von Menschen zu Maschine führt, ohne gleichzeitig an anderer Stelle zusätzliche Aufgabenfelder für viele zu schaffen.

In Ergänzung zu dieser Digitalisierung und Dematerialisierung von manuellen Routineaufgaben wurde in den USA allerdings auch festgestellt, dass es eine weitere **strukturelle Verschiebung im Arbeitsmarkt** gibt. Mitarbeiter aus Produktionsbetrieben verlieren ihren Job und sehen sich vielfach gezwungen, schlechter bezahlte Aufgaben in der Service-Industrie zu übernehmen. Eine Ursache für diese Verlagerung kann darin gesehen werden, dass es – heute noch – in vielen Bereichen aufgrund der geforderten Flexibilität in der Aufgabenausführung im Servicebereich schwieriger ist, solche Dienstleistungen zu automatisieren (vgl. Autor/Dorn, 2013; Frey/Osborne, 2013, S. 3). Aber auch das ist nur noch eine Frage der Zeit. Wenn heute schon Pflegeroboter im häuslichen Bereich eingesetzt werden, warum werden dann noch menschliche Arbeitskräfte benötigt, um bei *McDonald´s* einen Burger über die Theke zu reichen? Die Bezahlung selbst stellt schon länger keine Hürde für die Automatisierung mehr dar.

Zusätzlich kommt es aber auch zu einem Effekt, den wir hier **Noskilling** nennen wollen — den kompletten Entfall von Arbeitsplätzen. Denn in der Schlüsselproduktion – um bei diesem Beispiel zu bleiben – werden nicht nur die Helfer bei dieser Produktion ihren Arbeitsplatz verlieren (bspw. die Maschinenführer), sondern auch die Personen, die die Maschine einst konstruiert und gebaut haben. Die 4. industrielle Revolution frisst gleich mehrere ihrer Kinder! Und dieses Mal auch die Hochqualifizierten!

Im Ergebnis führt das zu einer Situation, die mit dem Titel Lousy and Lovely Jobs, einer Arbeit von Goos/Manning (2007), treffend bezeichnet werden kann. Es kommt zu einer immer stärkeren Polarisierung des Arbeitsmarktes: Einer Zunahme von gutbezahlten "kognitiven Jobs" sowie eine Zunahme von einfachen Arbeitsverhältnissen mit geringem Einkommen bei gleichzeitigem Verlust von Routine-Arbeitsverhältnissen mit mittleren Einkommen (vgl. Frey/Osborne, 2013, S. 3). Die angelaufene digitale Revolution kann damit zur Erklärung von Einkommensunterschieden in Volkswirtschaften herangezogen werden. Schon Studien in vergangenen Jahrzehnten zeigten, dass Mitarbeiter, die einen Computer nutzen, ein um 10-15% höheres

Einkommen erzielten. Gleichzeitig erhöhte dieser den „Return on Education" (vgl. Krueger, 1993).

Aktuelle Studien (bspw. von Autor/Dorn, 2013) zeigen zusätzlich, dass die Digitalisierung und Dematerialisierung in der Arbeitswelt zu einer Erodierung der Löhne für Routineaufgaben geführt haben. Dies hatte zur Folge, dass sich Arbeitnehmer bspw. Beschäftigungen im Servicebereich suchten, in dem nur geringe Qualifikationsanforderungen gestellt wurden. Diese Entwicklung führte u. a. in den USA dazu, dass die Anzahl der im Dienstleistungsbereich erbrachten Arbeitsstunden zwischen 1980 und 2005 um 30% wuchs, nachdem diese Zahl in den drei vorhergehenden Jahrzehnten stabil oder sinkend war.

In Summe führt dies zu einem **U-förmigen Verlauf der Beschäftigung**, wie er in Abb.3.1 zu sehen ist. Es kommt folglich zu einer **polaren Entwicklung** dergestalt, dass einerseits hochqualifizierte Aufgabenfelder zunehmen, die sich auch längerfristig nicht oder nur sehr aufwändig automatisieren und digitalisieren lassen werden. Gleichzeitig herrscht auch bei vielen einfachsten Aufgaben ein „Digitalisierungsschutz", weil die Komplexität auch einfachster Aufgabenstellungen (bspw. im Bereich der Gebäudereinigung) immer noch menschlicher Arbeitskraft bedarf. Eine Vielzahl von beruflichen Aufgaben mit mittleren Qualifikationserwartungen wird dagegen verschwinden. In dieser Entwicklung kann eine Begründung darin gesehen werden, dass die Einkommensschere zwischen dem reichsten und dem ärmsten Teil der Bevölkerung in vielen Ländern immer weiter auseinander läuft – und der Anteil der Mittelklasse an der Gesamtbevölkerung in den etablierten Industrienationen abnimmt. Die Digitalisierung und Dematerialisierung haben damit ihren Anteil an der **Polarisierung der Bevölkerung**, die in Industrienationen festgestellt werden kann (vgl. Goos/Manning/Salomons, 2009; Frey/Osborne, 2013, S. 12).

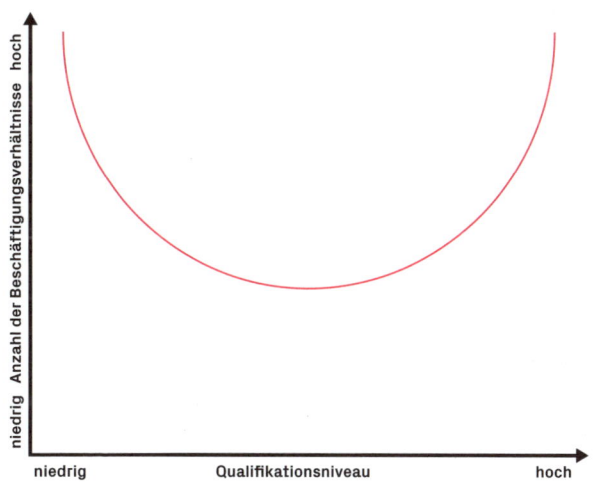

Abb.3.1: U-förmiger Verlauf zwischen Qualifikationsniveau und Anzahl der Beschäftigungsverhältnisse

Die Zunahme höher qualifizierter Beschäftigungen kann durch die fallenden Kosten erklärt werden, die mit der **Delegation von Routineaufgaben
an Computer** verbunden sind. Das wohl treffendste Beispiel hierfür ist die
Delegation von Such- und Rechercheaufgaben an *Google*. Während noch
zu unseren Studienzeiten Zeitungen mit der Schere ausgewertet und Artikel
– aufgeklebt auf DIN A 4-Seiten – zu den Unternehmen *Audi*, *BWM* und *Volkswagen*
in entsprechenden Leitzordnern der *Universität Mannheim* abgelegt wurden,
verlagert die Mehrheit der Leistungsträger ihre Suche jetzt auf das Internet.
Immer mehr Routineaufgaben (bspw. auch das Verfassen von Nachrichten per
E-Mail) werden mit hoher Bequemlichkeit durch die qualifizierten Leistungsträger selbst erbracht, wodurch deren Produktivität weiter steigt. Die Jobs
der Zeitungsartikel-Ausschneider gehören dagegen schon lange der Vergangenheit an. Und immer mehr Sekretärinnen und Sekretäre wurden in den
Unternehmen wegrationalisiert oder durch höher qualifizierte Assistenten
und Assistentinnen ersetzt, weil die Manager ihre Korrespondenz inzwischen selbst erledigen. Und welcher Rechtsanwalt muss heute noch alle
einschlägigen Gerichtsurteile selbst parat haben oder aus dicken Büchern
heraussuchen, wenn Datenbanken wie *Lexetius.com* oder bei *Juris.de* (Das
Rechtsportal) eine Convenience-Source verfügbar ist?

Auch an der **Börse** haben längst Computer und Algorithmen die
Macht übernommen. Wenn uns im Fernsehen immer noch ein Parketthandel
mit Börsensaal und Menschen gezeigt wird, dann ist das eine Reminiszenz
an die „gute, alte Zeit". Mit der Wirklichkeit hat dies aber nur noch wenig zu
tun. Die überwiegende Mehrheit des Aktienhandels findet schon seit Jahren
auf dem elektronischen Handelssystem *Xetra* (**Ex**change **E**lectronic **Tra**ding)
statt. Und der Hochfrequenzhandel lässt Menschen ganz außen vor, weil
dieser viel zu langsam agiert, um auch aus minimalen Schwankungen der
Preise an verschiedenen Standorten noch Vorteile zu ziehen.

In Ergänzung zu dem breiten Konsens, dass Computer Routinearbeiten ersetzt haben, gibt es weitere Erklärungsansätze. So wird u. a.
ausgeführt, dass die technologischen Verbesserungen es auch immer
einfacher und kostengünstiger gemacht haben, **Routineaufgaben an Dritte**
zu delegieren (vgl. u. a. Blinder/Krueger, 2013). Eine Folge dessen ist die
Verlagerung von Routineaufgaben als Ergebnis einer umfassenden informatorischen Vernetzung. Outsourcing wird schlicht viel einfacher — auch
i. S. einer Verlagerung von Aufgaben außerhalb des eigenen Landes. Diese
Entwicklung wird durch die nachfolgend diskutierten abnehmenden Logistikkosten noch verstärkt (vgl. Michaels/Rauch/Redding, 2013).

Die Effekte der 4. Industriellen Revolution enden allerdings nicht
mehr mit dem Abschluss der Produktion. Bereits in den letzten Jahrzehnten
hat sich gezeigt, dass der **Ausbau globaler Logistiksysteme** – wenn schon
nicht das vielfach beschworene Global Village – so zumindest die **Global
Production Site** hervor gebracht hat. Mit dem Ergebnis, dass zur Herstellung einer elektrischen Zahnbürste 4.500 Mitarbeiter, in zehn Ländern, drei
Kontinente und fünf Zeitzonen eingebunden sind (vgl. Hoppe, 2005, S. 108).
Die kontinuierliche Verringerung der Kosten für Logistik war übrigens auch

ein Treiber des globalen Aufbaus entsprechender Systeme von Wertschöpfungsketten. Denn in vielen Industrien haben die Transportkosten – auch bei globalisierter Fertigung – heute nur noch einen minimalen Anteil an den gesamten Herstellungskosten. Gleichzeitig nahm die Zahl der Beschäftigten in der Logistikbranche deutlich zu. Allerdings dominieren auch hier die Aufgaben, die weniger hochqualifizierte Mitarbeiter erfordern. Doch was passiert, wenn aus selbstfahrenden Autos erst einmal selbstfahrende LKWs werden, die einen Teil auch dieser Jobs obsolet werden lassen? Schon bevor die LKWs autonom fahren, werden sich in den vor- und nachgelagerten Prozessketten nachhaltige Veränderungen vollziehen. Die Aufgaben der klassischen Disponenten werden – über die klassische Routenoptimierung hinaus – immer stärker von Algorithmen übernommen werden. Das bedeutet, dass durch den Abbau von Arbeitsplätzen weitere Logistikkosten vermieden werden können und die Welt noch näher zusammenrückt.

Die niedrigen Preise für Logistikleistungen haben noch einen zusätzlichen Einfluss auf die globalen Systeme der Wertschöpfungsketten. Zunächst führt die **Erodierung der Logistikkosten** dazu, dass regionale Angebotsmonopole an Bedeutung verlieren, weil es immer kostengünstiger wird, Produkte in die attraktiven Zielmärkte zu transportieren. Hierdurch werden die einstigen Monopole gezwungen, ihrerseits die Effizienz und Effektivität ihres Tuns zu erhöhen. Dieser Prozess wird durch die digitale Vernetzung dezentraler Produktionsstätten beschleunigt, denn die informatorischen Netzwerke ermöglichen eine **Intensität der produktiven Verknüpfung**, die bisher unerreicht war.

Think-Box
- Welche Auswirkungen werden die Digitalisierung und Dematerialisierung auf die Arbeitsplätze in meinem Unternehmen und in meiner Branche haben?
- Wie werden sich hier die Wertschöpfungsketten – länderübergreifend – entwickeln?
- Für welche Wettbewerber wird es aufgrund der fallenden Logistikkosten attraktiv werden, meine Marktposition anzugreifen?
- Auf politischer Ebene stellt sich die Frage, welche Verschiebungen in der Beschäftigtenstruktur zu erwarten sind?
- Welcher Verlauf zwischen Qualifikationsniveau und Anzahl der Beschäftigungsverhältnisse wird sich insgesamt einstellen?
- Welche Implikationen gehen damit für die Bildungspolitik des gesamten Landes einher?

3.3 Auch kognitive Arbeit wird zunehmend ersetzt

Während bisher primär manuelle Arbeiten von Digitalisierung und Dematerialisierung betroffen waren, verstärken sich jetzt die Anzeichen, dass dieser Prozess auch vor geistigen Aufgabenstellungen nicht halt macht. Man kann mit Recht behaupten, dass der Prozess der **Übernahme von komplexen, kognitiven Fähigkeiten durch Computer** bereits begonnen hat. Bei dieser Analyse hilft ein Blick auf die **Digitalisierungs-Matrix** in Abb.3.2. Hier werden die verschiedenen Arbeiten nach den Kriterien **Routinegrad der Aufgabenstellung** und **Art der Aufgabenstellung** klassifiziert. Aufgaben mit hohem Routinegrad folgen expliziten Regeln, die leicht durch Maschinen umgesetzt werden können. Dies ist bei Aufgaben mit einem niedrigen Routinegrad nicht so einfach zu erreichen. Die notwendigen Arbeitsschritte ergeben sich hier oft erst unter Berücksichtigung einer Vielzahl von Faktoren und lassen sich tendenziell nicht einfach digital abbilden. Zusätzlich zum Routinegrad der Aufgabenstellung ist die Art der Aufgabe selbst zu berücksichtigen: Diese kann eher „händischer" bzw. „manueller" oder „geistiger" bzw. „kognitiver" Natur sein (vgl. Autor/Dorn, 2013).

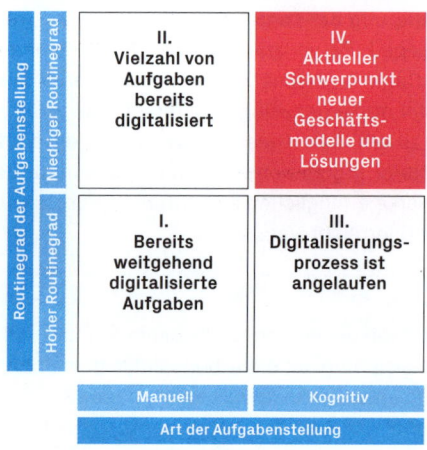

Abb. 3.2: Digitalisierungs-Matrix – Klassifizierung nach Art der Aufgabenstellungen

Die im **I. Feld** beschriebenen Aufgaben (manuell mit hohem Routinegrad) sind bereits weitgehend automatisiert und digitalisiert. Hierzu zählen bspw. durch Roboter gesteuerte Fertigungsprozesse, die heute schon mit einem minimalen Überwachungsgrad durch Menschen laufen, weil selbst die Überwachung der Fertigungsprozesse weitgehend digitalisiert wurde. Außerdem können heute auch schon **Überwachungsaufgaben** – bspw. bei Feldern im Hinblick auf den Wasserbedarf oder bei Straßen im Hinblick auf Ausbesserungsnotwendigkeiten – durch automatisierte Drohnenflüge überprüft werden. Dabei ist nur noch eine minimale menschliche Beteiligung erforderlich (vgl. Accenture, 2014, S. 20).

Auch Fragestellungen, die im **II. Feld** der Digitalisierungs-Matrix liegen, sind heute vielfach schon auf Computer übertragen worden. Hierzu zählen bspw. **Individualisierungsschritte in der Produktion**, die unter dem

Begriff Mass Customization bereits diskutiert wurden. Auch die Entzifferung von nahezu unleserlichen Handschriften als weiteres Beispiel für eine manuelle Aufgabe mit niedrigem Routinegrad wurde bereits auf Computer übertragen. Eine wichtige Voraussetzung hierfür ist i. d. R. die Existenz großer Datenbanken, aus denen relevante Regeln für die Bearbeitung abgeleitet werden können (Stichwort Big Data). Diese sind bei der **automatisierten Handschriftenerkennung** im Einsatz (vgl. Plötz/Fink, 2009). Je mehr Daten (hier unterschiedliche Handschriften) zum Training der eingesetzten digitalen Modelle und Algorithmen zur Verfügung stehen, desto leistungsstärker können die eingesetzten Methoden werden (vgl. Frey/Osborne, 2013, S. 15). Und mit der Zunahme der "Entzifferungsqualität" wird Humankapital verzichtbar! Ähnlich verhält es sich mit der Zusammensetzung von geschredderten Unterlagen der Stasi, die mittels Scanning und Software wieder zu lesbaren Dokumenten zusammengefügt wurden (vgl. Weberling/Spitzer, 2007).

Merk-Box

In Summe gilt hier nach wie vor das **Moravec´sche Paradox**: Durch künstliche Intelligenz und Roboter lassen sich anspruchsvolle kognitive Aufgaben (bspw. das Schachspielen) mit wenig Rechnerleistung abbilden. Um jedoch „Fühlen" und einfache motorische Fähigkeiten abzubilden, bedarf es großer Computer-Ressourcen (etwa für die Pflege eines Menschen; vgl. Brynjolfsson/McAfee, 2014, S. 28f.).

Allerdings können selbst „einfache" schriftliche Leseaufgaben – als Teil der menschlichen Intelligenz – auch heute noch nicht korrekt von Computern bearbeitet werden. Jeder von uns stößt mindestens einmal pro Woche auf einen sogenannten **CAPTCHA-Code**, der den Beweis dafür liefert. Dieses Akronym steht für **C**ompletely **A**utomated **P**ublic **T**uring test to tell **C**omputers and **H**umans **A**part. Anhand des eingegebenen Codes kann eine Maschine automatisiert feststellen, ob ein Computer oder ein Mensch eine Online-Schnittstelle bedient. Da Software derartige Zahlen bzw. Buchstaben bisher nicht korrekt erkennen kann, verhindert dies ein maschinelles Auslesen und eine entsprechend automatisierte Generierung von Anfragen. Beispiele für solche CAPTCHA-Codes zeigt Abb.3.3. Bei jedem dieser Tests, die wir in Zukunft bearbeiten müssen, können wir uns heute noch die Grenzen der Lese-Intelligenz von Computern vor Augen führen.

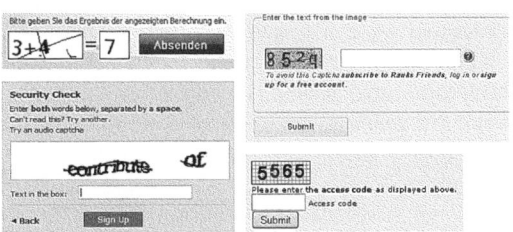

Abb.3.3: CAPTCHA-Codes auf verschiedenen Websites

Beispiele für das **III. Feld** stellen die Konzepte zum Web- oder Data-Mining dar, die auf Freitextinformationen aufsetzen. Um bspw. die Tonalität von Kundenbewertungen zu erkennen, werden immer komplexere Algorithmen entwickelt, die auch Ironie („Das war wirklich ein toller Service???!!!") richtig interpretieren. Für eine sogenannte Sentiment-Analyse, die Kommentare von Nutzern in „positiv", „negativ" und „neutral" klassifizieren will, sind solche Algorithmen unverzichtbar. Bisher findet in vielen Fällen allerdings noch eine „halb-automatische" Bewertung statt: Hier übernimmt ein menschliches Wesen die Aufgabe, den Kern der Botschaft zu erkennen und entsprechend zu bewerten. Aber die Algorithmen zur automatischen Erkennung der Tonalität der Botschaften werden immer treffsicherer.

Ein besonders überzeugendes Beispiel für das III. Feld der Matrix stellt das Angebot einer individualisierten Zeitung durch *niiu* dar. Das Berliner Unternehmen *niiu publishing* bietet seinen Lesern die Möglichkeit, die für sie relevanten Nachrichtenkategorien aus einer Vielzahl an nationalen und internationalen Quellen u. a. nach Themenpräferenzen (wie Politik, Wirtschaft, Sport) auszuwählen. Orientiert an diesen Vorgaben werden die passenden Nachrichten automatisch identifiziert und in eine individualisierte Zeitung übertragen. Diese wird online (bspw. per App) zur Verfügung gestellt (vgl. niiu, 2014).

Die größten Aufgabenstellungen sind mit dem **IV. Feld** verbunden: die Digitalisierung von kognitiven Aufgabenstellungen mit niedrigem Routineanteil. Heute wird bereits eine Vielzahl von Algorithmen eingesetzt, um bspw. Big Data auch in die Auswertung von unstrukturierten Aktivitäten – in hoher Geschwindigkeit – zu integrieren. Früher lag die Stärke von Computern in der schnellen Anwendung von Algorithmen, bspw. für Anwendungen der Versicherungsmathematik. Jetzt erschließen sich Rechner in immer größerem Maße die **Mustererkennung**, das **intelligente Kombinieren von Informationen** sowie das **Antizipieren von Ereignissen**. Damit zeigt sich: Schon jetzt werden kognitive Tätigkeiten digitalisierbar und damit auch automatisierbar. Durch die Geschwindigkeit der technologischen Innovationen ist zu erwarten, dass schon in naher Zukunft immer mehr kognitive Aufgabenstellungen auf Computer verlagert werden (vgl. Brynjolfsson/McAfee, 2012). Ein Zwischenschritt auf dem Weg dorthin kann eine Datenbrille sein, die dem Menschen vor Ort – bspw. bei anspruchsvollen Wartungs- oder Reparaturarbeiten – die notwendigen Informationen in Realtime einspielt, um hier optimal zu unterstützen.

Wie weit Computer schon in die kognitive Sphäre vorgedrungen sind, zeigen die folgenden Beispiele. 1996 gelang es erstmals dem Schachcomputer *Deep Blue*, den amtierenden Schachweltmeister *Garri Kasparow* in einer Partie mit regulärer Zeitkontrolle zu besiegen. Und das war erst der Anfang des Siegeszuges „Mensch gegen Computer". Im Jahr 2011 trat der *IBM*-Computer *Watson* gegen die damaligen *Jeopardy*-Champions *Ken Jennings* und *Brad Rutter* an (vgl.[Abb.3.4]). Und *Watson* gewann! Was war der Kommentar von *Ken Jennings* dazu? „Brad and I were the first knowledge-industry workers put out of work by the new generation of 'thinking' machines" (Kairos Future, 2015).

Abb. 3.4: *Jeopardy*-Wettbewerb – *Watson* gegen *Ken* und *Brad*
Quelle: FAZ, 2011

Der Computer selbst antwortete in natürlicher Sprache; verstehen konnte er diese allerdings noch nicht. Deshalb wurden dem Rechner die Quiz-Fragen jeweils als Text übermittelt. Anschließend suchten Algorithmen im Wissensarchiv nach Wörtern, die in einer Beziehung zur Anfrage stehen. Dabei konnte *Watson* online auf *Wikipedia* sowie die letzten zehn Jahrgänge der *New York Times* zugreifen. Daraus wurden jeweils 50 bis 60 Informationseinheiten ausgewählt und ein Ranking aus den maximal 200 Hypothesen erstellt. Bei den zu beantwortenden Fragen ging es um Geografie, um exakte Datumsangaben oder auch um Wortspiele. Anhand von vielen Tausend Jeopardy-Fragen ermittelte *Watson*, mit welchen Algorithmen sich welche Fragenkategorie am besten beantworten lassen. Dabei arbeiteten über 1.000 Algorithmen in parallelen Prozessen. Und *Watson* bezwang die menschlichen Genies in einem Feld, in dem – anderes als beim Schach – Mehrdeutigkeiten, Ironie und Wortspiel ihren Platz haben (vgl. Heise, 2011).

Ein besonders augenfälliges Beispiel hierfür ist das **selbstfahrende** Auto, das zunächst von *Google* entwickelt wurde und schon eine Vielzahl von Testfahrten erfolgreich absolviert hat. Noch wenige Jahre zuvor wurde es als unrealistisch angesehen, dass Computer einmal in der Lage sein werden, die Vielzahl der Informationen in Echtzeit zu erfassen und zu bearbeiten, die bei einem Linksabbiegevorgang mit entgegenkommendem Verkehr zu bewältigen wären (vgl. Levy/Murnane, 2004). Heute ist diese Aufgabenstellung mit dem Fahrzeug von *Google* schon mit Bravour gelöst (vgl. [Abb. 3.5]). *Audi* hat auf der Elektronikmesse *CES* in Las Vegas 2015 ein selbstfahrendes Auto präsentiert. Ein entsprechend ausgerüstetes Fahrzeug des Modells A7 mit dem Spitznamen *Jack* hat in zwei Tagen die 900 km lange Strecke vom Entwicklungslabor im *Silicon Valley* nach *Las Vegas* selbstfahrend absolviert (vgl. Kammer, 2015). *Daimler* hat im Rahmen dieser Messe ebenfalls ein selbstfahrendes Autos vorgestellt (vgl. o. V., 6.1.2015).

Abb. 3.5: Selbstfahrende Autos von *Google* und *Audi*
Quelle: o. V., 23.12.2014; Kammer, 2015

Im Oktober 2014 gelang es bereits einem autonom fahrenden *Audi RS 7*, in knapp zwei Minuten den deutschen *Hockenheimring* zu absolvieren. *Audi* schickte dazu einen entsprechend ausgerüsteten Roboter-Sportwagen beim Finale der *Deutschen Tourenwagen-Meisterschaft* (DTM) auf die Runde. Im entsprechenden Video ist zu sehen, wie das Auto mit höchster Präzision gesteuert wird. Zur Navigation wurde ein situationsspezifisch angepasstes GPS-Signal per WLAN an die Bordcomputer übermittelt. Parallel hierzu wurde die Rennstrecke kontinuierlich von 3-D-Kameras abgetastet. In Summe sollen die hier gewonnenen Erkenntnisse später in die Serienproduktion einfließen (vgl. Futurezone, 2014).

Heute geht man davon aus, dass bereits 2020 selbstfahrende Autos auf Deutschlands Straßen unterwegs sein werden. Ab 2030 sollen sich diese Fahrzeuge dann auf allen Straßen bewegen können.

Zu dieser **autonomen Fahrzeugnavigation** trägt auch die Erstellung von detaillierten dreidimensionalen Karten von Straßennetzen bei (vgl. Guizzo, 2011). Heute kann nicht nur das gesamte Straßennetzwerk der entwickelten Länder im Auto vorgehalten werden. Auch Updates und Verkehrsbeeinträchtigungen durch Unfälle oder Baustellen können über Funk in Echtzeit eingespielt werden. Perspektivisch können auch weitere Daten verfügbar gemacht werden, wenn sich bspw. die Straßenverhältnisse aufgrund von Witterungseinflüssen verändern.

Interessant bei diesen Entwicklungen ist, dass die heute gültigen Gesetze noch vorschreiben, dass auch in einem selbstfahrenden Fahrzeug der Mensch jederzeit die Kontrolle übernehmen können muss. Deshalb ist auch ein selbstfahrendes Fahrzeug mit Lenkrad und Pedale auszustatten. Hier wird deutlich, dass Rechtsnormen ein institutionelles Hindernis für Technologiesprünge sein können. Die **Versicherungswirtschaft** ist dagegen schon weiter und hat entsprechende Policen für selbstfahrende Autos schon zugesagt. Ein Argument ist, dass bei diesen Autos die häufigste Ursache von Unfällen vermieden werden kann: menschliches Versagen!

Wie ist man denn damals bei der erstmaligen Einführung von Automobilen vorgegangen, um die Risiken dieser neuen Art der Fortbewegung gering zu halten? In Großbritannien und Irland wurde hierzu 1865 das sogenannte **Red Flag Act** erlassen – und erst 1896 wieder abgeschafft. Um Unfälle im Straßenverkehr durch Dampfwagen zu unterbinden, wurde zum einen vorgeschrieben, dass ein Gefährt ohne Pferdekraft sowie ein

Automobil mit einer Geschwindigkeit von nicht mehr als ca. 6,5 Kilometer pro Stunde fahren durfte – in Ortschaften sogar noch deutlich weniger. Zusätzlich musste dem Fahrzeug eine Person mit einer roten Flagge (deshalb Red Flag Act) vorauslaufen, um die anderen Verkehrsteilnehmer zu warnen (vgl. Abb.3.6). Bzgl. der Teststrecken für selbstfahrende Autos sind wir in Deutschland sogar schon etwas weiter gekommen. So ist geplant, dass die Autobahn A9 für entsprechende Testfahrten eingesetzt werden kann (vgl. o. V., 25.1.2015).

Abb.3.6: Umsetzung des *Red Flag Act*
Quelle: Baulcombe, 2014

Allerdings werden sich auch bei selbstfahrenden Autos Unfälle nicht ganz vermeiden lassen. Und dann stellt sich eine zentrale Frage: Wie ist der **Algorithmus eines selbstfahrenden Fahrzeugs** zu programmieren, wenn in einer kritischen Gefahrensituation zwischen dem Tod eines Fußgängers und dem Tod der Autoinsassen abzuwägen ist? Wie sollen die Entscheidungstabellen dann ausgestaltet werden? Denn wenn man sich einem selbstfahrenden Auto anvertraut, gibt man auch ethische Verantwortung an die Algorithmen ab. Welches **Ethik-Setting** ist dann gewünscht? Kann dieses vom Fahrer ggf. individuell eingestellt werden? Und was wären dann die versicherungstechnischen Implikationen, wenn tatsächlich der „Tod des Fußgängers" gewählt würde, um im obigen Beispiel zu bleiben? Oder soll gar ein Zufallsgenerator das Ethik-Setting vornehmen (vgl. Schipper, 2015, S. 15)?

Eine immer umfassendere Übernahme von kognitiven Aufgaben durch Computer zeichnet sich auch bei **Übersetzungsleistungen** ab. Mit der kontinuierlichen Zunahme von digitalisierten Texten, die von Menschen von einer Sprache in eine andere übertragen wurden, wächst der Datenbestand zum Trainieren von Übersetzungs-Algorithmen. Relevante mehrsprachige Quellen sind bspw. offizielle Dokumente der *Vereinten Nationen*, die regelmäßig in sechs verschiedene Sprachen übersetzt werden (vgl. Tanner, 2007). Wie überzeugend die Leistungen sind, die bspw. *Google Translate* heute schon erreichen kann, zeigt die automatische Übersetzung dieses Abschnitts durch den **Übersetzungs-Algorithmus** von *Google* (2015):

"An ever-wider adoption of cognitive tasks by computer is also emerging in translation services. With the continuous increase of digitized texts which have been transmitted from person from one language to another, the dataset for training of translation algorithms grows. Relevant multilingual sources official United Nations documents, which are regularly translated into six different languages, for example. (See. Tanner, 2007). . How convincing are the services which, for example, Google Translate can already achieve today, shows the automatic translation of this section by the translation algorithm of Google (2015)."

Diese Übersetzung ist noch nicht perfekt — aber für einen automatisierten Transfer in eine andere Sprache im Bruchteil einer Sekunde dann doch überzeugend! Zusätzlich kann man sich die Übersetzung vorlesen lassen. Nicht sehr schön, aber so verständlich wie der Text selbst. Wohin wird das führen? Immer mehr Informationen werden – teilweise kostenlos – in immer mehr Sprachen zur Verfügung stehen. Die dazu notwendigen Algorithmen und die erforderlichen Datenquellen werden in Zukunft zu immer überzeugenderen Ergebnissen führen.

Die Übersetzungs-Computer haben sich inzwischen auch die **gesprochene Sprache** erschlossen. Eine entsprechende Unterstützung bietet bspw. die App *Google Übersetzer*. Für inzwischen mehr als 70 Sprachen wird eine Übersetzung in Echtzeit angeboten. Im Konversationsmodus erkennt die App sogar automatisch, welche Sprache momentan gesprochen wird. Auf diese Weise wird es möglich, sich mit einer anderen Person zu unterhalten, deren Sprache man nicht beherrscht (vgl. o. V., 17.01.2015). Vergleichbare Dienstleistungen werden auch von GeoFluent angeboten. Automatische Übersetzungen beim Sprechen ist die nächste Stufe, um weitere Sprachbarrieren – dann in Realtime – elegant zu überwinden.

Allerdings stellt sich die Frage, ob die **Schönheit der Sprache** dabei nicht auf der Strecke bleibt, weil kostengünstiger Mainstream dominiert. Die Konsequenz werden auch hier "handwerkliche Nischen" sein, in denen sich Sprachkünstler – auch Schriftsteller, Dichter, ggf. Journalisten – aufhalten, die Sätze noch liebevoll formulieren und nicht alleine auf korrekte Inhalte abheben. Es wird aber ein Nischenmarkt werden und bleiben – als Ergebnis einer geringeren Wertschätzung für „echte" menschliche kognitive Leistungen, die ggf. teurer angeboten werden müssen!

Das digitale Einsatzfeld von Algorithmen umfasst heute auch die **Früherkennung von Betrugsfällen** bis hin zu der **Prognose von Verbrechen**. Mit Predictive Policing wird – ausgehend von den USA, aber jetzt auch in Deutschland – datengestützt versucht, Verbrechenszeitpunkte und -orte vorherzusagen. Und das durchaus mit überzeugenden Ergebnissen. Auch hier werden die hirnenden Kommissare, die wir aus einer Vielzahl von Kriminalfällen kennen, sukzessiv durch Computer unterstützt bzw. langfristig substituiert. Um Verbrechen zu vermeiden, noch bevor sie begangen wurden!

Im **Gesundheitswesen** werden Diagnoseaufgaben bereits in immer mehr Fällen auf Computer übertragen. Onkologen am *Memorial*

Sloan-Kettering Cancer Center werden in ihrer Arbeit zunehmend durch den *IBM Watson Computer* unterstützt. Diagnosen von Krebserkrankungen und Therapievorschläge werden auf der Wissensbasis von 600.000 medizinischen Berichten, 1,5 Millionen Patientenakten und klinischen Studien sowie zwei Millionen Textseiten aus medizinischen Fachzeitschriften erarbeitet. Dabei geht es im Kern auch hier um eine möglichst präzise **Mustererkennung**. Dabei hat der Computer die Aufgabe, einzelne Symptome, die Genetik, familiäre Vorerkrankungen sowie die medizinische Vorgeschichte des jeweiligen Patienten mit einer Vielzahl weiterer Fälle zu vergleichen. Das Ergebnis sind i. d. R. Diagnosen und Behandlungspläne mit einer hohen Erfolgswahrscheinlichkeit (vgl. Cohn, 2013). So wird *Watson* zu Dr. *Watson* und leistet bspw. auch wichtige Beiträge im Kampf gegen Epidemien (vgl. Putsch, 2015).

Wozu wird diese Entwicklung führen? Während Assistenzfunktionen zur Durchführung von Untersuchungen mit medizinischen Geräten erhalten bleiben, kann die Auswertung durch den Arzt in hohem Maße digitalisiert werden. Eines sollte dabei aber nicht automatisch entfallen: Das Arzt-Patienten-Gespräch. Wie viele Studien immer wieder zeigen, hat die persönliche Beziehung zum Arzt häufig einen signifikanten Einfluss auf den Behandlungserfolg. Ob dabei von Placebo-Effekt oder dem Effekt menschlicher Nähe und Wertschätzung gesprochen werden sollte, bleibt unbenommen.

Auch vor **Rechtsdienstleistungen** wird die Digitalisierung nicht halt machen. Immer ausgefeiltere Algorithmen werden auch hier nach und nach Aufgaben bewältigen, die bisher bspw. von Rechtsassistenten oder Rechtsreferendaren sowie von Vertrags- und Patentanwälten bearbeitet wurden. So verlassen sich mehr und mehr Anwaltskanzleien auf Computer, die Hunderttausende von Urteilen sowie Präzedenzfälle und Kommentare auswerten, um die Vorgangsbearbeitung zu beschleunigen. Das *Symantec Clearwell-System* zur Sprachanalyse ermöglicht es, Dokumente zu identifizieren und Ergebnisse grafisch darzustellen. Dadurch gelang es bspw. in zwei Tagen, mehr als 570.000 Dokumente zu analysieren und zu sortieren (vgl. Markoff, 2011). Und das ist erst der Anfang! Die nächsten Aufgabenstellungen, die digitalisiert und automatisiert werden können, sind die **Verfassung von juristischen Schriftstücken** – die dann, mit authentifizierter Signatur, dematerialisiert versendet werden.

Wie bereits angedeutet, hat auch in der **Finanzbranche** die automatisierte Entscheidungsfindung schon breiten Einzug gehalten. Der Hochfrequenzhandel, der in Bruchteilen von Sekunden Millionen von Daten vergleicht und darauf basierend Kauf- und Verkaufsentscheidungen durchführt, wäre ohne diese Automatisierung nicht vorstellbar. Kein Mensch wäre in der Lage, solche Datenmengen in so kurzer Zeit zu verarbeiten und darauf basierende Entscheidungen auszuführen. Welche Risiken mit diesem Hochfrequenzhandel allerdings verbunden sind, wird uns immer wieder durch dramatische Kursabstürze einzelner Aktien oder ganzer Börsenplätze vor Augen geführt. Deren Ursache: Computer, bei denen „ein Bit umgekippt" ist!

Auch den **Bildungssektor** mit vielen Beschäftigten lässt die Digitalisierung und Dematerialisierung nicht unberührt. Ein Anzeichen hierfür ist das Wachstum der sogenannten MOOCs (Massive Open Online Courses). Immer mehr Hochschulen, andere Bildungsinstitutionen oder einzelne Spezialisten fühlen sich dazu aufgerufen, ihr Wissen über Online-Kurse weltweit zu verbreiten. Online-Tutorien, Online-Klausuren — und in Zukunft auch Online-Bewertungen (nicht nur bei Multiple-Choice-Aufgaben, sondern auch bei Textklausuren) führen durch die Dematerialisierung zur Verlagerung von Lehr- und Lernprozessen in den Online-Bereich. Die erste Online-Universität mit dem Namen Udacity wurde bereits gegründet. Der Begriff – gleichsam als Programm zu verstehen – wurde aus „U" für „University" und „Audacity" für „Kühnheit und Wagemut" gebildet. Diese 2011 gegründete Institution erreicht mittlerweile drei Millionen Studenten aus mehr als hundert Ländern (vgl. Thrun, 2015, S. 17). Hier können sich auch für Professoren zukünftig ganz neue Geschäftsmodelle ergeben. Wenn 300.000 Nutzer einen Video-Kurs für 1€ abrufen, ist das nächste Arbeitsessen mit den Präsent-Studenten finanziell gesichert! Und das Internet selbst wird zur **Weltuniversität**!

Die Frage ist jedoch, in welchem Ausmaß Schüler und Studenten bei einem reinen Online-Unterricht die Fähigkeiten zur sozialen Interaktion erwerben können. In jedem Fall könnten – wissensbasiert – individuelle Lerneinheiten und Wiederholungmodule online präsentiert werden, die dem individuellen Lernfortschritt eher angemessen sein können, als dies insb. in klassischen Großvorlesungen möglich ist. Im Kern geht es aber nicht um ein Entweder-Oder, sondern um eine **intelligente Verknüpfung von Online- und Offline-Unterricht** – den Kern dessen, was als **Blended Learning** – bezeichnet wird. Studenten sind dann aufgerufen, sich Inhalte verstärkt auch eigenständig anzuzeigen, die dann in Präsenzveranstaltungen vertieft werden können (vgl. Stampfl, 2014). Eine wichtige Aufgabe der Professoren darf dabei aber nicht vergessen werden: seine „helping hands". Die wichtige Orientierung, situative Denkanstöße und unterstützende Leitplanken auf dem Weg zur persönlichen Reife und zum eigenen Wachstum können im persönlichen Dialog besonders erfolgreich vermittelt werden.

Zusätzlich können auf Big Data aufsetzende Datenanalysen treffende **Vorhersagen über die Leistungen von Schülern und Studenten** ermöglichen und deren – reibungsarme – Verteilung auf relevante Berufsfelder vorbereiten, um hierdurch das „Management der Humanressourcen" zu optimieren (vgl. Frey/Osborne, 2013, S. 18). Wollen wir das?

Eine Gefahr wäre mit einer solchen Entwicklung verbunden: Der **Zufall des Lebens**, der immer wieder für gute und schlechte Überraschungen sorgt, verlöre an Wert! Würde dadurch auch das Leben an sich an Wert verlieren, weil (fast) alles vorhersehbar würde, wenn man einen weitgehenden datentechnischen Zugriff erlaubte? Bspw. einen direkten Zugriff auf:

- seinen **Körper** (über Wearables, die Körperfunktionen überwachen und an zentrale Server senden),
- seine **Wünsche** bzgl. des optimalen Lebensgefährten (über Online-Plattformen wie *parship.de* oder *eDarling.de*)
- seinen **Lebenspartner**, sein **Freundesnetzwerk**, seinen **Werdegang**, seine **Präferenzen** (wie Likes, Shares, Comments) und seine **Aktivitäten**

(etwa über *Facebook, LinkedIn, Xing, Google+, Foursquare* & Co.),

- sein **Unternehmen** (über dessen Website und weitere Aktivitäten auf den Social-Media-Sites) und
- seine weiteren **Lebensumstände** (bspw. dem Online- und Offline-Einkauf, erfasst durch Cookies und *iBeacon*-basierten Apps)?

Und wie ist eine Entwicklung zu bewerten, die – ausgehend von den USA – jetzt langsam auch nach Europa vordringt? Die Abschaffung des Lehrinhalts „**Schreiben von Hand**". Bereits heute sehen die *Common Core State Standards* – quasi der US-Kernlehrplan – den Unterricht in Handschreiben nur noch für den Kindergarten und die erste Klasse vor. In den Niederlanden gibt es *Steve-Jobs-Schulen*, an denen Kinder fast ausschließlich am *iPad* unterrichtet werden. Interessant ist dabei die Begründung: Das Handschreiben sei für die Kinder zu anstrengend! „Gerade dadurch wird den Kindern aber die Möglichkeit genommen, ein Mensch zu sein. Beim Schreiben von Hand geht es um viel mehr als nur eine Art, Buchstaben auf das Papier zu bringen. Es erfordert alle Sinne. Der Mensch ist allein und unmittelbar dem Papier ausgesetzt. Alles konzentriert sich auf einen Punkt, auf die Spitze des Stiftes, aus der Buchstaben auftauchen, die Wörter formen, die den Gedanken entspringen. Die Linie des Stiftes entspricht der Linie des Denkens. Sprünge sind ausgeschlossen, der Schreibende kann nicht hüpfen, Abschweifungen sind nicht möglich, wenn Sinn entstehen soll. Ein Gedanke muss sich an den anderen reihen, so, wie die einzelnen Buchstaben auf dem Papier ineinander übergehen. Das einmal Gedachte lässt sich wie das einmal von Hand Geschriebene nicht zurücknehmen. Das sorgfältige Schreiben von Hand wird zum Abbild des sorgfältigen Denkens im Kopf. Es fordert Konzentration, Haltung in Körper und Kopf. Es zwingt zum Denken und Sitzen in einem Guss, an einem Stück. Nicht umsonst dient die Kalligraphie den Zen-Mönchen als Mittel, den Geist zu beruhigen" (Pfister, 2015, S. 3).

Man kann wohl zu Recht behaupten, dass von Hand schreiben zu lernen ebenfalls eine **Denkschule** ist. Darauf deuten auch Studien hin, denen zufolge Handschreiben hilft, schneller zu lesen, Informationen besser zu behalten und mehr Einfälle zu haben (vgl. Rüschemeyer, 2015, S. 52). Außerdem verändert das feinmotorische Training des Handschreibens die Wahrnehmung der Umwelt (vgl. Pfister, 2015, S. 3; weiterführend Lembke/Leipner, 2015). Es ist u. E. wert, über diesen Aspekt einmal nachzudenken, um zu vermeiden, dass die **digitale Demenz** schon im Kindesalter beginnt. Vor diesem Hintergrund ist auch die Entwicklung zu sehen, dass in immer mehr Zeichensätze von Schreibprogrammen eine Vielzahl von **Emoticons** (wie Smileys, Herzen etc.) integriert wird, um in der schriftlichen Kommunikation eigene Stimmungen und Gefühle – ohne Worte – als Grafik auszudrücken. Bewegen wir uns hier zurück in die Zeit, als wir uns primär über Höhlenmalereien auszudrücken verstanden?! Weil wir keine Lust oder Zeit haben, Emotionen in Worte zu fassen?

> **Merk-Box**
>
> Das Schreiben per Hand ist mehr als eine manuelle Beschäftigung. Es ist eine Denkschule. Eine Lernchance für Körper und Geist.

Eine andere – gewünschte – Entwicklung ist dagegen mit den Elementen einer Online-Universität gut erreichbar: Die **Demokratisierung des Lernens**. Die Chance zu lernen ist bei Online-Angeboten weniger vom Einkommen, von der räumlichen Nähe zu Ausbildungsinstitutionen sowie von der zeitlichen Verfügbarkeit abhängig. Ein **Lernen-on-Demand** wird möglich und unterstützt. Und klassischerweise sollte es nicht um eine reine Substitution vom Offline- zum Online-Modus gehen, sondern um eine intelligente Verknüpfung von „best of both worlds".

Vielleicht ist ein solches Angebot auch eine konsequente Antwort auf die erforderliche **Neuausrichtung unserer Bildungssysteme**. Die Arbeitskräfte von morgen werden sich in einen ständigen Prozess des Lernens sowie der Anpassung ihrer Fähigkeiten einbringen müssen, um mit den absehbaren Technologieschüben Schritt halten zu können. Wir benötigen deshalb zunehmend zusätzliche Angebote, um ein lebenslanges Lernen zu fördern und zu ermöglichen. Denn die **Halbwertzeit unseres Wissens** nimmt kontinuierlich und immer schneller ab. Das bedeutet, dass die Wissensarbeiter der Zukunft in der Lage sein müssen, ihre Kompetenzen dauerhaft – und wirklich lebenslänglich – weiterzuentwickeln. Ansonsten gehen menschliche Wettbewerbsvorteile gegenüber Computersystemen, denen neues Wissen im Gigabyte-Umfang in Sekunden zugeführt werden kann, endgültig verloren (vgl. Tapscott, 2015).

Vor dem Hintergrund dieser Veränderungen müssen wir unser **Bildungssystem** noch stärker darauf ausrichten, den Lernenden neben sozialem Verhalten auch ein problemlösendes Denken, die Fähigkeit zur Kooperation in gemischten Teams sowie zur überzeugenden Kommunikation zu vermitteln. Und ein **Lernen zum Lernen**. Damit müssen wir – vielleicht in manchen Hochschulen und Universitäten noch stärker als in anderen – den dialogischen oder seminaristischen Unterricht fördern, wie er bspw. an meiner Institution, der *Hochschule für Wirtschaft und Recht* in Berlin, schon gegeben ist. Nicht umsonst liegt unsere Zielgröße pro Unterrichtsklasse bei 35-40 Studenten. Und das nicht nur im Master-Studium. Wir suchen, fördern und fordern die direkte Interaktion, um die oben genannten Fähigkeiten – die wir auch in den Beschreibungen der einzelnen Fächer als Lernziele formuliert haben – zu vermitteln. Deshalb bieten wir in vielen unserer Lehrmodule Diskussionen in Kleingruppen, Gruppenarbeit (gerade auch in internationalen Teams), Studenten-geleitete Diskussionen und fordern Präsentationen, Präsentationen, Präsentationen. Wir können hier sicher noch besser werden, aber wir sind auf einem guten Weg!

Und dieses Lernen darf nicht mit dem Studien- oder Ausbildungsabschluss enden. Denn dann geht es ja erst richtig los, weil zusätzliche Fähigkeiten und Qualifikationen zu erwerben sind. Hierzu gilt es, den Arbeitnehmern mehr Verantwortung für ihre eigene Ausbildung zu übertragen. Sie müssen ein hohes Eigeninteresse haben – um ggf. auch durch „helping hands" seitens der Arbeitgeber oder der Gesellschaft – auf dem Pfad der Tugend und damit des kontinuierlichen Lernens gehalten zu werden. Hierzu kann die schon angesprochene Vernetzung ebenfalls ihren Beitrag leisten. Neben Wertschöpfungsnetzwerken werden **Bildungsnetzwerke** entstehen (vgl. Tapscott, 2015). Aus diesen können sich die Bildungsinteressierten die jeweiligen Qualifizierungshappen — gleichsam wie in einem Cafeteria-System – auswählen. Zu jeder Zeit, von jedem Ort – und vielleicht sogar zu geringen oder Null-Kosten, wenn die Bereitstellung derartiger Inhalte zu Null-Grenzkosten gelingt und keine Gewinnerzielung der betreuenden Institutionen vorliegt. Neben dem Erwerb von Abschlüssen lässt sich die jüngere, digital sozialisierte Arbeitnehmerschaft vielleicht auch durch Gamification-Konzepte immer wieder motivieren, den nächsten Wissenslevel zu erreichen. Mit **Gamification** erfolgt die Übertragung von spieltypischen Elementen in spielfremde Zusammenhänge. Wäre es nicht ein erstrebenswertes Ziel, das Lernen von seiner Bürde zu befreien und jeden Lernschritt mit – ja – Glücksgefühlen zu assoziieren. Getreu unseres eigenen Lebensmottos:

Leben ist Lernen. Und Lernen ist Leben.

Das ist doch ein erstrebenswertes Ziel. Und wenn Gamification hilft, diese Glückgefühle zu befördern, die Motivation hoch zu halten und Schüler, Studenten, besonders aber die Arbeitnehmer und Arbeitgeber auf kontinuierlichem Lernkurs zu halten, wäre für jede Nation extrem viel erreicht. Ein **Offline-Campus** wird immer erforderlich sein, weil hier das soziale Lernen in einem geschützten Rahmen stattfinden kann und soll. Hierzu können und sollen sich die Lehrenden nicht als reine Wissensvermittler verstehen, sondern eher als „Curators of Learning Experiences" (Tapscott, 2015). Welch schönes Leitbild! Weitere wichtige Lernimpulse können flankierend online vermittelt werden, um das oben beschriebene Learning-on-Demand zu ermöglichen und zu fördern. Die Verantwortung für die erfolgreiche Bildung liegt dabei auf mehreren Schultern. In erster Linie sollte jeder Arbeitnehmer selbst motiviert sein, Anschluss an die neuen Entwicklungen zu halten — unterstützt durch Arbeitgeber und leistungsstarke Bildungsinstitutionen. Gefördert und flankiert durch politische Maßnahmen auf Landes- und Bundesebene!

Wie in diesem Abschnitt deutlich wurde, macht der Digitalisierungs- und Dematerialisierungsprozess auch vor den bisher noch weitgehend geschützten Bastionen menschlicher Arbeit nicht halt. Diese

Entwicklung wird getrieben durch einen unschätzbaren Faktor, den nur Computer aufweisen: **Skalierbarkeit**. Die Rechnerkapazität kann durch immer leistungsfähigere Prozessoren und deren Vernetzung in Serverfarmen fast unendlich gesteigert werden. Das bedeutet: Wenn die Aufgabenstellung komplexer wird, werden „einfach" mehrere Rechnernetze miteinander verbunden! In Relation zur Akquisition, Qualifikation und Führung von Heerscharen entsprechender Mitarbeiter ist die Computer-Variante in jedem Falle die einfachere. Gigantische Rechnerkapazitäten reduzieren gleichzeitig den Wettbewerbsvorteil, den das menschliche Gehirn mit den Dimensionen Kreativität, Intuition und Spontanität bisher aufwies! Gleichzeitig fällt der Mensch als **Bias-Quelle** in Computer-Netzwerken weg, soweit Programme „objektiv" sein können. Denn jegliches menschliches Handeln ist in hohem Maße durch die eigene Geschichte, Gegenwart und Zukunftserwartungen bestimmt. Entscheidungen und Handlungen sind und werden in hohem Maße durch die eigenen Erfahrungen, Erlebnisse, Wünsche, Ziele, Bedürfnisse, Ängste, Hoffnungen und Träume beeinflusst. Ein plastisches Beispiel hierfür liefern Danziger/Levav/Avnaim-Pesso (2011): Nach dieser Studie fällen selbst erfahrene israelische Richter nach einer Mittagspause wesentlich großzügigere Urteile als vor der Pause! Solche Verzerrungen sind den Computern fern, solange sie ihnen nicht einprogrammiert wurden!

Think-Box
- In welche Bereiche wird die Digitalisierung und Dematerialisierung in meinem Unternehmen und meiner Branche eindringen?
- Wo können wir dadurch Effizienzreserven mobilisieren?
- Wo können wir durch diese Entwicklungen besser werden?
- Laufen sich Start-up oder Unternehmen anderer Branchen warm, um in unsere Geschäftsfelder mit entsprechenden Lösungen einzusteigen?
- Welche Implikationen haben die Veränderungen im Bildungssystem für uns als Unternehmen, als Institutionen oder als Verantwortliche für das Thema Bildung auf Landes- oder Bundesebene?
- Welche Initiativen sind hier zu fördern?
- Welchen Anforderungen gilt es, heute und in Zukunft gerecht zu werden?
- Wer beschäftigt sich in meinem Unternehmen mit solchen Fragen?

3.4 High-Tech-Roboter übernehmen in weiteren Feldern die physische Arbeit

Der Einsatz der Digitalisierung und Automatisierung bleibt nicht auf stationäre Anwendungen beschränkt. Einen neuen Trend stellen sogenannte **High-Tech-Roboter** dar. Durch den Einsatz leistungsstarker Sensoren und einer ausgefeilten Bewegungstechnologie werden diese „hochleistungsfähig". Dadurch sind sie in immer besserem Maße in der Lage, auch dezentral und mobil manuelle Tätigkeiten auszuführen. Das geht über den bisher schon zu beobachtenden Einsatz, dass Maschinen selbst Maschinen bauen, programmieren und weiterentwickeln, weit hinaus. Diese Entwicklung wird nicht nur die menschliche Arbeitskraft durch digitalisierte Lösungen weiter verdrängen, sondern immer stärker auch in die dezentrale physische Welt hinein drängen. Beispiele für den Einsatz von High-Tech-Robotern finden sich in einer Vielzahl von Arbeitsfeldern, die bisher eine Dominanz menschlicher Arbeit waren:

- In der **Logistikbranche** wird in vielen Ländern der Welt eine Zustellung durch Drohnen erprobt (vgl. Abb.3.7). Nicht nur *amazon* experimentiert damit in den USA. Die Zielsetzung des Angebotes von *Amazon Prime Air* ist es, dass die georderte Waren in 30 Minuten oder weniger in den Händen der Kunden ist (vgl. Amazon, 2014). Auch die deutsche *DHL* hat bereits am 9.12.2013 ein Päckchen per Drohne im *Post Tower* in Bonn zustellen lassen. Den Flug über den Rhein absolvierte der etwa drei Kilogramm schwere und bis zu 50 km/h schnelle "Paketkopter" in nur wenigen Minuten. Diese Art von Drohne hat je nach Gewicht der Ladung eine Reichweite von bis zu 90 Minuten Flugzeit. Dies entspricht einem Einsatzradius von etwa 30 Kilometern (vgl. Fuest, 2013).

Abb.3.7: Erbringung von Zustellleistungen durch Drohnen bei *amazon* und *DHL*
Quelle: Amazon, 2014; Dirscherl, 2014

Schon heute ist geplant, die oft beschwerliche Überfahrt zur Nordseeinsel *Juist* zur Zustellung von Medikamenten durch einen regelmäßigen Drohnen-Service von *DHL* zu ersetzen (vgl. Dirscherl, 2014). Die weiteren Auswirkungen auf die klassisch personenbasierte Zustellungslogistik werden in den nächsten Jahren sichtbar werden.

Zusätzliche Funktionen der logistischen Wertschöpfungskette – vom automatisierten Hochregallager mit chaotischer (dynamischer) Lagerverwaltung bis zur Komplettierung von Warensendungen ohne menschliche Intervention – wurden und werden digitalisiert und automatisiert.

- Die **Automatisierung der Logistik** wird zusätzlich durch Computer-unterstützte Fahrzeuge in ihrer Kosteneffizienz gesteigert.

Serienfahrzeuge wie der *Nissan LEAF* enthalten Bordcomputer und fortschrittliche Telekommunikationsanlagen, die Autos zu potentiellen Fly-by-Wire-Roboter machen. Dies ist wörtlich als „Fliegen per Kabel" zu verstehen. Gemeint sind Fluggeräte, bei denen die Steuerbewegungen des Piloten nicht mehr durch Stahlseile, Schubstangen oder durch Hydrauliksysteme erfolgen. Diese werden bei Fly-by-Wire-Fluggeräten durch Sensoren an den Steuerungselementen ersetzt. Hierdurch wird es möglich, solche Fluggeräte – aber auch andere Fahrzeuge – von einem Remote-Computer aus zu steuern.

- Im Bereich der **Transportlogistik für Menschen** hat bereits eine Substitution von Fahrzeugführern durch Computer stattgefunden. Führerlose U-Bahnen und Zubringerservices finden sich nicht nur in Städten wie Nürnberg, sondern haben auch auf vielen internationalen Flughäfen (wie Frankfurt/M., Madrid, Zürich) Einzug gehalten. Türen öffnen und schließen sich automatisch, Durchsagen „aus der Konserve" erfolgen in mehreren Sprachen und die komplette Führung des Zuges erfolgt per Computer. Menschlich Funktionen konzentrieren sich auf die Entwicklung, Pflege und Überwachung dieser Systeme. Eine Vielzahl von teilweise auch weniger anspruchsvollen Aufgaben im Alltagsbetrieb wird durch Computer und eine Handvoll von Spezialisten bewältigt.

- Auch im **Hotelgewerbe** finden sich zunehmend High-Tech-Roboter zum Pilot-Einsatz bereit. *Starwood*, einer der weltweit größten Hotelunternehmen, setzt zwei Roboter namens "Botlrs" in ihrem *Cupertino Aloft Hotel* ein (vgl. Abb.3.8). Die Roboter-Butler können Gästen dabei helfen, sich im Hotel zurecht zu finden. Außerdem werden

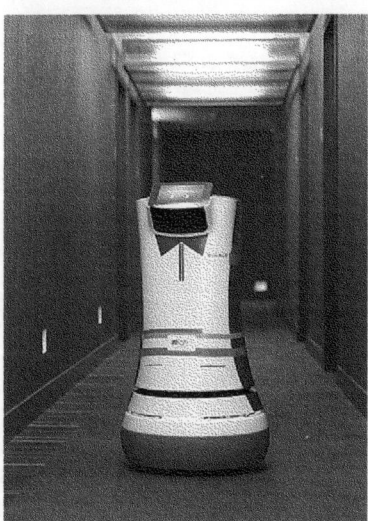

sie eingesetzt, wenn Hotelgäste nach Zahnbürsten oder besonderen Kopfkissen fragen. Dann wird der Roboter manuell „bestückt" und macht sich selbständig auf die Reise zum entsprechenden Zimmer. Der Einsatz einer Kombination von Sensoren und WiFi/4G-Konnektivität mit dem Hotel und dem Aufzug erlaubt es dem Roboter, gezielt das richtige Zimmer anzusteuern (vgl. Crook, 2014).

Abb. 3.8: Einsatz von High-Tech-Robotern in der Hotelindustrie
Quelle: Crook, 2014

Wenn das Pilotprojekt erfolgreich ist, soll der Einsatz im Jahr 2015 auf ca. 100 Hotels rund um die Welt ausgeweitet werden. Es wird deutlich: Auch Hotels unternehmen immer größere Anstrengungen, um ihre technikaffinen Gäste zu begeistern (vgl. Crook, 2014).

* In **Krankenhäusern** werden autonom agierende Roboter eingesetzt, um innerhalb des Klinikgeländes Nahrung, Rezepte und Proben zu transportieren (vgl. Bloss, 2011).
* Im **Einzelhandel** nutzt man Roboter, um bspw. Roboter zu verkaufen. Im Geschäft des US-Unternehmens *Suitable Technologies* werden Kunden durch Telepräsenzroboter bedient. Das bedeutet, dass die Verkäufer zu Hause sind und von dort die Roboter bedienen (vgl. Pluta, 2014).
* Im Gegensatz zu diesen Einsatzfeldern zeigt sich, dass **Haushaltsrobotern** in **privaten Haushalten** immer noch größere Einschränkungen entgegenstehen. Hier gilt es regelmäßig, eine Vielzahl von unstrukturierten Aufgaben zu bewältigen und dabei eine große Zahl von unterschiedlichen Objekten in verschiedenen Räumen zu identifizieren. Gerade bei der differenzierten Wahrnehmung und bei anspruchsvollen Verarbeitungsprozessen zeigen sich nach wie vor die Grenzen der heute im Einsatz befindlichen Roboter.

Während die Bewältigung einer Vielzahl von Standardaufgaben im industriellen Umfeld für Roboter schon das Tagesgeschäft darstellt, stellt die Wahrnehmung komplexer und unstrukturierter Aufgabenstellungen – wie sie in privaten Haushalten dominieren – nach wie vor eine besondere Herausforderung dar. Außerdem schränkt die klassische Haushaltsausstattung (wie unterschiedliche Böden und Einrichtungsgegenstände, deren Standort wechseln kann) die Beweglichkeit der Roboter zusätzlich ein. Durch immer anspruchsvollere Sensoren und eine ausgefeilte Lasertechnologie wird versucht, diese Grenzen immer weiter zu verschieben.

Ein Beispiel hierfür liefert der auf der Elektronikmesse 2015 vorgestellte Haushaltshelfer des Unternehmens *Sen.se* mit dem schönen Namen *Mother* (vgl. Abb. 3.9). Dieser Haushaltshelfer wird als Allzweckwaffe angepriesen. Er soll davor warnen, wenn die Kühlschranktür offen steht, ein Einbrecher naht, man zu spät noch einen Kaffee trinken oder zu viele Chips essen möchte. Außerdem wird daran erinnert, dass Oma ihre Tabletten noch nicht genommen hat. Was zunächst wie ein Scherz klingt, wird durch den Einsatz einer Vielzahl von mitgelieferten Sensoren und Cookies möglich, die überall im Haushalt installiert werden können, um mit *Mother* zu kommunizieren. Für 290 € ist er zu haben — ob als Fluch oder Segen, wird sich noch herausstellen (vgl. o. V., 11.1.2015, S. 20).

Abb. 3.9: *Mother* – Beispiel eines Haushaltsroboters
Quelle: gigaom2.files.wordpress.com, 2015

- Ein weiteres Einsatzgebiet stellt die **Landwirtschaft** dar. Satelliten-gesteuerte Pflanz-, Dünge- und Erntefahrzeuge sind heute schon im Einsatz. Auch im **Bergbau** zeichnet sich ein zunehmender Einsatz von Roboter ab. Die Digitalisierung von Minenfahrzeugen wird bspw. vom Unternehmen *Rio Tinto* vorangetrieben. Die zentrale Herausforderung besteht auch hier in der Substitution von menschlicher Arbeit durch Maschinen, um die Produktivität im Bergbau nachhaltig zu steigern. Die verschiedenartigen Tätigkeiten werden unter dem Begriff *Mine of the Future™* zusammengefasst. Dabei wird untersucht, wie die gesamte Wertschöpfungskette unter Einbindung neuester Techno-logien weiterentwickelt werden kann — von der Rohstoffgewinnung über Logistikprozesse bis hin zu Marketing (vgl. Rio Tinto, 2014).
- Im **Produktionsbereich** selbst zeichnen sich schon heute weitere technologische Durchbrüche ab. Mit verbesserten Sensoren werden **Produktionsroboter** zunehmend in die Lage versetzt, Qualitätskon-trollen in höherer Zuverlässigkeit durchzuführen, als dieses Menschen bisher möglich war. Der spanische Nahrungsmittelhersteller *El Dulze* bindet bspw. Roboter zur Qualitätskontrolle ein. Dabei werden – ori-entiert an exakt definierten Qualitätskriterien – Salatköpfe von einem Förderband aussortiert, die nicht den Qualitätsstandards genügen (vgl. Frey/Osborne 2013, S. 21).

Außerdem werden Roboter durch umfassenderen Einsatz von Sensoren in die Lage versetzt, eigenständig neue Muster zu erkennen und zu erlernen. *Baxter*, ein bereits für 22.000 US-$ zu erwerbender Allzweck-Roboter, ist ein Beispiel hierfür (vgl. Abb. 3.10). Um den Roboter in Betrieb zu nehmen oder ihm ein neues Muster zu lehren, bedarf es keiner Programmierung mehr. Stattdessen muss ein Mensch die Roboterarme nur entsprechend bewegen, um das neue Verhaltensmuster zu trainieren. Wobei ein einziger Trainings-durchlauf genügt! Dies gilt auch dann, wenn in den Bewegungsablauf bestimmte Objekte einzubinden sind (vgl. Rethink Robotics 2014; MGI, 2013)

Abb. 3.10: *Baxter* – der Allzweck-Roboter
Quelle: Rethink Robotics, 2014

Die hier geschilderten Anwendungen fördern mit der zum Einsatz kommenden Digitalisierung und Automatisierung die immer weitere Substitution von manuellen Aufgaben auch in klassischen „menschlichen" Arbeitsfeldern. Dabei bleibt diese Entwicklung nicht ohne Konsequenzen für die Beschäftigung. Immer leistungsstärkere Roboter werden durch Hardware (u. a. verbesserte Sensoren und schnellere Prozessoren) und Software (immer leistungsfähigere Programme) in die Lage versetzt, nicht nur menschliche Arbeitskraft, sondern auch menschliche Geisteskraft – häufig in Kombination – zu ersetzen. So hat G*eneral Electric* bereits Roboter entwickelt, die selbständig Windkraftanlagen erklettern und pflegen können. Weiterentwicklungen dieser Roboter sind in Planung (vgl. Robotik-VO 2013).

Die sich hier abzeichnenden Prozesse werden durch zwei wichtige Faktoren beschleunigt: Durch die kontinuierlich erzielbaren **technologischen Fortschritte** sowie durch die sinkenden **Kosten in der Robotertechnik** aufgrund erreichbarer Skaleneffekte. So sind in den letzten Jahrzehnten die Roboterpreise jährlich um etwa 10% gesunken; ein weiterer Preisverfall in der nahen Zukunft ist zu erwarten (vgl. MGI, 2013). Hierdurch wird es in immer mehr Anwendungsbereichen wirtschaftlich, menschliche Arbeitskraft durch Roboter zu ersetzen. Ein solcher Substitutionsprozess macht selbst vor Ländern nicht halt, die historisch über extrem niedrige Lohnkosten verfügten, selbst wenn sich diese auch dort in den letzten Jahren regelmäßig erhöht haben. So werden bspw. Bei dem taiwanesischen Unternehmen *Foxconn* in China in der Produktion von *Apple*-Produkten verstärkt Roboter eingesetzt. Welche Substitutionseffekte dies bei einem Produktionsbetrieb hat, der über 1,2 Millionen Arbeitnehmer beschäftigt, kann man momentan nur erahnen (Markoff, 2012). Anfang 2015 hat *Foxconn* eine Million Roboter bestellt, die zukünftig Produkte wie das *iPhone* herstellen sollen (vgl. o. V., 27.1.2015).

Eines zeichnet sich aber heute schon ab: Roboter werden in naher Zukunft in immer mehr Bereichen manuelle Tätigkeiten übernehmen, sei es in der Fertigung und bei Verpackungsprozessen, in der Bauwirtschaft, bei der Instandhaltung, dem Bergbau sowie in Landwirtschaft. Zusätzlich werden Roboter eine Vielzahl von einfachen Aufgaben übernehmen, wie sie das Staubsaugen, Wischen oder Rasenmähen darstellen. Roboter zum Rasenmähen sind heute schon für unter 1.000 € erhältlich. Insgesamt geht man beim Markt für **Service-Roboter** von einem jährlichen Wachstum von 20% aus (vgl. MGI, 2013). Mit dem Einzug noch leistungsstärkerer Roboter, die bspw. auch Speisen zubereiten oder Arbeiten in der Alten- und Krankenpflege übernehmen können, weitet sich der Einsatzbereich kontinuierlich aus (vgl. Robotik-VO, 2013). Hiermit stoßen Roboter in Dienstleistungsfelder vor, die bisher Niedriglohn-Empfängern vorbehalten waren. Gerade hier wurden in den USA innerhalb der letzten Jahrzehnte die meisten neuen Jobs geschaffen – die jetzt wieder bedroht sind (vgl. Autor/Dorn, 2013).

In Summe ist festzustellen: Die Digitalisierung dringt in immer höherem Maße auch in Aufgabenstellungen vor, die kognitive Inhalte mit geringem Routinegrad aufweisen. Big Data ermöglichte es dabei auf breiter Front, auch bei diesen Aufgabenstellungen intelligente Regeln zu entwickeln, um Algorithmen zu überzeugenden Lösungen zu verhelfen (vgl. Brynjolfsson/McAfee, 2012).

Dabei gilt:
- Menschen vergessen – Roboter nicht.
- Menschen werden müde – Roboter nicht.
- Menschen werden krank – Roboter nicht.
- Menschen fordern ein menschliches Arbeitsumfeld – Roboter nicht.
- Menschen streiken – Roboter (eher) nicht.
- Menschen müssen sich Fähigkeiten und Fertigkeiten über Jahre aneignen – Roboter nicht.
- Menschen sind einzigartig – Roboter nicht.
- Menschen haben ein fühlendes Herz - Roboter (noch) nicht.

Check-Box

Ein Themenfeld **Roboter-Versagen** ist dabei noch intensiver zu bearbeiten als bisher:
- Was soll bspw. passieren, wenn der Haushaltsroboter ein Objekt umgestoßen hat oder fallen ließ?
- Wird dann automatisch ein Reinigungsprogramm gestartet, um das Malheur sofort zu beseitigen, damit die Haushaltsführung nichts davon mitbekommt?
- Oder ist die Versicherung sofort zu informieren, um den Schadensfall zu regulieren?
- Und was passiert, wenn ein Roboter im Krankenhaus oder im privaten Haushalt aus Versehen das falsche Medikament reicht, weil das Etikett fehlerhaft gelesen oder der Patient das Zimmer gewechselt hat?

1/2

1/2

- Wie verhält man sich richtig, wenn an der Eingangstür des eigenen Hauses im Display die frohe Botschaft erscheint: „Fehlertyp 0065 – unbekannter Fehler"?
- Was passiert mit notwendigen Updates, wenn Nutzer vom Update-Vorgang überfordert werden, dieser nicht korrekt vorgenommen wird und dann ganze Betreuungsketten zusammenbrechen?

Die Relevanz dieser Frage ergibt sich daraus, dass eine fehlerfreie Software bisher noch nicht programmiert wurde! Hier können auf einmal ganz neue Dienstleistungsfelder entstehen. Bedarf es bei einem flächendeckenden Einsatz digitaler und vernetzter Systeme in Zukunft einer Heerschar von **Instant-Support-Mitarbeitern**, die – immer im Stand-by-Modus – innerhalb von zwei Stunden (physisch!) jeden Ort des Landes erreichen können, um Fehler zu beseitigen? Weil bspw. selbst eine Remote-Wartung und –Problembeseitigung nicht möglich ist. Da die menschliche Komponente auf der Nutzerseite nicht in der Lage ist, die installierten Systeme selbst neu zu starten oder neu zu konfigurieren!

Think-Box
- In welchen Bereichen zeichnet sich ein Einsatz von Robotern in einer Branche ab?
- In welchen Feldern können wir den Einsatz von Robotern zur Kostenreduktion bzw. zur Erzielung weiterer Kundenvorteile vorantreiben?
- Welche Implikationen kann der Einsatz von Drohnen in unserer Eingangs-, Produktions- und/oder Ausgangs-Logistik haben?
- Welche Leistungsfelder werden sich Roboter bei meinen Lieferanten und Kunden erschließen – und welche Implikationen hat das für mein Unternehmen?
- Wo sind Effizienzpotenziale zu erschließen?
- Ergeben sich neue Dienstleistungsfelder aufgrund des umfassenden Einsatzes von Robotern?

3.5   Digitalisierung kreativer und sozialer Aufgaben

Versucht man, die bisher schon diskutierten Entwicklungen zusammenzuführen, dann zeichnen sich folgende Auswirkungen ab. Die Kombination von hochentwickelten Algorithmen, die – teilweise in Echtzeit – auf eine Vielzahl von Daten zugreifen können, werden durch den Einsatz von mobilen Robotern die Arbeitswelt nachhaltig verändern. Es wird nicht nur möglich, auch viele Nicht-Routineaufgaben zu automatisieren. Auch berufliche Aufgaben, die komplexe Wahrnehmungs- und Handhabungsaufgaben umfassen, werden sukzessiv auf Computer verlagert werden. Jede Woche, jeden Monat werden hier noch Durchbrüche erzielt. Die letzte große Bastion, die von der Digitalisierung und Dematerialisierung in Angriff genommen wird, sind die Bereiche, in denen kreative oder soziale Intelligenz erforderlich ist. Hier wird es vermutlich noch mehrere Jahre oder gar Jahrzehnte benötigen, bevor auch hier die menschliche Arbeit durch **Computer Kapital** ersetzt wird (vgl. Frey/Osborne, 2013, S. 27).

Die **Bewältigung von kreativen Aufgaben** stellt für die Digitalisierung und Automatisierung nach wie vor eine große Herausforderung dar. Gerade kreative Prozesse, die bspw. auf einer ungewöhnlichen und bisher nicht praktizierten Verknüpfung von Informationen basieren, lassen sich schwer in Software abbilden. Damit ist der gesamte Kreativbereich angesprochen, der von Prosa über Lyrik hin zu schöpferischen Prozessen in Musik, Wissenschaft, Malerei und Handwerk führt. Überall hier wird immer wieder versucht, mit Normen zu brechen, Neues vorzudenken und damit in Neuland vorzustoßen. Werden dies die letzten Bastionen sein, die sich gegen eine Automatisierung halten können? Weil Kreativität oft nicht nur einen reichen Wissensschatz erfordert, sondern auch den Mut, bestehende Grenzen und Normen zu überwinden? Auch weil es hier keine klaren Regeln dafür gibt, was „gut" und „sinnvoll" ist? Wie „gut" oder „sinnvoll" würde das folgende Zitat aus Goethes Faust vom Computer bewertet werden?

„Die Botschaft hör´ ich wohl, allein mir fehlt der Glaube.
Das Wunder ist des Glaubens liebstes Kind."

Würde ein Computer hierin eine ironische Anspielung auf die Rolle der Kirche in der Gesellschaft erkennen? Und werden Computer irgendwann einmal Witze erfinden können, die in ihrem Gehalt manches Mal – wie im folgenden Fall – durch die Realität wiederlegt werden?

Der kürzeste Witz: Treffen sich zwei Päpste!

Gibt es irgendwann einmal **Algorithmen für Subtilität, Ironie und Sarkasmus** — ggf. noch ausgerichtet auf die unterschiedlichen Humorarten, die in verschiedenen Kulturkreisen existieren?

Erste Ansätze, die zu einer anspruchsvollen Form von Kreativität führen können, gibt es bereits. Duvenaud et al. (2013) liefern ein Beispiel dafür, dass Computer die kreative Kernaufgabe anspruchsvoller statistischer Analysen übernehmen können: Die **Datenmodellierung**. Ein Beispiel für die künstlerische Kreativität in der **Malerei** stellt der Künstler-Roboter *AARON* dar, der von *Harold Cohen* entwickelt wurde. 23 Jahre wurden in Forschung und Entwicklung investiert, bevor die künstliche Intelligenz in der Lage war, eigenständig stilistisch-ähnliche Zeichnungen anzufertigen, die inzwischen auch in Galerien weltweit ausgestellt werden (vgl. PK, 2015; vgl. Abb.3.11). Schließlich wurde – bspw. von *David Cope* (2015) – bereits

Software entwickelt, die eigenständig **Musik** in vielen verschiedenen Stilen komponieren kann und dabei Erinnerungen an bekannte Komponisten wie *Bach, Beethoven* oder *Brahms* heraufbeschwört (vgl. Cope, 2015).

Abb.3.11: AARON – ein Künstler-Roboter und sein Werk
Quelle: PK, 2015

Ein Haupthindernis bleibt allerdings bei allen diesen Anwendungen bestehen: Welches sind die zentralen „kreativen Werte" und damit gleichsam die **zentrale Nutzenfunktion**, auf die diese Anwendungen und damit die Programmierung auszurichten sind? Denn nur, wenn eine solche definiert ist, kann deren Kodierung in einer Software gelingen (vgl. Boden, 2004). Außerdem ist beim Thema Kreativität eines zu berücksichtigen: Über alle Jahrhunderte hinweg wurden die besonders innovativen Künstler von ihren Zeitgenossen nicht ernst genommen, verachtet und häufig auch aus dem Kulturbetrieb und ihren Institutionen ausgeschlossen. Dies gilt für die Musik, die Bildhauerei und die Malerei gleichermaßen. Nicht nur sind viele, heute in allen Konzertsälen der Welt gespielte Konzerte und Symphonien bei ihrer Erstaufführung durchgefallen (bspw. von *Rachmaninow, Bruckner, Brahms*). Der Begriff des Impressionismus, dessen Werke heute für Millionenbeträge versteigert werden, geht auf den Kunstkritiker *Louis Leroy* zurück. Dieser wählte diese Bezeichnung, um ein Werk von *Claude Monet* (*Impression – soleil levant*) abschätzig zu bewerten, weil es gegen die Standards des herrschenden Malbetriebs verstieß!

Wo also liegt die „Zielvorgabe" für die automatisierte Schaffung von kreativen Werken, deren Kreativität sich gerade darin zeigt, immer wieder mit herrschenden Zielen und Werten zu brechen, um dann – manchmal nach Jahren, Jahrzehnten oder Jahrhunderten – im Mainstream angekommen zu sein? In Summe kann man folglich – beruhigt? – feststellen, dass es höchst unwahrscheinlich ist, dass Berufe, die ein hohes Maß an kreativer Intelligenz voraussetzen, in den nächsten Jahrzehnten automatisiert werden (vgl. Frey/Osborne, 2013, S. 25f.).

Wie sieht es im Vergleich dazu mit Aufgaben aus, die insb. die **soziale Intelligenz** erfordern? Diese Form der Intelligenz ist insb. im Management von Unternehmen, im Vertrieb sowie in Pflege- und Heilberufen erforderlich. Damit ist ein Bereich angesprochen, der mit dem Begriff **Affective Computing** gekennzeichnet wird. Kernaufgabe ist das Studium und die Entwicklung von Systemen und Geräten, um menschliche Gefühle zu erkennen, zu interpretieren, zu verarbeiten und zu simulieren. Die Zielsetzung besteht darin, Computer in die Lage zu versetzen, dass diese den emotionalen Zustand eines Menschen korrekt interpretieren, um ihr Verhalten entsprechend anzupassen. Hierzu werden Erkenntnisse der Informatik, der Psychologie und der Kognitionswissenschaft zusammengeführt (vgl. grundlegend Picard, 1995, 2010; Scherer/Bänziger/Roesch, 2010).

Ein aktuelles Forschungsprojekt hierzu beschäftigt das *Fraunhofer Institut für Arbeitswirtschaft und Organisation* (IAO) in Stuttgart. Ein Erprobungsfahrzeug soll mit seiner Umwelt kommunizieren. Software soll die Emotionen des Fahrers nach außen tragen. Dazu deuten LEDs an den Scheinwerfern Augenbrauen an. Zusätzlich sollen an einem Display am Kühler Schriftzüge zur Kommunikation mit anderen Verkehrsteilnehmern aufleuchten. Zusätzlich werden deren Reaktionen durch Kameras und Sensoren erfasst, aufgegriffen und dem Fahrer zugespielt (vgl. Graf/Zschunke, 2015, S. 7).

Ein damit verwandtes Themenfeld stellt **Social Robotics** dar (vgl. Broekens/Heerink/Rosendal, 2009). Ein „sozialer" Roboter ist in der Lage, mit Menschen zu kommunizieren und zu interagieren. Dabei folgt der Roboter sozialen Verhaltensweisen und Regeln. Um dieses Ziel zu erreichen, gilt es, dem Roboter ein „menschliches Antlitz" zu verschaffen, bspw. mit einem Kopf, der einen Bildschirm zur Kommunikation nutzt. Auf diese Weise sollen „Berührungsängste" zu Robotern abgebaut und zusätzliche Einsatzbereiche erschlossen werden. Beispiele für solche sozialen Roboter zeigt Abb.3.12.

Abb.3.12: Beispiele von „sozialen Robotern"
Quelle: NewScientist, 2010; Guest, 2012

Die besondere Herausforderung besteht bei der Entwicklung von autonomen sozialen Roboter darin, dass diese die Kommunikation und Interaktion (bspw. Gesten eines Menschen) richtig interpretieren müssen, um angemessen reagieren zu können. Die besondere Herausforderung: Aktion und Reaktion in Echtzeit! Hier existieren zurzeit noch Grenzen, die allerdings täglich verschoben werden.

Der Roboter *Jibo* (*myjibo.com*) bspw. erkennt Menschen bereits am Gesicht, hört zu und beantwortet Fragen. So können Bestellungen ausgeführt und Termine verwaltet werden. Der Roboter wird heute für 500 US-$ angeboten – und kann sukzessiv mit weiterer **Künstlicher Intelligenz** (KI) angereichert werden. Welche Entwicklungen hier zu erwarten sind, zeigt Abb.3.13.

Vor diesem Hintergrund wird nachvollziehbar, warum Internet-Konzerne eigene KI-Labore eröffnet und Start-ups aus dem KI-Umfeld akquiriert haben. Diese Systeme werden immer mehr Daten, mit immer leistungsstärkeren Algorithmen, immer schneller und damit häufig in Echtzeit auswerten können. Prognosen von *Cisco* besagen, dass schon 2015 alle zwei Tage fünf Exabytes an Informationen durch das Internet fließen. Das sind fünf Milliarden Gigabyte und umfasst damit alle Wörter, die Menschen je gesprochen haben (vgl. Menn, 2015, S. 58).

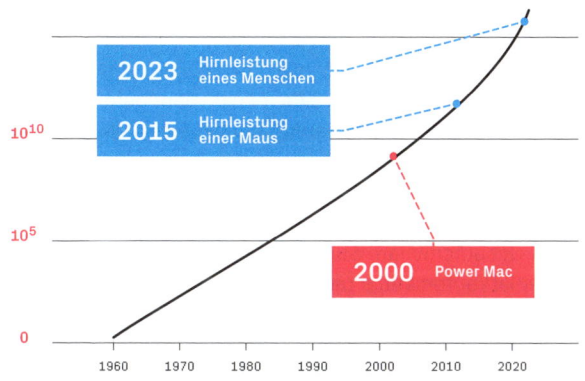

Abb. 3.13: Aufholjagd der Rechner – Rechenoperationen
pro Sekunde pro 1.000 US-$ Computerkosten
Quelle: Menn, 2015, S. 56

Die **Lernphasen für die Computer der Künstlichen Intelligenz** sind schon vorgezeichnet. Erst wurde den Computern das **Sehen** beigebracht. Dabei wurden nicht nur Objekte erkannt; das Gesehene konnte auch in ganzen Sätzen beschrieben werden (Beispiel: „Zwei Kinder spielen am Strand mit einem Ball"). Das **Hören** erfolgte bspw. durch die App *Captioning on Glass* als Bestandteil der *Google* Datenbrille. Auch hier machen die Anwendungen nicht beim Verstehen halt, sondern liefern gleich Übersetzung in verschiedene Sprachen, wie es jetzt bei *Skype* geplant ist. Die nächste Stufe ist das **Denken**, das bei der Bewältigung von naturwissenschaftlichen Standardtests auch schon gelungen ist (vgl. Menn, 2015, S. 59). Den nächsten großen Sprung stellt das **Fühlen** dar.

Ein Grund für nach wie vor bestehende **Grenzen der maschinellen Leistungsfähigkeit** ist in dem zu sehen, was als gesunder Menschenverstand bezeichnet wird. Die Herausforderung bestünde darin, die **Gesamtheit des gesunden Menschenverstandes** in Algorithmen zu verpacken, um auch diese Hürde auf dem Weg in die digitalisierte Gesellschaft zu nehmen. So ist es für einen Menschen viel leichter zu erkennen, dass einem pflegebedürftigen Menschen das Wasserglas – trotz dessen entsprechender Bitte – nicht nochmals gereicht werden sollte, wenn dieser den letzten Schluck noch nicht komplett zu sich genommen hat. Dann sagt der menschliche Geist „Stopp", während der Computer – heute – nur die „Bitte um mehr" hört.

Diese Grenzen würden wohl erst dann überwunden, wenn die

Nachbesserung

Whole-Brain-Emulation gelingt. Dieser auch als „Mind Copy" oder „Mind Transfer" genannte Prozess beschreibt die – heute noch – rein hypothetische Übertragung von menschlichen geistigen Inhalten (u. a. des Langzeitge-dächtnisses und des "Selbst") von einem Gehirn auf einen Computer. Wenn dieser Transfer bspw. auf ein digitales, softwarebasiertes, künstliches, neuronales Netz zu übertragen wäre, könnte der Computer Informationen in der gleichen Weise verarbeiten, wie dies das menschliche Gehirn tut. Der solchermaßen simulierte Verstand könnte im simulierten Kopf eines Roboters zum Einsatz kommen, um hierdurch menschliche Betreuung und Fürsorge zu erbringen. Eine derartige Whole-Brain-Emulation wird von einigen Futuristen als "logischer Endpunkt" der aktuellen Verschmelzung zwischen Neuro-Science und Neuro-Informatik bezeichnet (vgl. Sandberg/Bostrom, 2008).

Abb.3.14 zeigt die Positionierung einiger Beispiele orientiert an der erforderlichen **sozialen Intelligenz**, der notwendigen Kreativität sowie der zu leistenden Wahrnehmungs- und Handhabungsfähigkeiten. Für das Geschirrspülen ist keine soziale Intelligenz erforderlich — wenn man von intelligenten Gesprächen am Spültisch einmal absieht. Diese Aufgabe ist deshalb komplett automatisierbar. Anders verhält es sich dagegen mit der Planung von Social Events (wie Hochzeiten, Weihnachtsfeiern oder Geburts-tagen). Allerdings können hier wichtige Impulse zur inhaltlichen Ausgestal-tung sowie zur Durchführung durch Entscheidungsunterstützungssysteme bereitgestellt werden. Auch PR-Aufgaben eignen sich schwerlich für eine komplette Automatisierung, weil hier in komplexen sozialen Systemen agiert wird. Allerdings können hier auch wichtige Anregungen dafür, in welchen Kanälen welche Botschaften zu kommunizieren sind, durch Auswertung von Big Data (insb. aus den sozialen Netzen) gewonnen werden.

Abb.3.14: Ausmaß der Digitalisierung in Abhängigkeit
von zentralen Engpassfaktoren – Beispiel „soziale Intelligenz"
Quelle: In Anlehnung an Frey/Osborne, 2013, S. 28

Die Aufgabenstellungen eines Gerichtsschreibers verbieten den Einsatz der **Kreativität**, so dass hier – über kurz oder lang – eine komplette Digitalisie-rung der Aufgabenerfüllung zu erwarten ist (vgl. Abb.3.15). Ähnlich verhält es sich mit Protokollanten bei Parlamentsdebatten. Ein Mode-Designer lebt dagegen von – eigener oder fremder – Kreativität. Die Aufgabe der Designer bei *Zara* – mit einem hohen Maß an Selbstbedienung in fremder Kreativität – können bei ihrer Aufgabenerfüllung eine nachhaltige Unterstützung durch Computer erfahren — etwa bei der Prognose der Umsatzrelevanz verschiedener Entwürfe. Die „wirklichen" Designer setzen dagegen eher auf ihre Intuition, die nicht digitalisierbar ist.

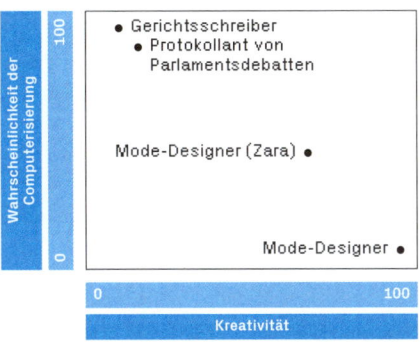

Abb. 3.15: Ausmaß der Computerisierung in Abhängigkeit
von zentralen Engpassfaktoren – Beispiel „Kreativität"
Quelle: In Anlehnung an Frey/Osborne, 2013, S. 28

Wie gestaltet sich die Wahrscheinlichkeit einer Digitalisierung bei Aufgaben in Abhängigkeit von den erforderlichen **Wahrnehmungs- und Handhabungsfähigkeiten** (vgl. Abb. 3.16)? Die Aufgaben des Telefonverkaufs – soweit noch rechtlich zulässig – können in hohem Maße digitalisiert werden, was Wahrnehmung und Gesprächsannahme und – partiell – Gesprächsführung anbelangt. Allerdings kann das zum Verkauf erforderliche „soziale" Element fehlen. Eine hohe Digitalisierung der Fertigung ist dagegen beim Kesselmacher möglich. Und heute werden selbst chirurgische Eingriffe durch digitale Prozesse unterstützt und teilweise bereits substituiert.

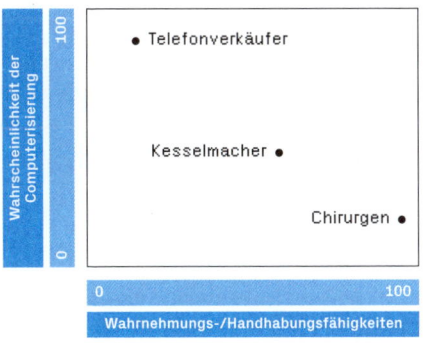

Abb. 3.16: Ausmaß der Computerisierung in Abhängigkeit von zentralen
Engpassfaktoren – Beispiel „Wahrnehmungs-/Handhabungsfähigkeiten"
Quelle: In Anlehnung an Frey/Osborne, 2013, S. 28

Es ist allerdings schon absehbar, dass bspw. der genannte Roboter *Jibo* sich bald weitere Informationen aus dem Internet laden kann, um immer „schlauer" zu werden. Denn solche Daten werden heute von Forschern auf Plattformen wie *Robo Brain* (*robobrain.me*) oder *Robo Earth* (*roboearth.org*) hochgeladen (vgl. Menn, 2015, S. 62). Damit erhalten Roboter nach und nach den Zugang zum Wissen der gesamten Menschheit.

Think-Box

- Welche Konsequenzen hat es für mein Unternehmen und unsere Branche, wenn Software kreative und soziale Aufgaben übernehmen?
- Welcher Stellenwert wird dem Affective Computing zukommen?
- Können wir dadurch Kosten einsparen oder neue Kundenvorteile erzielen?
- Wo zeichnen sich entsprechende Entwicklungen schon ab?
- Wer sind hier die Vorreiter?
- Wer beschäftigt sich in meinen Unternehmen mit derartigen Entwicklungen?

3.6   Die Auflösung klassischer Unternehmensstrukturen

Über die verschiedenen Implikationen von Netzwerken und Netzwerkeffekten wurde schon berichtet. Wir wollen hier die Fragestellung noch einmal etwas weiterführen in Richtung auf die **Entstehung des Borderless Enterprise**, eines Unternehmens, das sich aufgrund der intensiven Vernetzung mit externen Leistungsträgern immer weniger von seinem Umfeld abgrenzt (vgl. Accenture, 2014, S. 29).

Check-Box

- Stellen Sie sich für einen Moment vor, welche Implikationen es hätte, wenn zu Ihrer Workforce nicht nur die eigenen Mitarbeiter, sondern potenziell alle über das Internet mit Ihnen verbindbaren Personen gehören würden.
- Horror oder anzustrebende Vision?

Cloud-basierte IT-Lösungen, soziale Software und eine Vielzahl von Möglichkeiten zur direkten Kommunikation zwischen Kunden und Unternehmen werden die hier zu beobachtende **Interaktionsintensität** weiter steigern. Über die angesprochenen Netzwerke kann nicht nur ein Zugang zu einem schier unbegrenzten Brain- und Kreativpool erfolgen, sondern auch zu klassischen Handwerkern, Finanziers und Multiplikatoren der eigenen Lösungen. Vielleicht liegt hier für viele Unternehmen ein spannendes Lösungsszenario, um dem Innovationsdruck und dem zunehmenden Fachkräftemangel gerecht zu werden. Allerdings muss dazu die Herausforderung „Interaktion" erfolgreich gemeistert werden.

Merk-Box

Die Entscheidungen darüber, welche Inhalte die Interaktionen mit Unternehmen haben, fällen überwiegend externe Teilnehmer!

Für quasi jede mögliche und unmögliche Fragestellung, jedes Problem, jedes Produkt und jede Dienstleistung haben sich bereits Online-Communities gebildet, die – mehr oder weniger – intelligent diskutieren. Hier ist zunächst ein extrem großer Pool an begeisterten Personen anzutreffen, die für verschiedene Themen zu begeistern sind — mit und ohne Bezahlung. Beispiele hierfür sind u. a. Plattformen wie *InnoCentive*, *Crowdflower* (mit einer 24/7 on-demand workforce), *Mindjet* (*mindjet.com*) und amazon *Mechanical Turk* (*aws.amazon.com/de/mturk*). Hier bietet sich die Chance, eine schier unbegrenzte Zahl von Leistungsträgern in den eigenen Workflow zu integrieren, wodurch die Unternehmensgrenzen immer mehr an Relevanz verlieren. Unternehmen wie *GE*, *Mastercard*, *Facebook* und Co. setzen auf diese Ressourcen, um innovative Lösungen zu finden. *Kaggle* (*kaggle.com*) – Eigendarstellung „The Home a Data Science" – bietet ein Netzwerk von Informatikern, Mathematiker und Wissenschaftler, um anspruchsvolle Aufgabenstellungen bearbeiten zu lassen.

Hier wird eines deutlich: Die Grenzen zwischen eigenen (festangestellten) Mitarbeitern und partiell und damit projektbezogen eingebundenen Mitarbeitern wird immer weniger Relevanz besitzen. Eine neue Kategorie von Arbeitnehmern entsteht: Die schon angesprochenen **Click-Worker** bzw. das damit beschriebene **Crowdworking**. Während in den vergangenen Jahrzehnten versucht wurde, die Zusammenarbeit zwischen den eigenen Mitarbeitern kontinuierlich zu optimieren, geht es jetzt darum, einen erfolgreichen Leistungsaustausch zwischen (eigenen) internen und (selbständigen) externen Mitarbeitern eines Unternehmens zu moderieren. Jedes Unternehmen ist aufgerufen, zu prüfen, welche Möglichkeiten zur Einbindung unternehmensexterner Kräfte zur eigenen Leistungserstellung bestehen und sinnvoll genutzt werden könnten. Durch Online-Arbeitsmärkte entsteht ein Phänomen, das mit dem Begriff **erweiterte Belegschaft** bzw. **Expanded Workforce** bezeichnet werden kann (vgl. Accenture, 2014, S. 30f.). Die Mehrheit der hier abgeforderten Leistungen wird auf variabler Basis entlohnt. Dadurch sinkt allerdings nicht nur der Anteil von Fixkosten für die Bereitstellung menschlicher Arbeitsleistung, sondern auch das Festeinkommen bestimmter Arbeitnehmergruppen weltweit. Es wird eine neue Kategorie von Mitarbeitern geben: **Online-Nomaden**!

Welche Leistungen durch globale Netzwerke innovativer Köpfe erbracht werden können, zeigt der Erfolg von **Open-Source-Lösungen** wie *Linux* und das darauf basierende Betriebssystem *Android*. Wenn auch erst nach deutlichem Widerstand mussten sich letztlich auch die etablierten Software-Unternehmen dem Open-Source-Paradigma öffnen, um die Crowd in die eigenen Entwicklungen zu integrieren. Ein Beispiel hierfür ist das *Facebook Open Compute Project* (*opencompute.org*). Hier geht es im Kern um Crowd-basierte Entwicklungen von Lösungen für Data Center.

Die Leitidee aller dieser Konzepte ist es, Ideen, Zeit, Leidenschaft und ggf. auch finanzielle Ressourcen einer hoch motivierten Nutzerschaft in die **Produkt- und Serviceentwicklung** zu integrieren. Um hieraus Wettbewerbsvorteile für das eigene Unternehmen zu gewinnen. Damit werden die Nutzer in immer größerem Ausmaß Teil der unternehmerischen Wertschöpfungskette. In einer Ausbaustufe können sich die Unternehmen im Rahmen derartiger Netzwerk-Konzepte im Kern um die Orchestrierung der Leistungserbringung kümmern – ohne ggf. selbst noch einen großen Anteil daran zu haben.

Gleichzeitig wird durch Netzwerkstrukturen eine bisher nicht vorstellbare **Skalierbarkeit in der Leistungserbringung** erreicht — ohne die Notwendigkeit, dafür entsprechende Büro- oder Produktionsflächen bereitzustellen. Und die erweiterte Belegschaft kann nicht nur Unterstützung bei der Datenerfassung und Call-Center-Dienstleistungen erbringen. Es stehen unternehmensexterne Kräfte bereit, die sich auch in komplexe Software-Entwicklungen, in Aufgaben des Industriedesigns oder die Entwicklung komplexer Produkte einbinden lassen. Plattformen wie *clickworker.com* haben sich bspw. auf Online-Marketing- und E-Commerce-Lösungen spezialisiert. Hierfür hat diese Plattform über 700.000 Click-Worker „on Demand" im Zugriff — in 136 Ländern und 30 Sprachen. So können bspw. Texte erstellt, recherchiert, verifiziert, kategorisiert, getaggt und weiter bearbeitet werden (vgl. Clickworker, 2015). Die Plattform mit dem schönen Name *bookatiger.com* ermöglicht es, Reinigungskräfte online zu suchen.

So stellt sich in immer mehr Unternehmen die Frage: Soll ich Arbeitskräfte dauerhaft anstellen — oder soll ich entsprechende Leistungsträger projektbezogen und damit befristet engagieren? Über entsprechende Netzwerke können vielleicht sogar motiviertere, für spezifische Aufgaben besser qualifizierte und zudem noch kostengünstigere Mitarbeiter gewonnen werden. Deren Leistungen sind dann über Cloud-basierte Netzwerke zusammenzuführen. Es wird – gerade bei immer komplexeren Aufgabenstellungen, deren Ausrichtung sich zudem immer schneller verändert – immer weniger ausreichen, sich nur auf die eigene Belegschaft zu konzentrieren.

Das **(virtuelle) Unternehmen der Zukunft** wird sich folglich anders darstellen, als wir es heute kennen. Unternehmen werden immer mehr zu einem **Netzwerk von Wertschöpfungspartnern**, die sich projektbezogen und damit temporär zu Wertschöpfungsketten verbinden. Die darin eingebundenen Leistungsträger können wiederum Unternehmen und/oder freie Mitarbeiter sein. Selbst die Kunden können als Co-Produzenten in den

Wertschöpfungsprozess integriert sein, wenn dadurch Wettbewerbsvorteile erzielt werden können. Das zentrale Merkmal der so gestalteten Netzwerke lautet: **Flexibilität** durch **zeitliche Befristung einer Zusammenarbeit** der jeweiligen Partner. Dabei stellt sich auch die rechtliche Frage bzgl. einer (gewollten) Unschärfe zwischen freier und abhängiger Beschäftigung einerseits sowie zwischen Arbeit und Freizeit andererseits (vgl. BDI, 2011, S. 25).

Auf dem Wege zu temporären (digitalisierten) Wertschöpfungsketten geht auch eine dramatische **Veränderung der klassischen Arbeitswelt** einher. In welchem Ausmaß wird es noch unbefristete Arbeitsverträge geben, wenn Unternehmen Arbeitskräfte projektbezogen engagieren? Wo bleibt die Sicherheit eines regelmäßigen Einkommens, das für viele Menschen die Voraussetzung für eine Familiengründung als Rückgrat jeder Gesellschaft darstellt? Aber auch größere Anschaffung – von der Wohnungsausstattung über das Auto bis hin zur Immobilie – kann sich nur derjenige leisten, der auch in Zukunft auf ein sicheres Einkommen vertrauen kann. Und auch nur derjenige wird eine Lebensversicherung abschließen, der davon ausgehen kann, mit großer Sicherheit auch in 10, 20 oder 30 Jahren seine Beiträge noch regelmäßig leisten zu können!

Schließlich stellen sich auch die folgenden Fragen hinsichtlich einer angemessenen **Qualifizierung von Mitarbeitern**:

- Wollen und können Unternehmen noch eine betriebliche Ausbildung leisten, wenn sie selbst zum beliebig austauschbaren Leistungsträger werden?
- Wie wird die Qualifizierung der Mitarbeiter ausgestaltet, wenn sich Unternehmen in immer stärkerem Ausmaß der globalen (digitalen) Konkurrenz stellen müssen und aufgrund der vorhandenen Kostenstrukturen in den entwickelten Industrienationen immer häufiger verlieren?
- Ist es dann die alleinige Aufgabe des Staates, in die Bildung seiner Bürger zu investieren?
- Und wie soll diese finanziert werden, wenn immer mehr Wertschöpfungsanteile (digital) in andere Länder verlagert werden?

Der **Netzwerk-Gedanke** wird immer stärker auch in die **klassische Arbeitsorganisation** eindringen. Allerdings tun sich hier zusätzlich auch viele rechtliche Fragen bzgl. der Gestaltung von Arbeitszeiten, Entlohnung, geistigem Eigentum etc. auf. Auch die Auswirkungen auf die Stabilität von Gesellschaften sind zu hinterfragen, wenn für viele Menschen ein regelmäßiges Einkommen entfällt.

Die **Entwicklung zum Borderless Enterprise** zeigt sich noch in weiteren Feldern. Und auch hier ist ein deutliches Umdenken erforderlich: Die DNA vieler Unternehmen beinhaltet heute noch das „für sich behalten", die bewusste Abgrenzung des eigenen Wissens von anderen, einen Closed-Shop-Ansatz, um daraus Wettbewerbsvorteile zu erzielen. Diese unternehmerische Grundhaltung steht allerdings in zunehmendem Wettbewerb zu

der Idee von Wirtschaft 4.0 und der Sharing Economy. Was würde es hier
– bspw. für Ihr Unternehmen – bedeuten, wenn Sie Ihr über Jahrzehnte durch
hohe Investitionen gewonnenes und vielfach auch durch Patente abgesi-
chertes Wissen dem Gesamtmarkt zur Verfügung stellen würden? Ohne
dafür irgendeine Art von Vergütung zu erhalten. Zu kühn gedacht? Das ist
genau das, was der Hersteller von Elektrofahrzeugen *Tesla* im Jahr 2014
umgesetzt hat. Das Unternehmen hat die Gesamtheit seiner Patente für alle
Anbieter – und damit auch alle Wettbewerber – zur Verfügung gestellt, um
der Elektromobilität zum Durchbruch zu verhelfen (vgl. Eckl-Dorna, 2014).
Und die Entwicklung wird zeigen, ob das zum Niedergang des Unternehmens oder zum Aufblühen einer ganzen Branche geführt hat. Momentan
sieht es eher nach letzterem aus!

Think-Box
- Welche Bedeutung haben Kreativ-Netzwerke in
  meiner Branche?
- Welche aktuellen oder potenziellen Wettbewerber
  sind dort schon aktiv — und mit welchem Ergebnis?
- In welchem Umfang ist es zielführend, die eigene
  Belegschaft für eine – projektbezogene – Einbindung externer Leistungsträger zu verstärken oder zu
  substituieren?
- In welchen unserer Leistungsfelder können Aufgaben
  an Click-Worker vergeben werden?
- In welchem Umfang können wir dadurch Kosten einsparen oder weitere Kundenvorteile erzielen?
- Welche unserer Wettbewerber sind hier schon tätig
  und wie erfolgreich?
- Welche Benchmarks gibt es dazu — innerhalb und
  außerhalb unserer eigenen Branche?
- Wie umfassend haben wir schon geprüft, welche
  zusätzliche Wertschöpfung wir für unsere Kunden
  durch Netzwerke erbringen können?
- Wie stark können Internet-Nutzer generell und speziell auch eigene Kunden in die Produkt- und Serviceentwicklung eingebunden werden?
- Welche Benchmarks gibt es dazu in unserer eigenen
  Branche?
- Wer befasst sich mit diesen Fragestellungen in unserem Unternehmen?

3.7 Die Zukunft der Arbeit — Arbeit der Zukunft?

Der **dramatische Preisverfall bei Computern** bei gleichzeitiger **Steigerung der Leistungsfähigkeit dieser Systeme** schafft in immer größerem Maße wirtschaftliche Anreize für Arbeitgeber, menschliche Arbeitskraft (**Human Capital**) durch Computer (i. S. von **Computer Capital**) zu ersetzen (vgl. Frey/ Osborne, 2013, S. 14). Bisher gab es bei diesem Substitutionsprozess noch einen Engpass: Die Fähigkeit der Programmierer, entsprechende Software auch für hochkomplexe Aufgabenstellungen zu entwickeln. Aber auch hier deutet sich eine nachhaltige Veränderung an. In immer höherem Maße sind Computer selbst in der Lage, Software zu entwickeln. Die bisher vielfach zu berücksichtigende Voraussetzung, dass es sich bei den durch Computer zu lösenden Aufgaben um wohlstrukturierte Problemstellungen handeln muss, verlieren – wie bereits diskutiert – an Bedeutung. So führt die immer intelligentere Digitalisierung der Arbeitswelt dazu, dass Computer auch Aufgabenstellungen übernehmen, die bisher ausschließlich von Menschen zu bewältigen waren. Das **Maschinelle Lernen** (ML) in Verbindung mit **Künstlicher Intelligenz** (KI) ermöglicht in immer höherem Maße die Entwicklung von Algorithmen, um selbst kognitive Aufgaben umfassend zu automatisieren. Dadurch verschieben sich die **Substitutionsgrenzen** Maschine gegen Mensch immer weiter.

So zeichnet es sich bereits heute ab, dass in nicht zu ferner Zukunft Apps eine Vielzahl von Alltagsaufgaben übernehmen werden. Sie können Termine koordinieren, E-Mail-Anfragen beantworten und können – einem Teleprompter gleich – in Konferenzen und Meetings erforderliche Informationen einblenden, noch bevor ein entsprechender Bedarf artikuliert wurde. Grundlage hierfür ist eine Auswertung der gesprochenen Sprache, die Wissenslücken erkennt und als Anfragen auf große Dateien mit dem „Wissen der Menschheit" umsetzt. Die Entwicklung zum **Web 3.0**, das vielfach als semantisches Netz verstanden wird, schafft hierfür die erforderlichen Voraussetzungen. Auf die Frage „Wie hat sich das Bruttosozialprodukt in Deutschland von 1990–2014 entwickelt?" werden dann nicht mehr 29.200 mehr oder weniger passende Treffer angezeigt werden, wie bei *Google* am 9.3.2015. Im Idealfall erhält der Suchende eine Grafik, die genau die gewünschten Informationen enthält — nicht mehr und auch nicht weniger. Erste Ansätze dazu finden sich unter *wolframalpha.com*. Gibt man dort die Anfrage „the GDP development in Germany from 1990 to 2014" ein, werden bereits Grafiken mit den gewünschten Informationen ausgegeben. Auch die Quellen der Recherche werden ausgewiesen. Dem *Wolfram/Alpha Knowledgebase* 2015 kommt dabei die größte Bedeutung zu. Hier stehen wir erst am Anfang einer Informationsrevolution: Durch leistungsstärkere Rechner und Netzwerke werden sich die Rechercheergebnisse immer mehr verbessern. Dabei werden die Resultate in Echtzeit präsentiert.

Zusätzlich können Apps einen wichtigen Beitrag leisten, damit sich die Menschen in einem hoch dynamischen Umfeld bewähren können. Hierzu sind die Apps als sogenannte **Meta-Master** auszugestalten. Diese können aus der Vielzahl der auf jeden Einzelnen einströmenden Nachrichten intelligent, dynamisch und in Echtzeit diejenigen Botschaften herausfiltern, welche die größte Relevanz besitzen. So wie viele heute einen Pop-up-Filter zur Unterdrückung von Online-Werbung einsetzen, werden Meta-Master nach **Prioritäten** und **Relevanz** die Informationen in verschiedene Kategorien sortieren und damit ein Überleben im Zeitalter des Information Overload ermöglichen:

- **Kategorie „dringend und wichtig":** Sofort zustellen! Hierzu zählen bspw. Informationen zu Besprechungen, Aufträge vom Chef oder Einladungen der Schwiegermutter.
- **Kategorie „wichtig, aber nicht dringend":** Solche Messages können in den individuell definierten Kreativphasen zugestellt werden, um eine profunde Bearbeitung zu erfahren (bspw. eine Anregung für eine Produktinnovation oder ein Bericht über die Kundenreklamationen der letzten Woche).
- **Kategorie „dringend, aber nicht wichtig":** Ein intelligenter Verteiler kann diese Botschaften an die zuständigen Kollegen oder Mitarbeiter delegieren (z. B. eine Standard-Reklamation, die kompetent vom Customer-Service-Center bearbeitet werden kann).
- **Kategorie „nicht wichtig und nicht dringend":** Elektronischer Papierkorb (u. a. Informationen über Nachrichtenweiterleitungen, inhaltsleere „Danke!-E-Mails", unzählige cc-Mails u. Ä.).

Bei Bedarf senden diese **Meta-Master** auch automatische **Rückmeldungen** aus, um mitzuteilen, dass eine Botschaft im Papierkorb gelandet ist oder erst mit einem Zeitversatz am nächsten Tag zugestellt wird, um die Erwartungen auf eine Rückmeldung zu steuern. Diese Art der **M2M-Kommunikation** (**Maschine-zu-Maschine**) würde für den ursprünglichen Empfänger eine große Entlastung bringen, dem Sender aber weitere eingehende Nachrichten bescheren. Damit bräuchte auch dieser einen Meta-Master, um die eingehenden Botschaften zu sortieren.

Eine Vorstellung über ein solches Werkzeug liefert die **Inbox** von *G-Mail*, die die eingehenden E-Mails nach bestimmten Kriterien vorselektiert. Wie Abb.3.17 zeigt, wird zwischen „Primary", „Social", „Promotions" und „Updates" unterschieden. Hier werden erste Ansätze eines solchen Meta-Masters sichtbar, die sicherlich weiter ausgebaut werden.

Abb.3.17: Aspekte eines Meta-Masters bei *G-Mail*
Quelle: Androidspin (2013)

Eine solche App könnte zum Entscheidungsunterstützungssystem weiterentwickelt werden. Auf die Frage nach einem Steak-House – als Beispiel von **Location-Based-Services** – werden nur Restaurants in der Nähe des Suchenden vorgeschlagen. Die erforderliche Fahrdistanz orientiert sich dabei an den gelernten Präferenzen des Nutzers. Zusätzlich würde noch vor der Unterbreitung des Vorschlags geprüft, ob diese Restaurants für den gewünschten Tag noch freie Plätze zur Verfügung haben, gute Kundenbewertungen durch ähnliche Personen vorliegen und das Restaurant den Präferenzen des Nutzers nach „preiswert", „romantisch" oder „modern" entspricht. Dabei wird natürlich auch berücksichtigt, wann der Nutzer das letzte Mal dort war und in welchem Abstand er gerne ins gleiche Restaurant geht. Über eine weitere Schnittstelle zu einem Reservierungssystem kann das ausgewählte Restaurant unmittelbar gebucht werden. Es gilt natürlich auch hier, dass *Siri* (*Apple*) oder *Echo* (*amazon*), *Google Now*, *Cortana* (*Microsoft*) nur solche Angebote finden können, die auch online verfügbar sind. Das gleiche gilt für *wayblazer* (*wayblazer.com*), ein intelligentes Unterstützungssystem für die Reiseplanung. Dabei wird sich der Trend verstärken, Informationen nicht nur darzustellen, sondern diese immer stärker personenbezogen auszuwerten und in den jeweiligen **Nutzungskontext** einzubinden.

Zusätzlich wird eine **M2M-Kommunikation** zur Entlastung der Nutzer stattfinden, wenn Autos sich automatisch zur Inspektion anmelden oder unmittelbar über Unfälle (inkl. Standort und Schwere) informieren. Smarte Kühlschränke können Fehlbestände oder abgelaufene Haltbarkeitsdaten auswerten und automatisch für Nachschub beim Online-Shop oder beim stationären Einzelhändler des Vertrauens sorgen. Gesundheitsmonitore buchen den jährlichen Gesundheitscheck und empfehlen ggf., diesen selbst zu bezahlen, um von einem Schadensfreiheitsrabatt zu profitieren. Das beschriebene **Internet of Everything** wird eine Vielzahl weiterer Anwendungen ermöglichen!

Obwohl noch nicht genau abzusehen ist, welche Konsequenzen mit diesen Entwicklungen einhergeht, schätzt das *McKinsey Global Institute* (MGI, 2013), dass durch hochentwickelte Algorithmen weltweit bis zu 140 Millionen Vollzeit-Wissensarbeiter ersetzt werden können. Damit wird deutlich: Während sich der technologische Fortschritt in der bisherigen Wirtschaftsgeschichte weitgehend auf die Mechanisierung manueller, körperlicher Aufgaben beschränkte, bringt der technologische Fortschritte des 21. Jahrhunderts die Substitution einer Vielzahl von bisher dem Menschen vorbehaltenen Aufgaben durch Computer mit sich. Wo immer dies der Fall ist, wird Arbeitskraft für andere Aufgabenstellungen freigesetzt. Allerdings stellt sich die Frage, welche Arbeit dann noch zu verteilen ist? Wenn auch die Serviceindustrie, die bisher weltweit viele Millionen Arbeitsplätze neu geschaffen hat, in zunehmendem Maße Computer zur Serviceerbringung einsetzt und die Digitalisierung vieler Produktionsprozesse menschliche Arbeit überflüssig gemacht hat, was bleibt dann?

Die Frage der **Digitalisierung von Aufgabenstellungen** soll und darf nicht losgelöst von der Frage des **Offshoring von Aufgabenstellungen** diskutiert werden. Denn grundsätzlich gilt: Viele Aufgabenstellungen, die digitalisierbar sind, können auch unabhängig von einer räumlichen Nähe zum Nutzer der zu erbringenden Leistungen erfolgen. Das bedeutet: Man geht nicht mehr in ein Unternehmen, um dort zu arbeiten, sondern man loggt sich einfach nur ein. Dies gilt zum einen für alle Bereiche, in denen es keiner persönlichen Begegnung von Leistungserbringer und Leistungsempfänger bedarf, wie es bspw. bei der Auswertung von Nutzerkommentaren auf Social-Media-Sites der Fall. Zum anderen verliert die räumliche Distanz zur Leistungserbringung auch dann an Bedeutung, wenn die zu erbringende Leistung selbst ebenfalls digitalisiert ist. Ein überzeugendes Beispiel hierfür ist die Software-Entwicklung selbst. Wo eine App entwickelt wird, ist letztlich uninteressant. Das fertige Produkt kann in Sekunden weltweit verbreitet werden. Aber selbst, wenn das finale Produkt materieller Natur ist, können vorgelagerte digitale Arbeitsschritte ortsunabhängig erfolgen. Dies ist der Fall, wenn bspw. ein Kunstobjekt in Indien entwickelt, per Datensatz beschrieben und auf einem 3-D-Printer in Berlin ausgedruckt wird. In diesen Fällen verlagert sich die Bedeutung regionaler Distanzen auf die Frage nach der Qualität und der Kostenintensität der Bewältigung der zu übertragenden Aufgaben (vgl. Blinder/Krueger, 2013; Frey/Osborne, 2013, S. 5).

Welche Konsequenz die **Verlagerung solcher Aufgabenstellungen** haben kann, zeigt eine frühe Studie von Blinder (2009). Hiernach können in den nächsten zwei Jahrzehnten 22-29% der Beschäftigungsverhältnisse in den USA in andere Länder ausgelagert werden. Diese Job-Kategorie wird auch **Offshorable Jobs** genannt. Folglich können alle Aufgabenstellungen, die nicht die vorgenannten Restriktionen aufweisen, früher oder später aus den Industrienationen mit hohen Personalkosten abgezogen werden. Und dies auch weitgehend unabhängig davon, wie sich die Rohstoffkosten entwickeln, da für die Verlagerung primär der Preis der „geistigen Rohstoffe" entscheidend ist.

Damit wird im Hinblick auf die **Analyse der Auswirkungen auf die Leistungserbringung** eines deutlich: Es gilt zu unterscheiden zwischen den Möglichkeiten einer **Digitalisierung und Automatisierung** einerseits und der **Verlagerung bzw. des Offshorings der Leistungserbringung** andererseits (vgl. Frey/Osborne, 2013, S. 5). Abb. 3.18 zeigt die dafür erforderliche **Digitalisierungs-Offshoring-Matrix.** Friseure, Fußpfleger und Masseure sind heute weder durch die Digitalisierung noch durch ein Offshoring bedroht. Die Aufgaben von klassischen Kassierern dagegen werden in den nächsten Jahren noch weiter digitalisiert und automatisiert, weil klassische Zahlungswege mit Bargeld und Karteneinsatz durch alternative Self-Service-Technologien abgelöst werden. Dennoch verbleibt der Zahlungsvorgang vor Ort. Logistik-Leistungen verbleiben auch vor Ort; allerdings nimmt die Digitalisierung noch weiter zu.

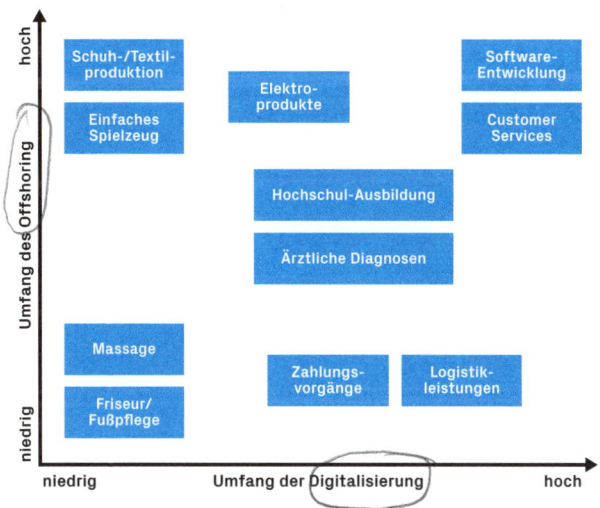

Abb. 3.18: Digitalisierungs-Offshoring-Matrix: Klassifizierung von
Aufgabenstellungen nach Umfang von Digitalisierung und Offshoring

Die Schuh- und Textilproduktion wie auch die Herstellung von einfachem Spielzeug wird kaum eine nennenswerte Digitalisierung erfahren. Allerdings wurden und werden deren Herstellung in hohem Maße ausgelagert. Anders sieht dies bspw. bei der schon angesprochenen Software-Entwicklung oder bei der Erbringung von Customer Services aus. Hier werden sowohl Digitalisierung als auch Offshoring weiteren Einzug halten. Hochschul-Ausbildung und ärztliche Diagnosen liegen im Mittelfeld. Hier werden sich die Tendenzen sowohl in Richtung Digitalisierung als auch in Richtung Offshoring verstärken.

Eines wird aufgrund dieser Entwicklungen deutlich: Es sind schon lange nicht mehr nur die **Blue-Collar-Jobs**, die durch Digitalisierung und Offshoring bedroht werden. Zunehmend sind auch **White-Collar-Jobs** in Gefahr. Hier wird eines sichtbar, was bei den drei vorgelagerten industriellen Revolutionen nicht der Fall war: In zunehmendem Maße wird nicht nur manuelle, sondern auch kognitive Arbeit durch die Digitalisierung ersetzt. Computer werden zunehmend in die Lage versetzt, bessere Entscheidungen als Menschen zu treffen. Auf diese Weise verlieren Computer immer mehr ihre Rolle als Komplement menschlicher Leistung: **Computer werden vielmehr zum umfassenden Substitut für menschliche Arbeit** (vgl. Friedman, 2014).

Und wie kann die menschliche Reaktion auf diese Entwicklungen ausfallen? Brynjolfsson/McAfee (2014) präsentieren in ihrem Buch „The Second Machine Age" eine interessante Begebenheit: Der niederländische Schachgroßmeister *Johannes Hendrikus Donner* wurde gefragt, wie er sich auf eine Partie Schach gegen einen Computer wie *IBMs Deep Blue* vorbereiten würde. *Donner* antwortete: „I would bring a hammer."

Think-Box

- In welchem Umfang stellt sich in meiner Branche die Frage nach der Substitution von Human Capital durch Computer Capital?
- Welche Unternehmen in meiner Branche treiben solche Entwicklungen voran?
- Gibt es Benchmarks aus anderen Branchen, von denen wir lernen können?
- Was bedeutet die Entwicklung in Richtung Web 3.0 für mein Unternehmen?
- Wo können neue Chancen zur Erarbeitung von Kundenvorteilen oder zu Kostenreduktion genutzt werden?
- In welchen Bereichen stellt Web 3.0 eher ein Bedrohungsszenario dar?
- Haben wir das Potenzial, selbst Meta-Master zu entwickeln?
- Oder sehen wir die Möglichkeit, hier mit leistungsstarken Partnern zusammenzuarbeiten?
- Welche Chancen und Risiken liegen in einer M2M-Kommunikation?
- Wo können solche Konzepte wertschöpfend eingesetzt werden?
- Wo sind die zentralen Leistungsfelder meines Unternehmens in der Digitalisierungs-Offshoring-Matrix angesiedelt?
- Welche Konsequenzen ergeben sich daraus?
- Wer kümmert sich in meinem Unternehmen um diese Fragestellungen?

---

4 Gefährdungsanalyse bestehender Beschäftigungsverhältnisse – Folgenabschätzung

Wenn wir wollen, dass alles bleibt wie es ist, dann ist nötig, dass alles sich verändert.
Giuseppe Tomasi di Lampedusa

4.1 Warum auch der Staat seinen Beitrag leisten muss!

Mit den diskutierten **Disruptionen in den großen Entwicklungslinien** gehen Gefahren nicht nur für die unmittelbar an der Wertschöpfung beteiligten Leistungsträger einher, sondern auch für Staat und Gesellschaft. Es gilt für alle Verantwortungsträger, den sich hier abzeichnenden Wandel rechtzeitig zu erkennen, um nicht nur die Risiken zu managen, sondern auch, um die sich bietenden Chancen frühzeitig und beherzt ergreifen zu können. Und wieder einmal steht die **Notwendigkeit eines Wandels** im Mittelpunkt des Handelns. Wie schwer sich nicht nur – selbst gut geführte – Unternehmen damit tun, kann täglich der Wirtschaftspresse entnommen werden. Angesichts der sich abzeichnenden gravierenden Veränderungen sind es aber auch die Nationalstaaten und die supranationalen Organisationen, die hier gefordert sind. Die **Entwicklung einer** – noch sehr abstrakten – **digitalen Agenda** auf nationaler und europäischer Ebene reicht dafür allerdings nicht aus! Diese Agenda sollte neben einem einheitlichen europäischen Datenschutzrecht auch einheitliche Normen definieren, die bspw. für europäische Online-Plattformen gelten. Solange die 28 Länder der Europäischen Union jeweils auf individuellen Lösungen bestehen, wird die Übermacht der US-dominierten Konzerne nicht gebrochen werden können. Denn alle erfolgreichen US-Plattform-Anbieter können bei Start die Vorteile eines rechtlich weitgehend einheitlichen Binnenmarkts nutzen!

Aber auch die **Unternehmen** selbst greifen bei den Erwartungen an die digitale Agenda sehr kurz, wie eine *ZEW*-Umfrage zeigt (vgl. [Abb. 4.1]). Im Schwerpunkt geht es bei den dort angesprochenen Punkten primär um die technologische Infrastruktur. Nur bei den Punkten „Unterstützung des IT-Mittelstands" sowie bei der „Unterstützung junger innovativer Unternehmen und Start-ups" wird über diesen Tellerrand hinaus geschaut und auch Innovationen bei den Geschäftsmodellen selbst geachtet.

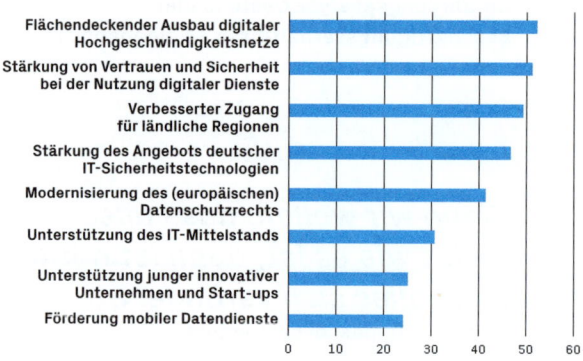

Abb. 4.1: Erwartungen an die digitale Agenda: Wo Unternehmen der Informationswirt-
schaft in Deutschland staatlichen Handlungsbedarf sehen (Antworten in %)
Quelle: Delhaes, 2015, S. 8

Welche „Begeisterung" die Bevölkerung ganzer Länder für alles empfindet,
was Veränderung mit sich bringt, kann häufig wöchentlich an der Teilnahme
an Protesten gegen „Reformen" abgelesen werden. Unabhängig davon, wie
tief ein Land schon gefallen ist – denken wir an Italien, Frankreich, Spanien
oder gar Griechenland – die Einsicht in die Notwendigkeit von Reformen auf
breiter Basis ist schlicht und ergreifend nicht gegeben. Und die Politiker
stellen sich oft nicht ausreichend ihrer Verantwortung, die Notwendigkeit
zum Wandel – verständlich – zu vermitteln. Der notwendige **Change-Prozess**,
der angesichts der diskutierten Veränderungen ansteht, wird ohne einen
breiten Rückhalt der Bevölkerung allerdings nicht gelingen. Denn wir
benötigen beides: Die Bereitschaft jedes einzelnen von uns, sich auf die
(unvermeidbaren) Veränderungen einzustellen. Und die Bereitschaft der
Gesellschaft und ihrer Institutionen, sich nicht nur auf Veränderungen
einzulassen, sondern dieses nachdrücklich voranzutreiben. Diese beginnen
in den Kindergärten und setzen sich über die Schulen und Universitäten
fort. Aber auch die weiteren staatlichen Institutionen müssen sich auf neue
Aufgabenfelder vorbereiten. Wichtig ist dabei, den Fokus in der Kommunikation nicht auf das zu richten, was durch Veränderungen und Reformen
ggf. verloren geht! Sondern auf das, was durch Wandel erhalten bzw.
zusätzlich gewonnen werden kann.

Merk-Box

Kaum ein Unternehmen, kaum ein Land, kaum eine Region
wird bei der Ausschöpfung der sich bietenden Möglichkeiten
der digitalen Transformation Rücksicht darauf nehmen, ob
alle mitkommen!

Die Aufgabenstellung lässt sich präzise beschreiben: Für alle Bürger
eines jeden Landes gilt es, **Brücken von der alten in die neue Welt der**

Beschäftigung zu bauen (vgl. BDI, 2011, S. 26). Hierfür bedarf es (staatlicher) Institutionen, die selbst mutig die Zukunft gestalten wollen — was bisher nicht das hervorstechendste Merkmal eben dieser Institutionen war! Und dabei gilt es gleichmaßen, auch diese Institutionen selbst weiterzuentwickeln!

Think-Box
- Welchen Betrag kann mein Unternehmen leisten, damit die erforderliche Agenda auch auf staatlicher Ebene die richtigen Schwerpunkte setzt?
- Kann ich in Branchen- und Unternehmensverbänden einen Beitrag leisten, dass mein Land bei der digitalen Transformation ganz vorne agiert?
- Wer ist in meinem Unternehmen für diese strategischen Fragestellungen verantwortlich?

4.2   Welche Berufsgruppen besonders gefährdet sind

Nachfolgend wird analysiert, in welchem Ausmaß verschiedene Berufe und Berufsgruppen durch die Digitalisierung gefährdet sind und welche Effekte auf den Arbeitsmarkt damit verbunden sein können. Das **Modell der Substitution von Arbeitsaufgaben** sagt voraus, dass die Digitalisierung von Arbeitsprozessen insgesamt zu einer abnehmenden Nachfrage nach Arbeitskräften führen wird, die sich heute noch Routineaufgaben im manuellen wie im kognitiven Bereich widmen. Parallel dazu wird die Nachfrage nach Arbeitskräften steigen, die in der Lage sind, die nicht-digitalisierbaren Aufgaben zu übernehmen. Auch wenn die nachfolgende Darstellung nicht im Sinne einer belastbaren Prognose zu interpretieren ist, stellt sie doch das **Gefährdungs- und Wachstumspotenzial** in verschiedenen Bereichen der Arbeitswelt dar. Und sollte als Munition ausreichen, um umfassende Denkprozesse auszulösen!

Die nachfolgende, am Beispiel der USA entwickelte Projektion wurde auf Basis von Daten des *Bureau of Labour Statistics* erstellt und bildet die erwarteten **US-Nettobeschäftigungsverhältnisse** in wichtigen Berufen ab. Bei der in Abb. 4.2 präsentierten Entwicklung handelt es sich um eine nach bestem Wissen und Gewissen vorgenommene Schätzung der Autoren Frey/Osborne (2013), die hierzu an der *Oxford* Universität eine Studie mit dem Titel „The Future of Employment" vorgelegt haben. Eine Prognose in diesem Bereich ist deshalb besonders schwierig vorzunehmen, da historische Daten bzgl. der Auswirkungen der sich heute abzeichnenden Digitalisierung ganzer Geschäftsbereiche fehlen und auch keine überzeugenden Analogien für die Prognose herangezogen werden können. Ausgangspunkt der von Frey/Osborne (2013, S. 37) vorgenommenen Abschätzung ist die Struktur der Arbeitsplätze, wie sie sich im Jahr 2010 in den USA darstellte.

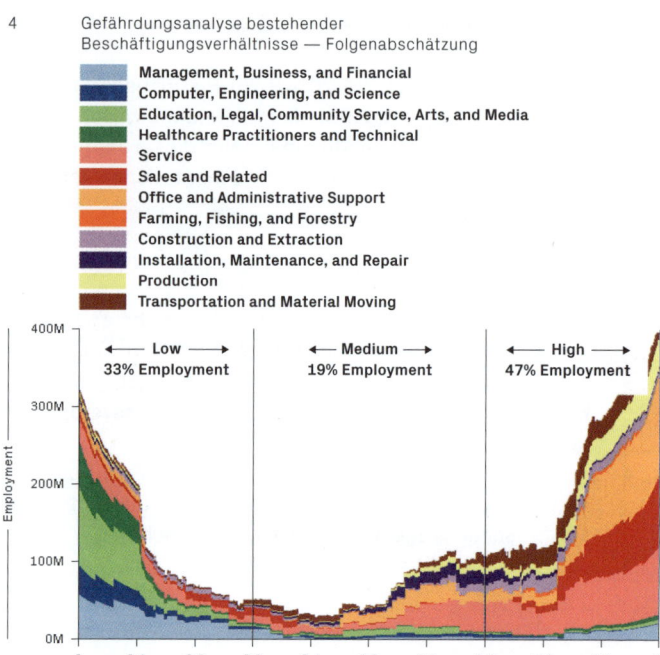

- Management, Business, and Financial
- Computer, Engineering, and Science
- Education, Legal, Community Service, Arts, and Media
- Healthcare Practitioners and Technical
- Service
- Sales and Related
- Office and Administrative Support
- Farming, Fishing, and Forestry
- Construction and Extraction
- Installation, Maintenance, and Repair
- Production
- Transportation and Material Moving

Abb. 4.2: Analyse der Beschäftigungsverhältnisse im Hinblick auf ihr Potenzial
        einer Digitalisierung — in den Kategorien mit niedriger, mittlerer und hoher
        Wahrscheinlichkeit (die Anzahl bezieht sich auf die US-Beschäftigungs-
        verhältnisse); die Darstellung beginnt im unteren Bereich mit der Gruppe
        „Management, Business, and Financial" und zeigt als oberste Schicht den
        Bereich „Transportation and Material Moving"
        Quelle: Frey/Osborne, 2013, S. 37

In ^Abb. 4.2 wird aufgezeigt, wie viele Millionen Arbeitsstellen in den verschiedenen Berufsfeldern eine niedrige, mittlere oder hohe **Substitutionswahr-
scheinlichkeit** aufweisen. Dabei können drei unterschiedliche **Risikostufen
für Berufsgruppen** definiert werden:

- 47% der Beschäftigungsverhältnisse fallen in die Kategorie der **hoch-
  gefährdeten Berufe**.
- 19% sind der Gruppe der **mittelmäßig gefährdeten Berufe** zugeordnet.
- 33% gehören in das Cluster der **gering gefährdeten Berufe**.

Nach der Einschätzung von Frey/Osborne (2013, S. 37) werden die 47% der
US-Beschäftigungsverhältnisse, die sich in der **Hochrisikogruppe** befinden,
innerhalb der nächsten ein bis zwei Jahrzehnte durch Computer Capital
substituiert werden können. Wie schnell dieser Prozess tatsächlich erfolgen
wird, ist abhängig von der Überwindung der bereits diskutierten Digitalisie-
rungsgrenzen. Unternehmen, deren Geschäftsmodelle in den hier besonders
betroffenen Branchen liegen oder deren Wertschöpfung in hohem Maße auf
Vertrieb, Service sowie Verwaltung basiert, sollten sich die Frage stellen,
wie dieser Herausforderung zu begegnen ist. Auch der Produktionsbereich
sowie die Bereiche Management/Business/Finanzen werden partiell durch
Substitutionseffekte betroffen.

In Summe erwarten Frey/Osborne (2013, S. 38) zwei **Wellen der Digitalisierung**, die durch ein „technologisches Plateau" getrennt werden. In der **ersten Digitalisierungswelle** werden insb. Arbeitskräfte in Transport- und Logistikberufen, in der Administration sowie in vielen Produktionsberufen durch Computer Capital ersetzt werden. Der kostengünstige Einsatz von Sensoren und immer feiner steuerbaren Roboter wird vor allem im **Transport- und Logistiksektor** besonders schnelle Substitutionseffekte erreichen. Ausgefeilte Algorithmen zum Zugriff auf und zur Auswertung von großen Datenmengen werden die Digitalisierung bei **Büroaufgaben** nachhaltig fördern. Die Digitalisierung weiterer **Produktionsaufgaben** stellt schlicht die Fortsetzung eines Trends dar, dessen Auswirkungen bereits in den letzten Jahrzehnten zu beobachten waren. Industrie-Roboter werden in Zukunft in der Lage sein, ein immer breiteres Spektrum – auch von nicht-manuellen – Routineaufgaben zu übernehmen. Aus technologischer Perspektive wird sich die Anzahl der im Produktivbereich verbleibenden Beschäftigten innerhalb der nächsten Jahrzehnte signifikant verringern, soweit Freisetzungseffekte nicht durch ein überproportionales Wachstum überkompensiert werden.

Auf den ersten Blick scheint es zunächst überraschend zu sein, dass ein großer Anteil der in den Bereichen Dienstleistungen, Vertrieb und Baubranche angesiedelten Beschäftigungsverhältnisse ebenfalls ein hohes Risiko der Digitalisierung aufweist. Die Gründe hierfür liegen in den diskutierten Entwicklungssprüngen bei Service- und insb. Haushaltsrobotern. Im Markt für Service-Roboter wird ein Umsatzwachstum von rund 20% pro Jahr erwartet (vgl. MGI, 2013). Da die Vorteile menschlicher Arbeit in zunehmendem Maße auch bei Aufgaben abnehmen, die Mobilität und Geschicklichkeit erfordern, wird sich das Tempo der Substitution von Arbeit in **Dienstleistungsberufen** noch weiter erhöhen. Obwohl es zunächst der Intuition zu widersprechen scheint, werden auch **Vertriebs- und Verkaufsberufe** – die scheinbar ein hohes Maß an sozialer Intelligenz erfordern – zumindest teilweise substituiert werden. Hierbei ist insb. an die Berufsgruppen Kassierer und Thresenpersonal bei Dienstleistern wie Hotels, Mietwagenorganisation und Fluggesellschaften zu denken. Obwohl diese Berufe Interaktionen mit Menschen umfassen, wird zur korrekten Bewältigung dieser Aufgaben keine hohe soziale Intelligenz benötigt. Deshalb kann diese – wie schon in vielen Bereichen durch Self-Service geschehen – noch stärker auf Computer und Automaten übertragen werden.

In der **Baubranche** schließlich werden in zunehmendem Maße vorgefertigte Teile zum Einsatz kommen, die in Fabriken unter kontrollierten Bedingungen gefertigt werden (vgl. Frey/Osborne, 2013, S. 38f.). Dieser Trend wird durch den zunehmenden Einsatz der 3-D-Technologie – auch und gerade im Baugewerbe – die Digitalisierung weiter vorantreiben.

Nach den Einschätzungen von Frey/Osborne (2013, S. 39) wird diese erste Welle der Automatisierung später eine Abschwächung erfahren. Die Gründe liegen in den diskutierten Hemmnissen, die einer noch umfassenderen Digitalisierung entgegenstehen. Das relativ niedrige Tempo der Digitalisierung in der **mittleren Risikogruppe** in Abb. 4.2 kann folglich als

technologisches Plateau interpretiert werden, welches nur eine inkrementelle Substitution von Arbeitskräften durch Computer erlaubt. In diesem Bereich sind viele Beschäftigungsverhältnisse zu finden, in denen es um Wahrnehmung und Handhabung geht.

Das Modell der Substitution von Arbeitsaufgaben sagt hier eine **zweite Welle der Digitalisierung** voraus. Diese Welle ist abhängig von der Überwindung der technischen Engpässe, die heute noch einer Substitution von auf Kreativität und sozialer Intelligenz basierenden Beschäftigungsverhältnissen entgegenstehen. Deshalb sind Berufe, die auf Originalität, Kreativität, Verhandlungsführung, soziale Wahrnehmungsfähigkeit sowie auf Unterstützung und Pflege abheben, in der Kategorie mit dem **niedrigsten Risiko** anzutreffen. Anders sieht dies bei Berufen aus, die „nur" Fingerfertigkeit erfordern. Folglich werden sich eher generalistisch ausgerichtete Berufsfelder, die Menschenkenntnis voraussetzen und auf Kreativität ausgerichtet sind, am stärksten einer Digitalisierung widersetzen können (vgl. Frey/Osborne, 2013, S. 40f.). Ein klassisches Beispiel hierfür stellen viele Managementaufgaben dar, die soziale Intelligenz, Intuition, Kreativität, Chancen-Risiken-Abwägungen bei unvollständiger Information – in Echtzeit – zu einem situativen Führungsstil zusammenführen müssen.

Fassen wir nochmals zusammen. Frey/Osborne (2013) gehen in ihrer Studie davon aus, dass 47% der Arbeitsverhältnisse kurz- bis mittelfristig in ihrer Existenz bedroht sind. Dabei sind die **Sekundäreffekte dieser Arbeitsplatzverluste** noch gar nicht berücksichtigt! Denn wenn Autos autonom fahren und über Car-Sharing abgerufen werden, brauche ich nicht nur unmittelbar weniger Autos, sondern auch weniger Taxifahrer, weniger Ausbildungsstätten für Taxifahrer, weniger Benzin/Diesel, Öl, Ersatzteile, Reparaturleistungen. Ein Vordringen des Car-Sharings insb. in den urbanen Zonen führt auch dazu, dass dort weniger Parkhäuser benötigt werden sowie weniger Straßen und Verkehrsschilder. Und auch hier fallen alle vorgelagerten Produktionsschritte und der dafür notwendige Einsatz von Material und Arbeitskraft weg. Für die Rohstoff- und Emissionsbilanz der Erde eine wunderbare Wendung, nicht jedoch für die Arbeitswelt selbst.

Eine **Betroffenheitsanalyse für Deutschland** durch die Autoren zeigt Entwicklungen auf, die zum Nachdenken anregen sollen. Danach sind die folgenden Berufe und Berufsgruppen in den nächsten Jahren durch die Digitalisierung am stärksten gefährdet. Die unmittelbare Gefährdung selbst nimmt dabei in den folgenden Gruppen tendenziell ab:

* **Angestellte in Bankfilialen**
  Die Schließung weiterer Bankfilialen ist nur eine Frage der Zeit. Bis Ende 2018 ist mit dem Ende von mehr als 30-50% der Filialen zu rechnen. Gründe hierfür liegen außer in den weiter sinkenden Erträgen im klassischen Einlagengeschäft auch ganz einfach in der fehlenden Notwendigkeit, physische Bankfilialen noch aufzusuchen (vgl. Zirm, 2014). Sie können sich ja selbst einmal fragen, wann Sie das letzte Mal die Filiale Ihrer eigenen Hausbank aufgesucht haben. Bei einem der Autoren ist dies mittlerweile 14 Jahre her! Und es ist kein Grund

absehbar, warum sich dies in naher Zukunft ändern sollte.

- **Vermittelnde Berufe**

  Schon heute werden viele Kaufprozesse, die bisher einen Verkäufer, einen Agenten, einen Makler oder einen Vermittler benötigten, über das Internet online abgewickelt. Wie weit dieser Prozess schon fortgeschritten ist, kann jeder an sich selbst überprüfen. Wann haben Sie das letzte Mal bei einer Flug- oder Hotelbuchung mit einem Menschen kommuniziert? Oder bei einer Überweisung einen Bankangestellten um Unterstützung gebeten?

  Auch Versicherungsverträge können heute vielfach schon online abgeschlossen werden, ohne dass es zu einem Austausch mit einem Angestellten des Versicherungsunternehmens kommen muss. Der Vermittler wird durch das Internet vielfach seines (vermeintlichen) Informationsvorteils beraubt und damit überflüssig!

- **Weitere Servicekräfte**

  Für viele von uns ist es schon heute eine Selbstverständlichkeit, dass wir uns bei Flügen selbst online einchecken — mobil oder stationär. Selbst wer erst am Flughafen einchecken möchte, wird häufig nachdrücklich auf den Check-in-Automaten hingewiesen. Selbst die Gepäckaufgabe wird bei Flügen immer häufiger als Self-Service für den Kunden organisiert. Auch im Bereich der Telefonie sprechen wir, wenn wir Servicehotlines von *American Express* oder *Ramada Hotels* in Anspruch nehmen, häufig zunächst mit einem Computer.

  Wie schon angesprochen, werden bereits partiell Servicekräfte in Hotels, Krankenhäusern und Pflegeheimen durch Service-Roboter ersetzt. Und der erste Schritt, der heute bei einem Besuch in der Auto-Werkstätte erfolgt, ist der Anschluss an den Service-Computer, um mögliche Fehlermeldungen auszulesen, die der KFZ-eigene Chip aufgezeichnet hat. Häufig sind nur diese Service-Computer in der Lage, der automobilen Komplexität noch gerecht zu werden.

- **Arbeitnehmer im Automobilbau**

  Mit der zunehmenden Nutzung von Car-Sharing werden das längerfristige Eigentum (durch Kauf) sowie die längerfristige Nutzung eines Fahrzeugs (durch Leasing) durch kurzlaufende Mietverträge (häufig auf Stundenbasis) ersetzt. Dies führt schon heute dazu, dass insb. bei jüngeren Menschen das Interesse am Kauf von Fahrzeugen nachlässt und damit die Nachfrage nach PKWs in Deutschland durch diese Zielgruppe abnimmt.

  Tendenziell gilt, dass durch jedes gemeinschaftlich genutzte Auto ca. 15 Autos in der Produktion wegfallen können (vgl. Rifkin, 2014a). Gerade wird auf politischer Ebene diskutiert, Car-Sharing-Nutzern bspw. Vorteile beim Parken in Innenstädten zu ermöglichen, um dieses Konzept zu fördern. Der negative Einfluss des Car-Sharings auf die PKW-Nachfrage wird sich noch verstärken, sobald selbstfahrende Autos auf breiter Front zur Verfügung stehen. Bei breiter Akzeptanz werden nur noch ca. 30% der heute im Einsatz befindlichen

Autos benötigt. Die ersten Substitutionseffekte durch selbstfahrende Fahrzeuge werden dagegen erst in 10-20 Jahren zu erwarten sein. Kalkulieren wir diese Entwicklung des Car-Sharing einmal durch. Bis 2020 wird von Experten bei der sogenannten Shared Mobility weltweit ein jährliches Wachstum von bis zu 35% erwartet (vgl. Kramper, 2014). Doch konzentrieren wir uns hier nur einmal auf Deutschland. Gehen wir zunächst vom Bestand der PKW in Deutschland im Jahr 2014 von 43,9 Millionen aus (vgl. DESTATIS, 2014). Werden im Jahr 2030 tatsächlich nur noch 30% dieser PKW-Menge benötigt, so wären das im Jahr 2030 nur noch 13,17 Millionen Fahrzeuge.

Was bedeutet dies mit Blick auf die Wertschöpfung? Der Anteil der Automobilindustrie in Deutschland liegt bei ca. 20% des Bruttoinlandsproduktes (vgl. Becker, 2014). Das belief sich 2014 auf 2,9 Billiarden € (vgl. Statistisches Bundesamt, 2015). Damit sind ca. 580 Milliarden € des deutschen Bruttoinlandsproduktes direkt von der Automobilindustrie abhängig; indirekte Verflechtungsbeziehungen sind damit noch nicht einbezogen. Fallen hiervon 70% weg, sprechen wir über einen Wertschöpfungsverlust von 406 Milliarden €. Geht man von der Faustregel aus, dass jeder 7. Arbeitsplatz in Deutschland direkt oder indirekt von der Automobilindustrie abhängig ist, sind das bei einer Beschäftigungszahl von 43 Millionen (Stand 2014) ca. 6,1 Millionen Menschen. Sollten von diesen Arbeitsplätzen 70% wegfallen, sprechen wir über 4,3 Millionen Jobs.

Die damit einhergehenden ökologischen Vorteile wird noch die meisten begeistern. Anders sieht es mit den Auswirkungen auf Arbeitsplätze, Wertschöpfung und die soziale Stabilität aus! Hier sind Unternehmen und Staat gleichermaßen aufgerufen, sich mit den abzeichnenden Entwicklungen zu beschäftigen. Ob dabei die kalkulierten Zahlen konkret eintreffen oder nicht, ist zweitrangig. Sie dienen primär der Sensibilisierung für eine Entwicklung und ihre Auswirkungen, die sich heute schon abzeichnen!

- **Arbeitnehmer in weiteren Produktionsberufen**
Bereits heute zeichnet sich ab, dass weitere Arbeitsplätze im Maschinenbau wegfallen, da viele Dinge (wie bspw. Schlüssel, Kreditkarten, Geld, Tickets, Ausweise) dematerialisiert werden. Folglich werden auch die Maschinen zu ihrer Herstellung nicht mehr benötigt. Deshalb fallen auch Berufe im Werkzeugbau weg, weil keine Maschinen zur Herstellung der vorgenannten Objekte mehr benötigt werden.

Zusätzlich werden klassische Herstellungsprozesse durch den 3-D-Druck überflüssig werden. Dies gilt nicht nur für Objekte aus Kunststoff (vgl. Abb. 4.3). In zunehmendem Maße wird 3-D-Druck auch in der Stahlverarbeitung sowie im Hausbau eingesetzt. In dem Ausmaß, in dem Häuser aus dem 3-D-Drucker kommen, werden auch Berufe in der Bauwirtschaft (wie Maurer, Verputzer, Dachdecker, Installateure) nicht mehr benötigt. Außerdem fallen viele Arbeitsschritte im Automobilbau weg, wenn das Chassis des Fahrzeugs per

3-D-Drucker gefertigt wird, wie das beim ersten 3-D-Auto mit Namen *Strati* des US-Unternehmens *Local Motors* der Fall war (vgl. Staun, 2014). Auch in der Zahnarztpraxis hält die Digitalisierung Einzug: Das 3-D-Scanning des Gebisses ermöglichst einen unverzüglichen Zahnersatz per 3-D-Drucker – und das alles in einer einzigen Sitzung. Der Einsatz des Abdrucklöffels mit wenig wohlschmeckender Paste, den man minutenlang im Mund halten musste, wird dematerialisiert.

Abb. 4.3: Einsatzbereiche der 3-D-Drucker
Quelle: beta-prototypes.com, test.de, digitalistbesser.org, stern.de, sueddeutsche.de, suedwestfalen-manager.de

Inzwischen gibt es bereits auch **3-D-Zeichenstifte**, mit der dreidimensionale Objekte erschaffen werden können (vgl. o. V., 1.5.2014). Damit werden weitere Grenzen der Kreativität eingerissen.

- **Lehrer und Professoren**
  Schon heute bietet das Internet eine Vielzahl von Vorträgen, Tutorials und Vorlesungen – häufig kostenlos – zur Nutzung an. So kann zwar der klassische Lehrvortrag in Schule und Hochschule substituiert werden; allerdings nicht das dialogische Fachgespräch, welches der Gruppendynamik einer Präsenzveranstaltung bedarf. Auch Forschungsaufgaben selbst sind eher weniger durch die Digitalisierung gefährdet, können aber durch immer intelligentere Datenzugriffe nachhaltig beschleunigt werden.
- **Taxi- und LKW-Fahrer**
  Sobald Autos und LKWs auf breiter Front autonom fahren können, werden Taxi- und LKW-Fahrer ihre Jobs verlieren.

• **Verkaufspersonal und Kassierer im Einzelhandel**
Wie schon an verschiedenen Stellen aufgezeigt, werden auch die klassischen Berufsfelder im Einzelhandel zunehmend bedroht. Das fängt beim Self-Checkout an, geht über Beratungsleistungen durch Verkaufsroboter bis hin zur Verlagerung von Kaufprozessen ins Internet, die bisher noch in der Offline-Welt stattgefunden haben. So war der Autokauf bisher noch eine gut geschützte Bastion des stationären Einzelhandels, bis *Mercedes* und *Daimler* begonnen haben, erste Online-Verkäufe zu unterstützen. Jetzt wird davon ausgegangen, dass bis zum Jahr 2020 schon 6% der Kaufverträge für Autos in Deutschland online abgeschlossen werden (vgl. Eisert, 2014). Es stellt sich die Frage, wie dann ein Return-on-Invest für aufwändige Showrooms des Autohandels erreicht werden soll.

Ein weiterer Effekt der **Substitution von klassischer Arbeit durch Maschinen** ist offensichtlich: die Auswirkungen auf die Märkte der Produktivfaktoren sowie der Endprodukte selbst. Wenn der Arbeitsprozess durch die Automatisierung effizienter wird, kann dies zu Preisreduktionen der Endprodukte führen. Dies geht – beim Fehlen sonstiger preissteigernder Effekte – mit einer Steigerung des Realeinkommens durch diese sinkende Preise einher. Hierdurch wird es möglich, dass auch kaufkraftärmere Kundenschichten sich die entsprechenden Produkte leisten können. Oder die freiwerdende Nachfrage wird auf andere Angebote gelenkt. Wenn gleichzeitig allerdings Arbeitskräfte freigesetzt werden, wird der Produktionsfaktor „Arbeit" an Wert verlieren und muss – soweit dem keine Mindestlöhne oder Tarifverträge entgegenstehen – günstiger angeboten werden. Damit ergibt sich ein gegenteiliger Effekt auf das Realeinkommen. Die Frage ist: Welcher der Effekte wird in welcher Branche überwiegen?

> **Think-Box**
> • Wie hoch ist das Potenzial einer Digitalisierung meines Geschäftsmodells und damit der von meinen Unternehmen bereitgestellten Arbeitsplätze insgesamt?
> • Welche Arbeitsplätze meiner Wertschöpfungskette können in besonders hohem Maße digitalisiert werden?
> • Welche Entwicklungen in meiner Branche – und in verwandten Branchen – zeichnen sich bereits ab?
> • Wie können wir diese Entwicklungen zum Wohle des Unternehmens vorantreiben, um zusätzlichen Kundennutzen oder Kostenvorteile zu erwirtschaften?
> • Welches Zeitfenster sehen wir für den sich anzeichnenden Transformationsprozess?
> • Wie sieht unser Master-Plan dafür aus?

4.3 Eine (neue) gesellschaftliche Aufgabe: Umbau der Beschäftigungsverhältnisse

Die diskutierten **Effekte der Arbeitsplatzverluste** durch die Digitalisierung konnten in einigen Branchen bereits in den letzten Jahren nachgewiesen werden (vgl. MGI, 2013). So haben sich auch die Diskussionen über die **technologische Arbeitslosigkeit** unter den Ökonomen in entwickelten Volkswirtschaften verstärkt. Zwar gibt es nach wie vor eine Uneinigkeit über die treibenden Kräfte hinter der anhaltend hohen Arbeitslosigkeit vieler Industrienationen. In zunehmendem Maße wird allerdings jetzt – neben der allgemeinen Wachstumsschwäche sowie der Reformunwilligkeit von Regierungen und Bevölkerung – die Digitalisierung als weiterer Erklärungsfaktor für die **Zunahme der Arbeitslosigkeit** genannt (vgl. Brynjolfsson/McAfee, 2012). So zeigt auch eine Studie des *McKinsey Global Institute* (MGI, 2011), dass 44% der Unternehmen, die seit der Finanzkrise des Jahres 2008 ihre Mitarbeiterzahl reduziert haben, dies durch eine verstärkte Automatisierung erreichen konnten. So gingen in Summe seit 2008 weltweit 61 Millionen Arbeitsplätze verloren. Nach Einschätzung der *ILO* (*Internationale Arbeitsorganisation*) werden allein im Jahr 2015 drei Millionen weitere Arbeitslose dazukommen; bis 2019 wird mit weiteren acht Millionen Menschen ohne Arbeit gerechnet. Ein Ende ist nicht absehbar (vgl. o. V., 20.1.2015, S. 6).

Die Besorgnis über die technologische Arbeitslosigkeit ist kein wirklich neues Phänomen. Die Geschichte hat gezeigt, dass der **Prozess der kreativen** Zerstörung positive und negative Konsequenzen hat. Und schon *Schumpeter* (1962) hat herausgearbeitet, dass es i. d. R. nicht der Mangel an originellen Ideen war, der die Grenzen für die wirtschaftliche Entwicklung definiert hat. Es waren häufig viel mehr ausgeprägte soziale und wirtschaftliche Interessen, die den **technologischen Status quo** zementieren wollten. Häufig sind es auch Regierungen, die durch das Festhalten an – überkommenen – Regelungen notwendige Veränderungen unterbinden möchten. Weil das Festhalten am Bestehenden – scheinbar – die risikoärmere Variante darstellt; insb. mit Blick auf die nächsten Wahlen.

In früheren Zeiten haben **Zünfte** (ein Zusammenschluss von Handwerkern) und **Gilden** (ein Zusammenschluss von Kaufleuten) versucht, Neuerungen und Eindringlinge in den eigenen Hoheitsbereich, die den eigenen Status gefährden könnten, systematisch zu unterbinden. *Richard Wagner* hat dieser Abwehrhaltung und ihren Konsequenzen die Oper „*Die Meistersinger von Nürnberg*" gewidmet. Und selbst in dieser Oper zeigt sich, dass Neuerungen und insb. Verbesserungen – trotz massiven Widerstandes – nicht dauerhaft unterbunden werden können.

Gerade an diesem Beispiel zeigt sich die **Ambivalenz von Institutionen** wie Zünften und Gilden früher und Berufs- und Interessensverbänden heute. Auf der einen Seite sind diese teilweise unverzichtbar für die Wissensweitergabe von einer Generation zur anderen. Auf der anderen Seite arbeiten sie durch eine Abschottung gegenüber Neuerungen auf ihren eigenen Untergang hin. Fast ist man geneigt, noch einmal *Richard Wagner* aus *Rheingold* zu zitieren: „Ihrem Ende eilen sie zu, die so stark im Bestehen sich wähnen."

Rifkin (2014a) sieht den erforderlichen **Umbauprozess in zwei Stufen** auf uns zukommen. In der **erste Phase**, die die nächsten 40 Jahre umfasst, wird zunächst die Lohnbeschäftigung nochmals ansteigen, um die Infrastruktur für das Internet of Everything aufzubauen. Dazu sind alle relevanten Objekte (vom TV-Gerät über den Kühlschrank bis zum Haus) zu vernetzen, um die Effizienz und Kommunikationsintensität zu erhöhen. Die Treiber dieser Entwicklung sind in Abb. 4.4 in Gestalt einer **Smart Landscape** dargestellt.

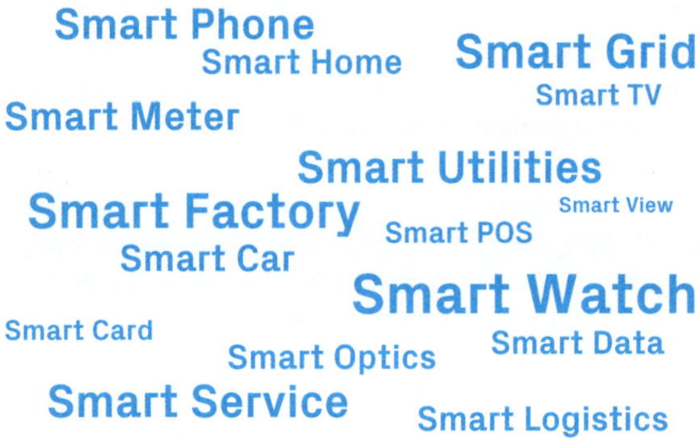

Smart Phone
Smart Home   Smart Grid
Smart TV
Smart Meter
Smart Utilities
Smart Factory   Smart View
Smart POS
Smart Car
Smart Watch
Smart Card
Smart Optics   Smart Data
Smart Service   Smart Logistics

Abb. 4.4: Entstehung einer Smart Landscape

In der **zweiten Phase** sind dann alle Städte, Regionen und Kontinente miteinander vernetzt. Das System ist vollautomatisiert und denkt und handelt für sich selbst. Dann wird Arbeitskraft massiv aus dem kapitalistischen System abwandern in das, was *Rifkin* die **soziale Ökonomie** nennt. Damit werden Leistungen bezeichnet, die frei von Gewinnerzielungsabsichten für die Gemeinschaft erbracht werden. Doch was heißt das für den **Arbeitsmarkt**? Und ist das eine realistische Prognose?

In Deutschland stehen Anfang 2015 43 Millionen Beschäftigten drei Millionen Arbeitslose gegenüber. Dies entspricht einer Arbeitslosenquote von knapp 7%. Gleichzeitig sind nur 0,5 Millionen offene Stellen gemeldet (vgl. Siedenbiedel, 2015, S. 22). Die damit verbundene finanzielle Belastung kann das deutsche Sozialsystem heute gut tragen. Doch wie lange? Bei fünf Millionen Arbeitsuchenden wird ein kritischer Punkt erreicht, bei sieben Millionen Arbeitslosen kann es zur Kernschmelze kommen. Sozial, politisch und wirtschaftlich!

Welche Effekte ein plötzlicher **Anstieg der Arbeitslosigkeit** mit sich bringen kann, lässt sich am Beispiel der zerfallenden DDR plastisch nachvollziehen. Denn nach wie vor gilt: Die Menschen definieren sich in hohem Maße über ihre Arbeit – und fangen an zu leiden, wenn diese plötzlich fehlt, sei es durch Arbeitslosigkeit oder Ruhestand. Durch die Arbeit wird man zum produktiven Teil der Gemeinschaft und erhält Anerkennung – am Arbeitsplatz und/oder im privaten Umfeld. Auch das soziale Leben findet in hohem Maße am Arbeitsplatz statt. Wenn man arbeitslos wird, fällt dies alles plötzlich weg. Arbeitslosigkeit führte nach der Wende für viele Menschen nicht nur zu ökonomischen Schwierigkeiten, sondern geradewegs zum sozialen Abstieg. Oft wurden dann auch Familien auseinander gerissen, um in verschiedenen Regionen nach Arbeit zu suchen (vgl. Dörre, 2014).

Bei vielen arbeitslosen Menschen stellte sich zusätzlich ein **Gefühl der Entwürdigung** ein. Deshalb wurde die Gesellschaft von Erwerbstätigen gemieden. Entweder aus Scham, oder aus ganz praktischen Gründen, weil man bspw. Einladungen nicht erwidern konnte. Oder man nichts beizutragen hatte, wenn sich das Gespräch wieder einmal um die Arbeit drehte. Damit verbunden sind auch ganz konkrete Auswirkungen auf die Politik. Denn die – von der Arbeit – Ausgeschlossenen nehmen Politik nicht mehr wahr, wählen nicht mehr oder sie präferieren Parteien der rechten und linken Ränder, die nur scheinbar Ideallösungen parat haben. Häufig weist dann die „Partei der Nichtwähler" den größten Wählerzulauf auf. Dies alles kann zu einem **Legitimitätsverlust des gesamten politischen Systems** führen. Dann fühlen sich zu viele Menschen durch die Politik nicht mehr repräsentiert. Sie fühlen sich außerdem ungerecht behandelt oder empfinden Ohnmacht, weil sie an den Verhältnissen nichts ändern können (vgl. Dörre, 2014). Mit solchen Entwicklungen wird jede Demokratie in ihren Grundfesten erschüttert.

Die schon zitierte Studie von Frey/Osborne (2013) zeigt, dass es durch die Digitalisierung zu einem **ungünstigen Verhältnis zwischen Einkommen und Bildung** kommen wird. Dies ist ein Bruch mit der Entwicklung, wie sie sich im 19. und 20. Jahrhundert zeigte. Im 19. Jahrhundert ersetzten neue Technologien komplexe Arbeitsprozesse durch die Zerlegung in einzelne Teilschritte und entwertete damit die Stellung von „Ausbildung" nachhaltig. In der Computer-Revolution des 20. Jahrhunderts wurden die Jobs für die Mittelschicht durch die Verlagerung von einfachen Aufgaben an Computern immer weiter ausgehöhlt. Allerdings wurden zusätzliche Qualifikationen zur Bedienung der entsprechenden Technologie notwendig. Im 21. Jahrhundert schließlich werden nun die Arbeitsplätze verschwinden, die nur eine geringe Qualifikation erfordern. Der Mensch muss sich beeilen, wenn er den Wettlauf gegen die Maschinen gewinnen will. Der größte Wettbewerbsvorteil des Menschen ist zurzeit noch seine Kreativität, seine Intuition und seine Sozialkompetenz. Allerdings sind auch diese – wie gezeigt – durch die Entwicklung von Künstlicher Intelligenz gefährdet.

Um gravierende Konsequenzen zu vermeiden oder zumindest zu reduzieren, bedarf es **einschneidender politischer Weichenstellungen**. Welche Lösungen haben führende Politiker parat, wenn es zu einer überproportionalen Zunahme an Arbeitssuchenden kommt? Werden sich Slumringe außerhalb der Großstadt bilden, weil die aktuellen und früheren Jobs nichts mehr mit den Fertigkeiten zu tun haben, die wir in der Zukunft brauchen?

Check-Box

- Muss der Begriff der Arbeitslosigkeit neu interpretiert werden, weil diese ein dauerhaftes Massenphänomen geworden ist?
- Kann oder muss die Notwendigkeit entfallen, beschäftigt zu sein?
- Muss die Gesetzmäßigkeit aufgehoben werden, dass – wie heute in einer Erwerbsgesellschaft – ohne Arbeit grundsätzlich kein Einkommen zu erzielen ist?

Hier erhält auf einmal eine Idee eine neue Relevanz, die *Götz Werner* bereits 2007 in seinem Werk „Einkommen für alle" formuliert hat. Seine These zum Schluss des Buches lautet sinngemäß wie folgt: In 15–20 Jahren wird jeder zweite Arbeitsplatz wegfallen. Bisher werden noch Maschinen gebaut, weil die Industrie physische Produkte bauen muss. Wenn die Notwendigkeit hierzu aber wegfällt, entfällt – wie bereits diskutiert – auch die ganze damit verbundene Wertschöpfung. Vor diesem Hintergrund wurde von *Götz Werner* die Forderung nach einem Grundeinkommen von 1.000 € für jeden – unabhängig von der eigenen Leistungserbringung – aufgestellt (vgl. Werner /Goehler, 2011).

Was sind dann die möglichen Konsequenzen? Werden sich im Zuge dieser Entwicklung drei Gruppen von Menschen herausbilden?

1. Gruppe **Nicht-erwerbstätige Menschen**
Diese Menschen bekommen ein Einkommen, auch ohne am Erwerbsleben aktiv teilzunehmen. Deren bedingungsloses Grundeinkommen würde eine Wohnung einschließen. Diese Bürger werden aufgrund ihrer Nicht-Erwerbstätigkeit nicht geächtet.

2. Gruppe **Teilzeit-Beschäftigte**
Diese Menschen möchten gerne am Erwerbsleben teilnehmen. Sie werden 10 bis 20 Stunden pro Woche arbeiten und dafür ein volles Einkommen erzielen.

3. Gruppe **Vollzeit-Beschäftigte**
Diese dritte Gruppe fasst Menschen mit einer hohen Spezialkompetenz zusammen, die schwer ersetzbar sind. Sie sind deshalb voll in das Erwerbsleben eingebunden.

Die Neuverteilung der Arbeit fordert alle Ebenen eines Sozialwesens heraus: die Menschen insgesamt, die Unternehmen, Institutionen, Administration, Gesetzgebung und Regierung. Dabei gilt es, die möglichen negativen Entwicklungen wie auch positive Effekte gleichzeitig ins Auge zu fassen. Nur bei einem frühzeitigen Agieren können nicht nur die Risiken abgemildert, sondern

auch Chancen beherzt ergriffen werden. Denn wenn bspw. der flächende-
ckende Aufbau des Internets of Everything gelingt und jede Region über ein
schnelles und stabiles Internet verfügt, können hierdurch neue Arbeitsplätze
durch Geschäftsmodelle entstehen, die jetzt noch nicht absehbar sind.
Gleichzeitig können sich die Produktionsfortschritte – unter partieller Nutzung von Null-Grenzkosten – erhöhen und die Attraktivität eines innovativen
Unternehmertums steigern. Die hierfür notwendigen Investitionen in die
Infrastruktur können zu positiven Multiplikatoreneffekten führen — soweit
sie rechtzeitig und in der erforderlichen Qualität vorgenommen werden.

Think-Box

- Welche Effekte der technologischen Arbeitslosigkeit
  werden sich in meiner Branche einstellen?
- Kann dadurch ein möglicher Fachkräftemangel
  abgemildert werden?
- Wie wirkt sich die technologische Arbeitslosigkeit
  auf die Gesamtwirtschaft aus?
- Welche Sektoren werden besonders betroffen sein?
- Welche Maßnahmen von Bund und Land sollten
  heute schon angedacht werden?
- Wie stellen sich die Berufs- und Interessensver-
  bände zu den sich abzeichnenden Veränderungen?
- Nehmen sie an dem Prozess der schöpferischen
  Zerstörung kreativ teil oder versuchen sie, (unab-
  wendbare) Entwicklungen aufzuhalten?
- Wie ist seitens des Staates und der Unternehmen
  zu agieren, falls es tatsächlich zu einer größeren
  Umverteilung der Arbeit kommen muss?
- Wer beschäftigt sich in meinem Unternehmen mit
  diesen langfristigen Fragen?

4.4   Der Kampf um die Arbeitszeit

Führt man sich die genannten Entwicklungen vor Augen, ist ein **Kampf um die
Arbeitszeit** absehbar. Dieser wurde in den vergangenen Jahrzehnten bereits
mit harten Bandagen und oft wochenlangen Streiks geführt. Die Motivation
zur Senkung der Arbeitszeit durch die Einführung der **5-Tage-Woche** war
durch ein sozialpolitisches Anliegen getrieben. Die Parole des *Deutschen
Gewerkschaftsbundes* lautete im Jahr 1956: „Samstags gehört Papi mir!"
Damit war das Ziel einer Wochenarbeitszeit von 40 Stunden – 5 Tage
à 8 Stunden – verbunden. Nach und nach wurde die **40-Stunden-Woche**
eingeführt, zunächst in der Zigarettenindustrie (1956), dann im Druckereige-
werbe (1965), in der Metallindustrie (1967), in der Bauindustrie (1969), im Einzelhandel (1971), bei Versicherungen und Banken (1973/74), im öffentlichen

Dienst (1974) und schließlich auch in der Landwirtschaft (1983).

Interessant ist, dass die Auseinandersetzung um die **35-Stunden-Woche** im Jahr 1984 nicht nur unter der Parole „Mehr Zeit zum Leben, Lieben, Lachen" und dem Streben nach einem höheren Maß an Selbstbestimmung erfolgte. Bereits damals wurde die Notwendigkeit einer Arbeitszeitverkürzung mit dem Einzug von Robotern im Arbeitsalltag begründet! Die zentralen Forderungen und Hintergründe sind in einem Video der *IG Metall* zusammengefasst, das 2014 online gestellt wurde (https://www.youtube. com/watch?v=0ZLBaeF1BBk). Nach sieben Wochen Streik und Aussperrung wurde der Einstieg in die 35-Stunden-Woche erreicht (vgl. IG Metall, 2014).

Check-Box

- Welche Konsequenzen sind zu erwarten, wenn der Industriegesellschaft langfristig die (bezahlbare) Arbeit ausgeht?
- Wird sich die Auseinandersetzung um die Arbeitszeit immer mehr zu einer Frage der „Beschäftigungspolitik" verschieben?
- Wie sehen insgesamt die Beschäftigungseffekte von Arbeitszeitverkürzungen aus?
- Wird die Zahl der Beschäftigten steigen, weil die bestehende Arbeit auf mehr Schultern verteilt wird?
- Oder führen Arbeitszeitverkürzungen eher zum Abbau von Arbeitsplätzen, da insgesamt die Arbeitskosten steigen, weil u. a. der Aufwand für das Management von Arbeit zunimmt?

Um die Unsicherheit beim Thema **Arbeitszeitverkürzung** zu verdeutlichen, ist ein historischer Rückblick hilfreich: In den frühen Menschheitskulturen wäre der Satz „Zeit ist Geld" unverständlich geblieben. Denn Arbeitszeiten und Zeitpunkte für Feste wurden nicht nach ökonomischen Kriterien, sondern eher nach jahreszeitlichen Gesichtspunkten (Sonnenauf- und -untergang, Sonnenwende etc.) bestimmt. Erst im Zuge der industriellen Revolutionen wurde die Arbeitszeit primär unter ökonomischen Kriterien definiert (vgl. Strawe, 1994, S. 1). Dies gilt sogar für die unter solchen Kriterien eingeführte „Sommerzeit". Bei der Diskussion von **Beschäftigungseffekten einer Arbeitszeitverkürzung** sind mehrere Aspekte zu berücksichtigen. Insb. im letzten Jahrhundert ist es gelungen, die Produktivität der Arbeit durch eine Vielzahl von Maßnahmen zu steigern. Hierdurch erzielte Produktivitätsgewinne konnten – neben Gewinnsteigerungen der Unternehmen – zur Reduktion der Arbeitszeit sowie zu Lohnerhöhungen verwendet werden. Je stärker von Arbeitnehmerseite die Forderungen vorgetragen wurden, beides zu Lasten der Unternehmensgewinne voranzutreiben, desto größer mussten die Substitutionseffekte von Arbeitskraft durch Kapital ausfallen.

Die **Entwicklung der Arbeitskräftenachfrage** hängt im Kern von drei verschiedenen Faktoren ab:

*   **Wirtschaftswachstum** (i. S. des Zuwachses des realen Bruttoinlands-produkts)
*   **Veränderungen der Arbeitsproduktivität** (reales Bruttoinlandsprodukt je Erwerbstätigenstunde)
*   **Entwicklung der Arbeitszeit** (sowohl wöchentlich wie auch jährlich).

Grundsätzlich nimmt die Nachfrage nach Arbeitskräften zu, wenn die Wirtschaft ein **reales Wachstum** aufweist. Der Begriff „real" weist darauf hin, dass es sich um ein Wachstum nach Berücksichtigung der Inflationsrate handelt. Nur bei einem realen Wachstum wurden tatsächlich mehr Güter und Dienstleistungen produziert als in der Vorperiode.

Ein solcher direkter Zusammenhang ist jedoch nur dann zu beobachten, wenn sich bei den relevanten Rahmenbedingungen keine Veränderungen zeigen. Genau dies ist heute vielfach nicht der Fall. So hat sich in der Vergangenheit durchgehend gezeigt, dass eine zusätzliche Nachfrage nach Gütern und Dienstleistungen auch durch eine steigende **Arbeitsproduktivität** (i. S. eines höheren Ertrags pro Arbeitsstunde) und/oder durch **Mehrarbeit der bereits Beschäftigten** bedient werden konnte. Bei einem realen Wirtschaftswachstum von 2,5% und einer gleichzeitigen Steigerung der Arbeitsproduktivität um ebenfalls 2,5% gleichen sich die – theoretische – wachstumsinduzierte zusätzliche Arbeitskräftenachfrage und der produktivitätsbedingte Rückgang der Arbeitskräftenachfrage aus.

Nur wenn das notwendige Produktionswachstum über dem erzielten Produktivitätsanstieg liegt, ist eine Zunahme von Beschäftigungsverhältnissen zu erwarten („Beschäftigungsschwelle"). Dies ist allerdings nur dann der Fall, wenn auch längerfristig von einer höheren Nachfrage ausgegangen wird. Sonst werden zusätzliche Beschäftigungsverhältnisse durch Mehrarbeit der bereits Beschäftigten erreicht und die Beschäftigungsschwelle wird weiter erhöht. Wenn die Gesamteffekte aus Produktivitätszuwachs und Mehrarbeit der Beschäftigten die zusätzliche Nachfrage überkompensieren, können sogar in einer (real) wachsenden Wirtschaft Beschäftigungsverhältnisse abgebaut werden (vgl. IAQ, 2014, S. 2).

Wie gestaltet sich jetzt die Situation für Deutschland? Eine indexbezogene Analyse des **realen Bruttoinlandsproduktes** (BIP) der Jahre 1991-2013 zeigt eine Steigerung von 32,5% (vgl. Abb. 4.5). Gleichzeitig lag die Steigerung der **Produktivität je Erwerbstätigenstunde** mit 37,1% deutlich höher. Folglich musste im Jahresvergleich 1991 zu 2013 ein Rückgang des **gesamtwirtschaftlichen Arbeitsvolumens** um 3,3% festgestellt werden. Dass trotz des Rückgangs des Arbeitsvolumens die Zahl der Erwerbstätigen um 8% stieg, kann durch die durchschnittliche Arbeitszeitverkürzung je Erwerbstätigen von 10,6% erklärt werden (vgl. IAQ, 2014, S. 2).

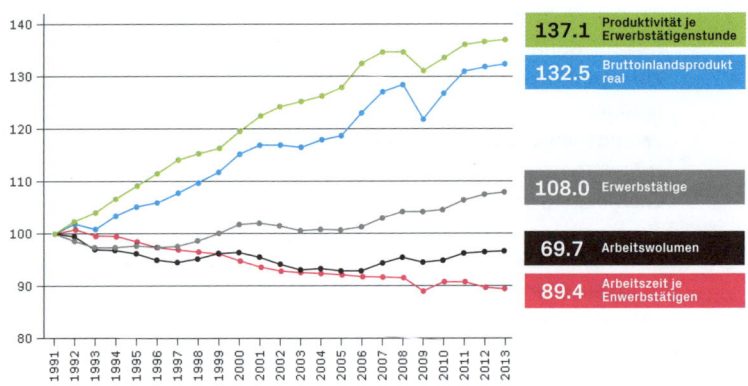

Abb. 4.5: Bruttoinlandsprodukt, Arbeitsproduktivität, Arbeitsvolumen und Arbeitszeit 1991-2013 (Indexdarstellung 1991 = 100), Datengrundlage Statistisches Bundesamt
Quelle: IAQ, 2014

Wie passen die hier genannten Aspekte und die bereits diskutierten Prognosen von Frey/Osborne (2013) zusammen? Die Erklärung kann der Abb.3.1
entnommen werden. Wir werden auf der einen Seite eine hohe Zahl an
Beschäftigungsverhältnissen haben, die nur ein sehr niedriges Qualifikationsniveau erfordern. In diesem Bereich werden die Substitutionseffekte
durch die Digitalisierung und Automatisierung des Arbeitslebens am
größten ausfallen. Die Konsequenz davon kann eine weitere **Reduktion der
Arbeitszeit** sein, wie sie in Abb.4.6 dargestellt ist. Dabei wird die Notwendigkeit der verkürzten Arbeitszeiten nicht mehr sozialpolitisch, sondern eher
verteilungspolitisch begründet werden. Es ist einfach nicht mehr genug
„einfache" Arbeit für viele Millionen Beschäftigte vorhanden.

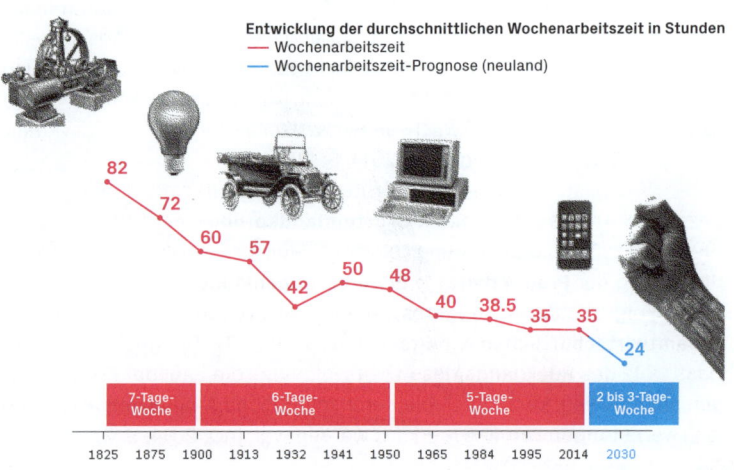

Abb. 4.6: Entwicklung der durchschnittlichen Wochenarbeitszeit
Quelle: Eigene Abbildung, basierend auf Strawe, 1994

Bei einer **Verkürzung der Arbeitszeit** stellen sich weitere **gesellschaftliche Fragen**:

- Wie werden die Menschen ihre zusätzliche Freizeit gestalten wollen?
- Welche Angebote müssen Staat und Unternehmen präsentieren, um die freiwerdende Energie dieser Menschen in sozial akzeptable Bahnen zu lenken?
- Wie kann eine Vereinsamung von Einzelpersonen vermieden werden?
- Welche Auswirkungen auf den Gesundheitszustand der Bevölkerung werden sich ergeben, wenn die „soziale Kontrolle" am Arbeitsplatz wegfällt?
- Welche flankierenden Maßnahmen sind deshalb anzudenken?

Spannend ist, dass eine solche **„verteilungspolitisch" begründete Reduktion der Arbeitszeit** von einem großen deutschen Unternehmen bereits einmal praktiziert wurde. Im Jahr 1993 verkündete der Vorstand der *Volkswagen AG*, dass aufgrund der gravierenden Absatzprobleme des Unternehmens die Arbeitszeit – bei gleichzeitigem Einkommensverzicht – um 20% auf 28,8 Stunden verkürzt wurde. Die zentrale Motivation hinter dieser Einigung war die Vermeidung von Massenentlassungen (vgl. WSI, 1993).

Eines wird jedoch heute schon sichtbar: Die in früheren Jahren vollzogene (kostenintensive) **Frühverrentung von Arbeitskräften** – um Neueinstellungen von Arbeitssuchenden zu ermöglichen – stellt heute keine akzeptable Lösung mehr dar. Zum einen war das Vorgehen sehr teuer (zu Lasten der Steuerzahler), zum anderen gingen häufig besonders erfahrene Mitarbeiter verloren. Diese negativen Effekte werden angesichts der Einführung der abschlagsfreien **Rente mit 63** für Beschäftigte mit 45 Beitragsjahren zurzeit wieder intensiv diskutiert. Das *Institut der deutschen Wirtschaft* stuft schon heute 139 Berufsgruppen als sogenannte „Engpass-Berufe" ein. In diesen Sparten arbeiten heute noch ca. 6,7 Millionen Fachkräfte. Davon werden allerdings ca. 2,1 Millionen in den nächsten 15 Jahren in den Ruhestand wechseln. Vor diesem Hintergrund werden in Deutschland im Jahr 2020 ca. 1,3 Millionen Fachkräfte fehlen (vgl. Wallet, 2015, S. 2). Für diese müsse die Wirtschaft einen Ausgleich finden.

Interessant ist, dass in diesem Zusammenhang vom Chef der *Bundesagentur für Arbeit* (BA), *Frank-Jürgen Weise*, erneut die **Rente mit 70** in die Diskussion eingeführt wurde. Wer mag, soll die Möglichkeit erhalten, auf freiwilliger Basis bis zu einem Alter von 70 Jahren arbeiten zu dürfen, um so einen flexiblen Ausstieg aus dem Beruf zu ermöglichen. Der Hintergrund ist, dass die Unternehmen aufgrund der demografischen Entwicklung in Deutschland noch längere Zeit auf die Berufs- und Lebenserfahrungen älterer Menschen angewiesen sein werden. Die abschlagsfreie Rente mit 63 entziehe dem Arbeitsmarkt in hohem Maße genau die gewünschten Fachkräfte und wirkt damit dem angestrebten Ausbau der Beschäftigung qualifizierterer älterer Arbeitnehmer entgegen (vgl. Tagesschau, 2015).

Nicht umsonst wurde ja erst 2007 das Rentenalter unter bestimmten Bedingungen auf 67 Jahre angehoben.

Welche Nettoeffekte werden sich jetzt am Arbeitsmarkt einstellen und wie werden Politik und Wirtschaft darauf reagieren. Das Ziel, die Arbeitslosigkeit zu bekämpfen und dem gleichzeitig festzustellenden Fachkräftemangel gerecht zu werden, fordert Kreativität. Interessant ist, dass die Gewerkschaft *Verdi* ganz aktuell auf die Bedrohung ganzer Berufsfelder durch die Digitalisierung hinweist. Hier heißt es: „Die Frage ist, inwieweit auf die Automatisierung der Muskelkraft eine Automatisierung des Denkens folgt" (o. V., 5.1.2015). Spannend wird sein, welche Antworten – Gewerkschaften wie Arbeitgeber – auf diese Herausforderung „Arbeitswelt im digitalen Zeitalter" geben werden.

Think-Box
- Zeichnet sich auch in meiner Branche ein Fachkräftemangel ab?
- Wie können wir als Unternehmen darauf antworten?
- Welchen Beitrag können unsere Berufs- und Interessenverbände zur Bewältigung leisten?
- Wird sich in unserer Branche die Notwendigkeit von Arbeitszeitverkürzungen durch den umfassenden Wegfall von Arbeit ergeben?
- Welche möglichen Handlungsszenarien haben wir dafür?
- Wer kümmert sich um diese Fragestellungen?

4.5   Soziale und bildungspolitische Rahmenbedingungen

Welche **sozialen Implikationen** sind mit diesen Entwicklungen beim Arbeitseinkommen und bei der Verteilung von Arbeit verbunden? Zum einen kann festgestellt werden, dass die Generation, die heute an der Macht ist, nicht mehr nur Leistung verbessern, sondern auch zerstören kann, als jede vor ihnen lebende Generation. Das bedeutet auch, dass wir uns Gedanken über die **gesellschaftlichen Verträge** machen müssen, die über die Verteilung von Arbeit und Wohlstand entscheiden — auch und gerade über Generationsgrenzen hinweg! Wie die Entscheidungen in diesen Feldern ausfallen, wird nicht nur über die Identität und die Würde des Menschen, sondern auch über die gesellschaftliche Stabilität insgesamt entscheiden.

So deuten Brynjolfsson/McAfee (2014) darauf hin, dass es bspw. notwendig werden könnte, die **Kosten für menschliche Arbeitskraft** durch Steuersenkungen zu reduzieren, um dieser einen Wettbewerbsvorteil gegenüber einer **digitalen Arbeitskraft** zu verschaffen – oder zumindest, um Wettbewerbsnachteile abzumildern. Damit die Menschen nicht mehrheitlich beim „Wettrennen Mensch gegen Computer" auf der Strecke bleiben, muss der Unternehmergeist gefördert werden, der neue Industrien vordenkt und neue Arbeitsplätze erschafft.

Wie bereits erwähnt, bezieht der Mensch seinen Selbstwert zum hohen Maß aus seiner Arbeit, aber auch aus Besitz und Status in der Gesellschaft. Wie stabil werden vor diesem Hintergrund die sozialen Systeme sein, wenn für immer mehr Menschen keine Arbeit mehr zur Verfügung stünde? Bereits jetzt wird von einer **verlorenen Generation** in den südeuropäischen Ländern gesprochen, weil hier 34,5% (Portugal), 43,9% (Italien), 50,6% (Griechenland) bzw. 53,5% (Spanien) der Unter-25-Jährigen arbeitslos sind (vgl. Nienhaus, 2015b, S. 20).

Warum müssen aber besonders die Jüngeren leiden, auch die, die vermeintlich alles richtig gemacht haben? Einen Bachelor- und ggf. sogar noch ein Master-Studium mit guten Ergebnissen abgeschlossen und internationale Praktika absolviert haben. Und motiviert sind, in das Arbeitsleben einzusteigen. Die Erklärung hierfür ist ganz einfach und kann sich wiederholen, wenn die ersten **Freisetzungseffekte der Dematerialisierung** einsetzen. Zunächst stellen die Unternehmen, die von der Dematerialisierung betroffen sind, keine neuen (jungen) Arbeitskräfte mehr ein. Kommen dann noch – wie in den meisten südeuropäischen Ländern – rigide Kündigungsgesetze dazu, können selbst bei einer zwingenden Notwendigkeit ältere Arbeitskräfte nicht entlassen werden (vgl. Nienhaus, 2015b, S. 20). Da momentan kein dramatischer wirtschaftlicher Aufschwung absehbar ist, um die schon heute hohe Arbeitslosigkeit abzubauen, werden die Freisetzungseffekte der Dematerialisierung die dann schon als Sockelarbeitslosigkeit zu bezeichnende Situation weiter verschlimmern.

Was hilft hier – auch wenn es insb. die südeuropäischen Ländern – nicht mehr hören wollen? **Strukturreformen**. Aber dieses Mal müssen auch die nordeuropäischen Länder agieren, wenn sie nicht in eine gleiche Falle laufen wollen. Zusätzlich bedarf es einer **Reformation der Ausbildungssysteme**, um die werktätigen Bevölkerungen auf den digitalen Umbruch vorzubereiten – bevor dieser flächendeckend weitere Opfer fordert. Schließlich bedarf es des **wirtschaftlichen Wachstums**, das sich nur aus einer intelligenten Weiterentwicklung bestehender und neuer Wertschöpfungsketten ergeben kann (vgl. Nienhaus, 2015b, S. 20).

Man kann folglich zusammenfassen: Der **technologische Fortschritt** hat zwei entgegengesetzte Auswirkungen auf die Beschäftigungssituation (vgl. Aghion/Howitt, 1994). Zuerst stellt sich ein **zerstörerischer Effekt neuer Technologien** ein, weil technische Lösungen manuelle Arbeit ersetzen. Diese Entwicklung zwingt Arbeitnehmer dazu, sich neue Aufgabenbereiche zu suchen. Dann zeigen sich die **Auswirkungen der verstärkten Kapitalisierung**. Unternehmen investieren in der Folge verstärkt in Branchen, in denen eine hohe Produktivität zu erzielen ist. Dort steigt die Beschäftigung entsprechend an. In der Vergangenheit wurden die zerstörerischen Effekte durch den parallelen Aufbau neuer Beschäftigungsfelder häufig kompensiert oder überkompensiert. Sonst hätte schon längst eine länderübergreifende Arbeitslosigkeit und Verarmung großer Bevölkerungsschichten einsetzen müssen. Dies war jedoch bisher nicht der Fall.

Der Grund dafür, dass sich die menschliche Arbeit auf vielen Feldern (noch) halten konnte, ist auf die Anpassungsfähigkeit und Lernfähigkeit menschlicher Arbeit zurückzuführen (vgl. Goldin/Katz, 2009). Und der Treiber dahinter ist mit einem Namen zu kennzeichnen: **Bildung**. Allerdings stellt sich die Frage, ob die durch die Digitalisierung erzwungene Anpassungsgeschwindigkeit zum einen von den Menschen, zum anderen von den Bildungsinstitutionen geleistet werden kann (vgl. Brynjolfsson/ McAfee, 2012). Hier sind die größten Herausforderungen für die Politik zu finden: **Bildungspolitische Initiativen**, die die **digitale Transformation ganzer Volkswirtschaften** unterstützen.

Dass diese Herausforderungen schon jetzt greifen, zeigen neuere empirische Studien. Beaudry/Green/Sand (2013) konstatierten bereits einen **Rückgang der Nachfrage nach qualifizierten Arbeitskräften** in den USA. Die Autoren zeigen auf, dass sich hochqualifizierte Arbeitskräfte auf der Beschäftigungsleiter nach unten bewegt haben. Hierdurch besetzen sie Arbeitsplätze, die traditionell von geringer qualifizierten Personen ausgefüllt wurden. Die so verdrängten Beschäftigten kletterten ihrerseits die **Beschäftigungsleiter** weiter nach unten und verdrängten dort die gering qualifizierten Arbeitnehmer. Und teilweise führte dies zu einer Verdrängung aus dem Erwerbsleben insgesamt. Diese Entwicklung wirft die folgenden Fragen auf (Lucas/Prescott, 1974; Davis/Haltiwanger, 1992; Pissarides, 2000; Frey/Osborne, 2013, S. 72).

Check-Box

- Kann das Wettrennen um klassische (menschliche) Beschäftigungsverhältnisse im Wettbewerb gegen immer leistungsfähigere digitalisierte Lösungssysteme insgesamt gewonnen werden?
- Welche Lösungsbeiträge kann hierfür Bildung leisten und welche Inhalte muss diese hierzu verstärkt oder zusätzlich im Bildungskanon aufnehmen?
- Wird die Verdrängung von menschlicher Arbeit durch den Fortschritt zu einer technologischen Arbeitslosigkeit führen, die den Bodensatz einer „natürlichen Arbeitslosenquote" deutlich erhöht?·

In jedem Falle benötigt die **Bildung und Ausbildung in den Industrienationen** eine strategische Neuausrichtung und Weiterentwicklung, um dem (digitalen) Wandel gerecht zu werden. Ein Blick auf die Abb. 4.7 zeigt die **strategische Weiterbildungslücke**. Der Schwerpunkt der heutigen staatlichen Bildungsanstrengungen liegt auf der frühkindlichen Erziehung, der Schulbildung, der beruflichen Bildung beim Einstieg in das Berufsleben sowie der Hochschulausbildung. Dabei bleibt weitgehend unberücksichtigt, dass der Mensch seine längste Zeit – oft über 40 Jahre – beruflichen Tätigkeiten widmet, deren Anforderungen sich in immer höherem Maße und immer schneller verändern. Die Generation der Babyboomer, die in den nächsten Jahren den Arbeitsmarkt verlassen wird, muss sich dabei in einem Arbeitsumfeld bewähren, auf das weder die Schule noch die Universitäten ausreichend vorbereiten konnten. Weil zum damaligen Studieninhalt das Internet nicht gehörte, da es noch gar nicht existierte. Außerdem gehörten eher Schreibmaschinen als Computer zur Standardausstattung eines Studenten, der außerdem noch ohne Smartphone auskommen musste! Die IT hat erst später auf breiter Front in den Unternehmen Einzug gehalten. Man mag es kaum glauben, aber noch in den 1980er Jahren waren der Einsatz von Schreibmaschinen (für physische Briefe) und das Telefon die dominanten Kommunikationsmittel über Distanzen. Die letzten Jahrzehnte brachten durch die technologischen Durchbrüche sowie die zunehmende Globalisierung laufend neue Anforderungen an Manager und Mitarbeiter mit sich, auf die nicht ausreichend vorbereitet werden konnte. Dabei sind neben Hard Skills auch viele Soft Skills angesprochen – bspw. die Verhandlungsführung und Moderation im internationalen Kontext (vgl. Spermann, 2015).

Abb. 4.7: Strategische Weiterbildungslücke

Um als Unternehmen und als Gesellschaft den Wandel erfolgreich zu gestalten, ist die **strategische Weiterbildungslücke** zu schließen. Hier sind in viel höherem Maße als bisher Weiterbildungsangebote auf breiter Front – im Zusammenspiel mit den Unternehmen – zu entwickeln, um die arbeitende Gesellschaft laufend auf die neuen Anforderungen auszurichten. Dies ist eine Aufgabe, die u. E. nicht alleine auf die Unternehmen zu verlagern ist. Hierfür reichen auch Angebote – wie sie bspw. MBA-Programme darstellen – nicht aus, weil sie vielfach nur die Spitzenkräfte in den Unternehmen ansprechen. Die schon angesprochenen MOOCs können einen Beitrag leisten, um diese Qualifizierungslücke zu schließen. Gerade der jederzeitige Zugriff auf dort präsentierte Inhalte – unabhängig vom Standort – stellt in der auf Flexibilität ausgerichteten Arbeitswelt eine wichtige Erfolgsvoraussetzung dar (vgl. weiterführend Weise/Christensen, 2014).

Was aufgrund der Veränderungen aber notwendig ist, stellt eine **lebenslange Qualifizierungsoffensive** dar. Dieser Verpflichtung dürfen sich weder die Unternehmen noch die Länder bzw. der Bund entziehen, um auch morgen noch einen Wohlstand für alle sicherstellen zu können. Und an dieser Qualifizierungsoffensive sollte insb. jeder einzelne Arbeitsnehmer brennend interessiert sein. Vielleicht gilt es hierzu einen (digitalen) **Qualifizierungs-Pass** zu erstellen, der – wie ein Impfpass – lebensbegleitend wichtige Qualifizierungsmaßnahmen dokumentiert. Quasi als Lebensversicherung im digitalen Zeitalter!

Think-Box

- Welchen Beitrag können wir in meinem Unternehmen leisten, um die strategische Weiterbildungslücke zu schließen?
- Was können Berufs- und Interessensverbände hierzu beitragen?
- In welchem Umfang ist die Politik gefordert, um die richtigen Weichenstellungen vorzunehmen und notwendige Leitplanken zu erstellen?

Wer nicht an Wunder glaubt,
ist kein Realist.

David Ben-Gurion

5.1 Die Notwendigkeit einer digitalen Transformation

Heute müssen wir eine sehr große Spreizung zwischen innovativen und den eher in Traditionen verhafteten Unternehmen feststellen. Bisher kümmert sich nur ein kleiner Prozentsatz der Unternehmen aktiv darum, die Auswirkungen der Digitalisierung und Dematerialisierung auf das eigene Geschäftsmodell abzuschätzen und angemessen zu reagieren. Die Mehrheit der Unternehmen tut sich dagegen schwer damit, das erforderliche Innovationstempo an den Tag zu legen (vgl. zum Folgenden auch Peyman et al., 2014). Laut einer groß angelegten Studie des *MIT Sloan Management Instituts* in Zusammenarbeit mit *Capgemini Consulting* (2014, S. 8) können nur 25% der befragten Unternehmen von sich behaupten, die digitale Transformation proaktiv zu steuern. Diese „Digital Leader" sind in allen untersuchten Branchen jedoch deutlich profitabler als ihre Mitbewerber, wie die genannte Studie zeigt. Es ist also lohnend, sich den digitalen Herausforderungen – früh – zu stellen. Und die Aufgabe heißt: **Change-Management**.

Merk-Box
Die Notwendigkeit zu einer digitalen Transformation macht vor keinem Land, keiner Branche und keinem Unternehmen halt.

Mit dem Begriff **digitale Transformation** wird der zielgerichtete Einsatz von digitalen Technologien bezeichnet, um die eigenen Wertschöpfungsprozesse unter Einsatz von digitalen Technologien neu- oder umzugestalten. Hierdurch sollen gleichermaßen Risiken der technologischen Veränderungen vermieden und Chancen in Zukunftsmärkten oder durch Zukunftstechnologien erschlossen werden. Bei der dafür notwendigen Transformation geht es im Kern um einen organisationalen Wandel — häufig des gesamten Unternehmens oder zumindest von großen Unternehmensbereichen. Deshalb bedarf es eines systematischen Change-Managements im Unternehmen (vgl. auch Müller, 2013, S. 251-256). Denn die Herausforderungen der Digitalisierung und Dematerialisierung berücksichtigen weder Abteilungsgrenzen noch Hierarchien. Im Kern geht es beim Transformationsprozess zunächst darum, die Vision und Mission des Unternehmens auf den (digitalen) Prüfstand zu stellen. Dabei gilt es, bei der **Entwicklung einer digitalen Strategie** alle Arten von Scheuklappen und Silo-Mentalitäten abzulegen, um sowohl die wahren Bedrohungen als auch die sich bietenden Chancen für die eigene Branche und das eigene Unternehmen frühzeitig und umfassend zu erkennen.

Merk-Box

Auch wer im Hinblick auf die Digitalisierung keine Entscheidungen trifft, hat sich schon längst entschieden! Wer
behauptet, keine digitale Strategie zu brauchen, hat sich
strategisch bereits festgelegt.

Basierend auf den so erlangten Kenntnissen sind aber nicht nur **Vision und
Mission des Unternehmens** neu zu fassen. Dies wäre noch die einfachste
Herausforderung. Um wirkliche Veränderungsprozesse zu erreichen, sind
auch die zur Zielerreichung erforderlichen **Geschäftsprozesse** neu zu
gestalten. Zur langfristigen Absicherung der unternehmerischen Neuausrichtung des Unternehmens sind häufig auch die etablierten **Führungs- und
Motivationssysteme** weiterzuentwickeln, um das Unternehmertum im
Unternehmen zu stärken und den Veränderungsprozess zu verankern. Nur
so lassen sich die Zukunftsfähigkeit meistern, neue Umsatz- und Ertrags-
potenziale sichern sowie die Effizienzreserven erschließen.

Die **Notwendigkeit eines konzertierten Wandels** lässt sich am schon
gezeigten Beispiel *Kodak* verdeutlichen. Dieses Unternehmen ist nicht an
mangelnder Innovationskraft gescheitert, sondern daran, die Notwendigkeit
der digitalen Transformation – hier von der analogen zur digitalen Fotografie –
weder zum richtigen Zeitpunkt erkannt noch unternehmensintern verankert zu
haben. Wie ^Abb.5.1 zeigt, vergingen zwischen der Erfindung der Digitalkamera
(1986) und der Entwicklung der ersten Digitalstrategie (2003) genau 17 Jahre!
Das ist etwas zu lang!

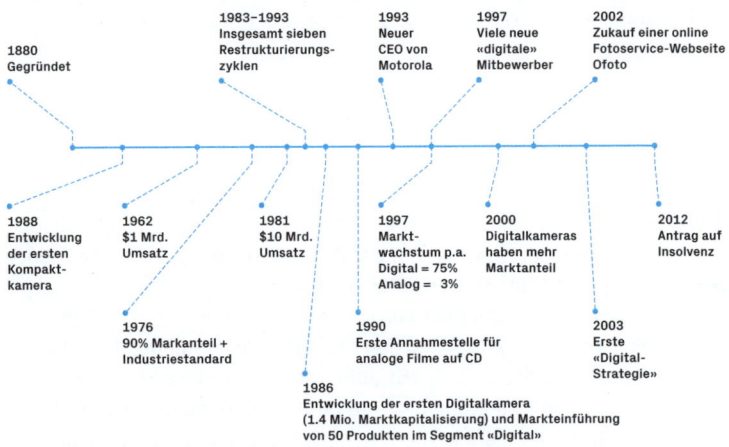

Abb.5.1: Das Scheitern von *Kodak* an der digitalen Transformation
Quelle: Peyman et al., 2014, S. 17 (nach Lucas/Goh, 2009)

Häufig stellt das **Middle-Management** den notwendigen Veränderungen am
hartnäckigsten entgegen. Warum? Weil die dort agierenden Manager am
meisten zu verlieren haben: Status, Einkommen, Einfluss, Firmenfahrzeug

etc. Und oft weisen diese Personen – im Vergleich zu jüngeren Mitarbeitern – auch nicht die notwendigen Qualifikationen auf, um den Wandel selbst aktiv zu gestalten. Deshalb wird hier häufig von der **strategischen Lehmschicht** gesprochen, die den Informationsfluss von „oben nach unten" sowie von „unten nach oben" unterbricht. Auf diese Weise gehen viele Ideen und Vorschläge aus der unteren Führungsebene und vom Markt verloren, weil jene vom Middle-Management nicht an das Top-Management weitergereicht werden, sondern in festgefahrenen Hierarchiestrukturen versanden.

Das **Top-Management** dagegen ist Veränderungen gegenüber häufig viel aufgeschlossener. Zum einen haben die Angehörigen des Top-Managements häufig bereits den Zenit ihrer beruflichen Entwicklung erreicht. Zum anderen wird ihnen selbst ein Scheitern und Verlassen der Organisation durch „Golden Handshakes" und anderes im wahrsten Sinne des Wortes „vergoldet". Aus einer solchen Position heraus fällt es viel leichter, mutig zu sein. Und gerade Mut, Innovationsbereitschaft und Gestaltungskraft sind an der Unternehmensspitze gefordert. Aber trotzdem nicht immer ausreichend vorhanden. Denn auch hier fehlt teilweise noch die Einsicht in die Notwendigkeit einer digitalen Transformation!

Das **Lower-Management** wiederum hat einerseits wenig zu verlieren, weil man erst am Anfang der eigenen Karriere steht. Andererseits bieten gerade Veränderungen im Unternehmen die Chance, die eigene Leistungsfähigkeit und Leistungsbereitschaft nachdrücklich unter Beweis zu stellen. Außerdem werden im Rahmen der entsprechenden Transformationsprozesse Positionen neu geschaffen und bisher durch andere Personen besetzte Stellen werden frei! Das macht Mut für „Angriffe"!

Wie eine digitale Transformation durch ein abgestimmtes Vorgehen auf verschiedenen Ebenen erfolgreich gestaltet werden kann, zeigt das Beispiel LEGO. Bis zum Jahr 2000 liefen die Geschäfte für den dänischen Spielzeugbauer hervorragend. Das Unternehmen hatte quasi die Lizenz zum Gelddrucken. Das Geschäftsmodell von LEGO bestand darin, Plastik für etwa 50 €-Cent pro Kilo zu kaufen, es in Form zu pressen, um es dann für etwa 50 € weiter zu verkaufen. Auf Umsatzverluste reagierte das Unternehmen mit der Erschließung neuer Märkte und der Entwicklung neuer Produkte — von Uhren über Kinderkleidung bis hin zu Computerspielen. Diese Strategie führte LEGO 2004 fast zur Insolvenz und stellte den Trigger für den Change-Prozess dar (vgl. Peyman et al., 2014, S. 16).

Im Rahmen eines umfangreichen Transformationsprozesses überarbeitete LEGO die **Customer Value Proposition**. Der Unternehmensführung war klar geworden, dass es nicht mehr ausreicht, nur bunte Steine zu verkaufen. Die Herausforderung bestand darin, Geschichten vorzutragen, die sich mit den Steinen bauen lassen. Diese strategische Neuausrichtung des Unternehmens führte dazu, dass auch die Zielgruppe der Erwachsenen erschlossen wurde. Die programmierbaren LEGO-Roboter werden jetzt zu einem Drittel von Erwachsenen selbst genutzt. Diese neue erschlossene Zielgruppe, die sich gleichzeitig als wertvolle Wertschöpfungsquelle erwies, spiegelt sich mit über 50.000 erwachsenen Fans in der LEGO-Community wider. Neue Produkte für diese Zielgruppe wurden via Crowdsourcing auf der Online-Plattform *Cuucoo* gemeinsam mit den Kunden entwickelt (vgl. Berman, 2012, S. 19; Robertson/Breen/Wegberg 2014; Lego, 2014). Früher gab die Marktforschung die Richtung in der Produktentwicklung vor. Heute sind es die Customer-Insights, die unmittelbar beim Beobachten der spielenden Kinder – oder der spielenden Erwachsenen gesammelt werden. Diese treiben gemeinsam mit den Anregungen aus dem Crowdsourcing die Produktentwicklung voran.

Die Beispiele *Kodak* und LEGO zeigen eines: Die Digitalisierung und deren erfolgreiche Verankerung im Unternehmen ist zu einem wesentlichen Faktor für die Wettbewerbsfähigkeit von Unternehmen und Organisationen geworden. Wie in Kapitel 1 bereits aufgezeigt wurde, fordern **digitale Disruptoren** – teilweise in Gestalt von neuen Wettbewerbern am Markt – die etablierten Geschäftsmodelle heraus, indem sie bisher „unumstößliche" Marktgesetze aushebeln! Hier sei nochmals auf die bereits zitierten Beispiele verwiesen: Wer hätte sich noch vor wenigen Jahren vorstellen können, dass das Suchmaschinen-Unternehmen *Google* mit der Akquisition des Unternehmens *Nest* einmal zum Mitbewerber in der Haustechnik werden würde? Oder als erstes Unternehmen ein selbstfahrendes Auto entwickelt? Oder eine Datenbrille auf den Markt bringt? Oder ein eigenes Zahlungssystem entwickelt? Und, und, und! Welcher **Marketing-Myopia** – i. S. einer Marketing-Kurzsichtigkeit – man selbst erliegt, wird schon daran deutlich, dass man *Google* (fälschlicherweise) immer noch als „Suchmaschinen-Unternehmen" bezeichnet. Dazu muss man nur einmal bspw. bei *techtubewikia.blogspot.de* prüfen, welche Namensrechte sich das Unternehmen in welchen Branchen bereits gesichert hat. *Google* ist nicht nur auf dem Weg, ein Mischkonzern zu werden – *Google* ist es längst!

Auch *Facebook* ist längst nicht nur ein soziales Netzwerk, sondern inzwischen auch ein Werbekanal und plant den Einstieg in die Bankbranche, um klassischen Finanzinstituten Konkurrenz zu machen. Dafür sollen zukünftig auch Zahlungsvorgänge über *Facebook* und *WhatsApp* abgewickelt werden (vgl. DWN, 2014). *amazon* – einmal als Online-Buchhändler gestartet – ist heute das größte Versandunternehmen der westlichen Welt. Aber es ist längst viel mehr als das. *amazon* mutiert zum Hardwarehersteller mit den *Kindl*-Produkten, betätigt sich als Cloud-Service-Provider und ist ebenfalls auf dem Weg, eigene Finanzdienstleistungen anzubieten. Und jetzt läuft sich *Apple* warm, um 2020 einen *iCar* vorzustellen!

Was können wir von diesen Unternehmen lernen? Eines ist erkennbar: Sie fokussieren nicht auf eine einmal definierte **Business Mission** und damit einen **Teil der Wertschöpfungskette**. Sie prüfen zusätzlich zum einen regelmäßig, in welchen Feldern die eigenen Kernkompetenzen zusätzlich eingesetzt werden können. Zum anderen wird der Markt ganz systematisch nach Ideen, Leistungsträgern und Unternehmen durchforstet, die das eigene Geschäftsmodell anreichern und voran bringen können. Dass man sich damit als Unternehmen wie *Google*, *Facebook* und *amazon* mit prall gefüllten Taschen leichter tut als ein mittelständisches Unternehmen, sei der Fairness halber eingeräumt. Nur Fairness ist eine beim Kampf um Marktanteile selten gültige Währung!

Merk-Box

Eines bleibt deshalb allen Unternehmen angeraten: Um angemessen auf die Entwicklungen einer digitalisierten Welt reagieren zu können, kann kein Unternehmen darauf verzichten, das eigene klassische Geschäftsmodell kritisch zu hinterfragen und Prozesse des Einkaufs, der Produktentwicklung, der Produktion, der Logistik, des Vertriebs und der Kundeninteraktion neu zu denken und somit nicht vom Markt aussortiert zu werden.

Besonders erfolgreich bei der Ausschöpfung der digitalen Potenziale sind die Unternehmen, die nicht nur neue Produkte oder Dienstleistungen aufbauen, sondern sogenannte **Eco-Systems** oder **Öko-Systeme** schaffen (vgl. grundlegend hierzu Moore, 1993). Um die hier wesentlichen wirtschaftsrelevanten Formen von den klassischen biologischen Öko-Systemen zu unterscheiden, wird auch von **Eco-Business-Systems** bzw. von **Digital-Eco-Systems** gesprochen. Mit diesen Begriffen wird ein Ansatz beschrieben, bei dem Unternehmen versuchen, die Nutzer – bei einer Vielzahl von unterschiedlichen Diensten – innerhalb der eigenen Leistungsangebote zu halten. Um sie gleichsam gegenüber Wettbewerbslösungen zu immunisieren und damit die eigene Angreifbarkeit zu verringern.

Relevante Unternehmen, die systematisch Eco-Systems aufgebaut haben, sind in Abb.5.2 zu finden. Ein Anbieter, der bereits ein sehr umfassendes Eco-System aufgebaut hat, ist *Google*. Über die Suchmaschine, *G-Mail* als E-Mail-Programm, den *Google*-Browser *Chrome*, *Picasa* für die Bildverarbeitung, *Google+*, *Google My Business*, *Google Maps*, *Google Wallet* und eine große Zahl weiterer Angebote versucht das Unternehmen, Nutzer innerhalb des eigenen Angebotskreises zu halten. Welche Relevanz *Google* auf diese Weise erreicht hat, zeigt der Blick auf den Alexa- und den PageRank.

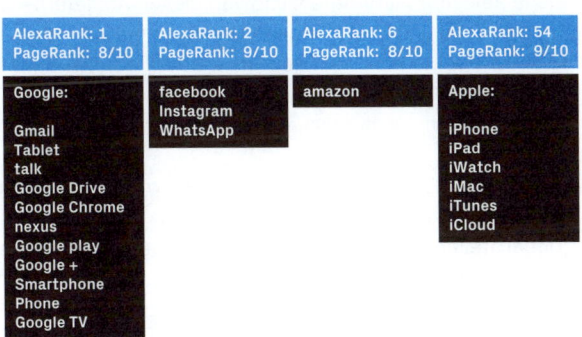

Abb.5.2: Unternehmen mit relevanten Eco-Systems – ergänzt um den Alexa- und PageRank

Der Alexa-Rank ist eine vergleichende Messgröße zur Website-Nutzung. Er liefert Informationen darüber, welche Frequenz eine Website im Vergleich zu anderen Websites erzielt. Diese Ranggröße bringt zum Ausdruck, wie viele Websites auf der Welt einen besseren Rangplatz in der Nutzungsintensität als die analysierte Website erreicht haben. Deshalb gilt: Je niedriger die erreichte Rangzahl, desto größer ist die erzielte Frequenz. „1" bedeutet damit den ersten Platz in den Nutzerpräferenzen. Die Ermittlung der Ränge findet regelmäßig statt und basiert auf der tatsächlichen Popularität einer Site, gemessen an der Anzahl der Besucher. Der PageRank ist dagegen ein Algorithmus, um die Link-Popularität einer Website zu ermitteln. Es gilt tendenziell, dass mit der Anzahl der Backlinks einer Website – dies sind Links von anderen Websites auf die eigene Website – deren Gewicht im Suchkontext zunimmt, wodurch der PageRank steigt. Der die Wichtigkeit einer Website ausdrückende PageRank nimmt nur ganze Werte zwischen 0 und 10 an, wobei nur sehr wenige Websites den besten Wert von 10 erreichen.

Facebook versucht ebenfalls, die Nutzer immer stärker im eigenen Angebot zu halten, damit dieser dort häufiger werblich angesprochen werden kann. Facebook versucht hierzu über seine Anfang 2015 geänderten AGBs, die Gewohnheiten der Nutzer noch stärker auszuforschen, indem die Online-Nutzung – stationär und mobil – auch außerhalb von Facebook erfasst und ausgewertet wird. Zusätzlich vernetzt es auch die eigenen Plattformen WhatsApp und Instagram. Einen Einspruch gegen diese umfassende Ausforschung der Nutzer hat Facebook nicht vorgesehen. Motto: Love it or leave it!

Anbieter wie amazon und Apple versuchen ebenfalls, Nutzer mit **Relevanzfäden** in einen eigenen Kokon einzuweben. Immer mit dem gleichen Ziel: Die Anwender sollen möglichst viel Zeit bei einem Anbieter verbringen. Dies ermöglicht nicht nur, viele weitere Daten über jene zu gewinnen, sondern auch eine Vielzahl von individualisierten und ggf. auch personalisierten Angeboten zur eigenen Gewinnsteigerung zu präsentieren. Gleichzeitig wird es Wettbewerbern erschwert, auf diese Personen zuzugreifen, wenn diese ein Eco-System gar nicht mehr verlassen müssen.

Für alle **Anbieter außerhalb dieser Eco-Systems** stellt sich die Frage, wie die eigene Relevanz – in Abgrenzung von diesen Anbietern – sichtbar gemacht werden kann und ob ggf. eigene Eco-Systeme aufgebaut werden können. Alternativ sollte ernsthaft geprüft werden, ob das eigene Unternehmen oder eigene Angebote in die bestehenden Eco-Systems „eingewoben" werden können, um auf diese Weise von synergetischen Effekten zu profitieren.

Wichtig ist es, zu begreifen, dass die **Entwicklung von digitalen Plattformen** für viele Geschäftsmodelle eine zentrale Erfolgsvoraussetzung darstellt. Dabei stellen bereits die heute vorhandenen Smartphones – vernetzt über das Internet – eine leistungsstarke Plattform dar, die für eigene Produkte und Lösungen eingesetzt werden kann. Zu denken ist hier bspw. an die bereits diskutierten Angebote von Uber und airbnb. Vor diesem Hintergrund wird bereits von der **Emerging Platform Economy** gesprochen.

Der Siegeszug solcher digitalen Plattformen kann nicht nur Milliardenwerte an der Börse schaffen und vernichten. Er fordert auch Unternehmen der verschiedensten Branchen heraus, die sich bislang nicht intensiv mit den Implikationen des Internets für das eigene Geschäftsmodell auseinander gesetzt haben. Was ist das mögliche Ergebnis? Welche Entwicklungen zeichnen sich ab (vgl. Jahn, 2015, S. 22)?

So entstehen auf einmal einschlägige Anbieter in den unterschiedlichsten Branchen, die selbst über keine eigenen Produktionsmittel (Maschinen, Autos, Zimmer) verfügen. Für diese Netzwerkbetreiber wird eine „Produktion ohne eigene Fabriken", eine „Erbringung von Transportdienstleistungen ohne eigene Transportmittel" und „Übernachtungsangebote ohne eigene Zimmer" möglich. Das große Investment kann hier entfallen – es muss „nur" in Software, Prozesse und Systeme investiert werden, aber nicht in Produktionsmittel. Solche **dematerialisierten Geschäftsmodelle** nach dem Motto „Clicks without Bricks" werden zunehmend etablierte Geschäftsmodelle herausfordern. Und dabei wird es perspektivisch zur immer stärkeren Verlagerung von **Producer-Driven Value Chains** hin zu **Customer-Driven Value Chains** kommen.

Merk-Box

Häufig machen nicht mehr die Hersteller bzw. die ursprünglichen Erbringer einer bestimmten Leistung das Geschäft. Die großen Profiteure sind heute vielfach die Betreiber digitaler Plattformen, die Angebot und Nachfrage in einer überzeugenden Form zusammenbringen. Ohne selbst in Gebäude, Maschinen und/oder Prozesse zur originären Leistungserbringung investieren zu müssen. Und Angebote stoßen auf eine hohe Akzeptanz bei den Nutzern, weil jene bequem, kostengünstig und/oder innovativ sind.

Spannend: Das Relationship-Building liegt in den Händen der Plattformbetreiber, denn diese haben den direkten Zugang zum Nutzer — und dessen Zahlungsdaten!

Wie schon angesprochen, war die **erste Welle der Digitalisierung und Dematerialisierung** die Domäne der Start-ups. Diese konnten ohne die „Bürde eines Großunternehmens" ihrer Kreativität freien Lauf lassen. In der jetzt absehbaren **zweiten Welle der Digitalisierung und Dematerialisierung** kann die große Stunde der etablierten Konzerne und Unternehmen kommen. Das dort vorhandene Know-how, verbunden mit Kapital, Prozessen, Strukturen, kann bei vielen Geschäftsmodellen den Durchbruch bringen. Allerdings nur dann, wenn die dafür erforderliche Veränderungsbereitschaft auf allen Hierarchiestufen gegeben ist! Dabei sollten sich die Unternehmen immer weniger darauf verlassen, dass sie als Fast Follower immer noch Anschluss gewinnen können. In einer Welt des kontinuierlichen Wandels dürfte es immer schwieriger werden, aufzuholen. Deshalb geht es darum, selbst zum **Digital Interrupter** zu werden, statt das eigene Geschäftsmodell durch andere gefährden zu lassen (vgl. Accenture, 2014, S. 8).

Merk-Box

Etablierte Unternehmen haben jetzt die Chance, das Heft des Handelns in die Hand zu nehmen. Jetzt steht das Strategic Window of Opportunity noch offen, um selbst als Digital Interrupter tätig zu werden, indem die eigenen Ressourcen konsequent zur Entwicklung der eigenen digitalen Zukunft eingesetzt werden. Aber die Zeit läuft ab...

Um die für die (digitale) Neuausrichtung und Weiterentwicklung erforderliche Kreativität im Unternehmen sicherzustellen, sind – so neueste Forschungsergebnisse – **gemischte Teams** besonders geeignet. Bei der hier geforderten Diversity geht es aber nicht um den Genderaspekt, sondern um die Altersstruktur im Team. Eine kreative Atmosphäre wird erreicht, wenn junge und ältere Mitarbeiter zusammengeführt werden. Dabei gilt: „Jugend forscht" – begleitet und unterstützt von Managern, die ihre Lebenserfahrung einbringen (vgl. Packalen/Bhattacharya, 2015). Diese Erkenntnis kann – richtig umgesetzt – einen Wettbewerbsvorteil der etablierten Unternehmen darstellen. Denn bei Start-ups fehlt es häufig an den hier notwendigen „alten Hasen"!

Auf dem **Weg zu einem digitalen Unternehmen** geht es aber nicht alleine darum, nur neue Technologien in die bestehenden Organisationen zu integrieren. Es geht vielmehr darum, neue Technologien so einzusetzen, dass Geschäftsmodelle neu gedacht oder zumindest neu ausgerichtet werden, um selbst zum Treiber der Veränderungen zu werden. Jedes Unternehmen ist deshalb gut beraten, sich die Frage zu stellen, wie es die nächsten Jahre nutzen möchte, um seine Position bei der Neuverteilung der Welt zu definieren.

Think-Box

- Welchen Stellenwert hat das Thema „digitale Transformation" in meinem Unternehmen?
- Wurde die Vision und Mission meines Unternehmens vor dem Hintergrund der sich abzeichnenden Veränderungen in jüngster Zeit auf ihre Aktualität überprüft?
- Sind die Geschäftsprozesse schon auf die Erschließung digitaler Potenziale ausgerichtet?
- Wurden Führungs- und Motivationssysteme darauf ausgerichtet, eine digitale Transformation nachhaltig im Unternehmen zu verankern?
- Ist unsere Customer Value Proposition noch auf der Höhe der Zeit?

1/2

- Haben wir bereits Schritte für eine konzertierte Transformation definiert, um ganz konkrete Ziele zu erreichen?
- Wie stehen Top-, Middle- und Lower-Management zur digitalen Transformation?
- Aus welchen Bereichen kommt der meiste Widerstand und wie kann dieser überwunden werden?
- Laufen wir Gefahr, bei der Frage, welche Veränderungen und Unternehmen eine Gefährdung für unser eigenes Geschäftsmodell in sich trägt, einer Marketing-Myopia zu unterliegen?
- Können zur systematischen Betreuung und langfristigen Bindung Kunden in ein eigenes Eco-System eingebunden werden?
- Besteht die Möglichkeit, das eigene Unternehmen oder eigene Angebote in die bestehenden Eco-Systeme einzubinden?
- Können digitale Plattformen aufgebaut werden, um zusätzlichen Kundennutzen zu stiften?
- Würden wir solche Plattformen auch dann aufbauen, wenn sie unser bestehendes Geschäft kannibalisieren?
- Welche Anbieter würden uns vom Markt verdrängen, wenn wir das kannibalisierende Geschäftsmodell nicht selbst einsetzen?
- Haben wir den Mut, selbst zum Digital Interrupter zu werden?
- Sind wir bereit, die eigenen Ressourcen konsequent zur Erschließung digitaler Potenziale in unserem Kerngeschäft und in angrenzenden Fehlern einzusetzen?
- Wer hat in unserem Unternehmen den Hut auf für das umfassende Thema „digitale Transformation"?
- Auf welcher Unternehmensebene ist diese Person angesiedelt, insofern eine solche schon definiert wurde?

5.2 Digital Maturity Model als Analyse- und Gestaltungsmodell

5.2.1 Grundkonzept des Digital Maturity Models

Um zu ermitteln, in welchem Ausmaß ein Unternehmen bereits dem **Zielbild eines transformierten Unternehmens** entspricht, kommt ein spezifisches Bewertungsverfahren zum Einsatz. Dieses wurde von *neuland* in Zusammenarbeit mit dem *Research Center for Digital Business* an der *Hochschule Reutlingen* entwickelt. Das sogenannte **Digital Maturity Model** besteht aus insgesamt 32 Einzelkriterien. Es bietet eine Metrik, um die digitale Reife eines Unternehmens aus der Sicht unterschiedlicher Stakeholder zu bewerten. Durch den Einsatz dieses Verfahrens lassen sich Handlungsfelder und konkrete Optimierungspotentiale in Einzelbereichen aufdecken. Die Erkenntnisse, die durch das Digital Maturity Model gewonnen werden, liefern die **Grundlage für die Entwicklung einer digitalen Roadmap**. Gleichzeitig stellt es ein **Referenzmodell** für die nachhaltige Weiterentwicklung in Richtung einer Digital Excellence dar.

In Abb.5.3 ist das Grundkonzept des **Digital Maturity Model** beschrieben. Hier wird deutlich, dass im Zuge der Analyse acht verschiedene **Dimensionen** im Hinblick auf ihre „digitale" Ausgestaltung analysiert werden müssen. Hinsichtlich dieser Dimensionen können wiederum fünf Ausprägungsstufen unterschieden werden. Bei **„Unaware"** ist dem Unternehmen die Relevanz der entsprechenden Dimension nicht bewusst. Die Ausprägung **„Conceptual"** zeigt dagegen auf, dass im Unternehmen zu der entsprechenden Dimension bereits konzeptionelle Überlegungen angestellt wurden. Bei **„Defined"** ist man schon einen Schritt weiter und hat Ziele, Maßnahmen und Zeitpläne erstellt. Mit der Ausprägung **„Integrated"** wird gesagt, dass relevante „digitale" Lösungen bereits integriert wurden. Die höchste Stufe ist mit **„Transformed"** erreicht; hier sind die notwendigen Veränderungen bereits ganzheitlich auch in die Ablauf- und Aufbauorganisation des Unternehmens verankert.

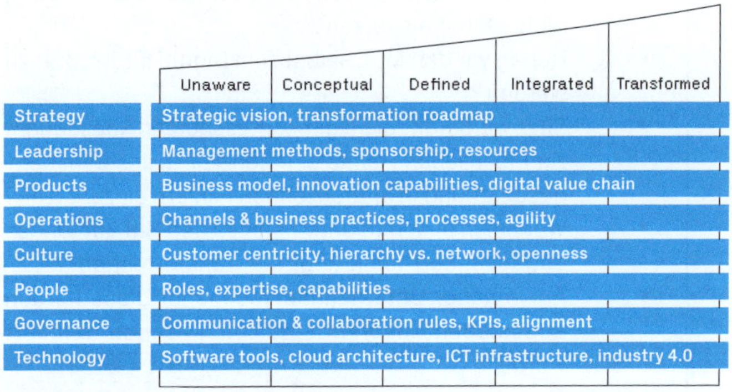

	Unaware	Conceptual	Defined	Integrated	Transformed
Strategy	Strategic vision, transformation roadmap				
Leadership	Management methods, sponsorship, resources				
Products	Business model, innovation capabilities, digital value chain				
Operations	Channels & business practices, processes, agility				
Culture	Customer centricity, hierarchy vs. network, openness				
People	Roles, expertise, capabilities				
Governance	Communication & collaboration rules, KPIs, alignment				
Technology	Software tools, cloud architecture, ICT infrastructure, industry 4.0				

Abb.5.3: Digital Maturity Model
    Quelle: Peyman et al., 2014, S. 38

5.2.2 Dimension: Strategy

Die **Modellkomponente Strategy** erfasst den Reifegrad der unternehmerischen Digital-Strategie (vgl. zur Modellbeschreibung auch Peyman et al., 2014, S. 39). Es ist eine Kernaufgabe der Unternehmensführung, eine solche Digital-Strategie zu entwickeln, die disruptive technologische Entwicklungen und die Veränderungen im Kundenverhalten berücksichtigt. Eine wichtige Implementierungsvoraussetzung besteht darin, diese Digital-Strategie unternehmensintern nicht nur zu dokumentieren, sondern über alle Unternehmenshierarchien hinweg auch zu kommunizieren. Hierzu kommt eine **Transformation-Roadmap** zum Einsatz. Nur wenn diese Strategie in ihrer Gesamtheit von allen Leistungsträgern verstanden wird, kann sie ihre transformatorische Wirkung entfalten. Auch das Bewusstsein für die digitale Transformation muss in der Digital-Strategie verankert werden.

Zusätzlich ist es aufgrund der Dynamik der technologischen Entwicklungen unverzichtbar, dass die **Digital-Strategie** laufend überprüft und ggf. angepasst wird. Auch dieser Aspekt wird im Zuge der Dimension „Strategie" überprüft. Gleichzeitig ist die **Unternehmensstrategie** selbst aus der digitalen Perspektive regelmäßig auf den Prüfstand zu stellen. Dazu ist ein klares – digitales – Zielbild für das ganze Unternehmen zu entwickeln!

5.2.3   Dimension: Leadership

Im Mittelpunkt der **Modellkomponente Leadership** steht die Rolle, die das Führungsteam eines Unternehmens bei der Implementierung der Strategie einnimmt. Die Kernaufgabe des Top- und Middle-Management besteht darin, die Relevanz der neuen Technologien zu erkennen und im gesamten Unternehmen ein Bewusstsein für die Notwendigkeit des (digitalen) Wandels zu schaffen. Das erreichte **Commitment des Managements** für diesen Wandel, das Ausmaß der involvierten Funktionsbereiche sowie die vorherrschende Führungskultur stellen wichtige Indikatoren dafür dar, ob der Change-Management-Prozess erfolgreich sein wird.

Generell gilt: Je mehr Bereiche eines Unternehmens die Notwendigkeit eines (digitalen) Wandels verinnerlicht haben und tatsächlich auch digital arbeiten und denken, desto erfolgreicher wird die Transformation ausfallen. Die Umsetzung der Digital-Strategie darf nicht die alleinige Aufgabe eines Bereiches oder einer Abteilung sein. Vor allem nicht auf einer niedrigen hierarchischen Stufe, da das gesamte Unternehmen von der digitalen Transformation erfasst wird. Im Sinne einer überzeugenden Ausgestaltung der Dimension „Leadership" gilt es viel mehr, alle Führungskräfte in die Entwicklung und Implementierung der Digital-Strategie einzubeziehen. Vor diesem Hintergrund sind auch die etablierten **Führungsprozesse** – im Gleichklang mit den unternehmensinternen Incentivierungssystemen – weiterzuentwickeln. Zusätzlich erfordert die digitale Transformation einen Mentor an der Unternehmensspitze!

Für eine erfolgreiche Gestaltung des Wandels in einem Unternehmen ist es entscheidend, dass die Mitarbeiter nicht in die sogenannte **Kompetenz-Falle** tappen. Eine solche entsteht, wenn Mitarbeiter von der vermeintlichen Überlegenheit der eingesetzten Produkte, Prozesse und/oder Technologien überzeugt sind und keinerlei Handlungsnotwendigkeit sehen, neue (digitale) Produkte, Prozesse und/oder Technologien einzusetzen. Auf die Befolgung von Artikel 6 des **Rheinischen Grundgesetzes** sollte folglich verzichtet werden. Dieses lautet:

Kenne mer nit, bruche mer nit, fott domet.
(Auf Hochdeutsch: „Kennen wir nicht, brauchen wir nicht, fort damit.")

Diese kritische Haltung, Neuerungen zu übernehmen, gilt es durch Leadership zu überwinden. Und jede Art von Führung beginnt immer zunächst mit der Führung der eigenen Person. Deswegen kann diese Aufgabe insb. des Top- und Middle-Managements nicht delegiert werden.

5.2.4   Dimension: Products

Um zu erfassen, wie weit die digitale Transformation im Produkt- und Dienstleistungsangebot schon vollzogen ist, wird die **Modellkomponente Products** analysiert. Dabei wird u. a. ermittelt, in welchem Umfang sich der Innovationsgrad des Geschäftsmodells, relative Kundenvorteile, eine Kostenüberlegenheit gegenüber Wettbewerbern auf die erreichte **Digitalisierungstiefe der Wertschöpfungsprozesse** und der durch sie erstellten Endprodukte zurückführen lässt. Die komplette Produkt- und Servicepalette ist daraufhin zu überprüfen, wo eine Digitalisierung zu Kundenvorteilen und/ oder Kostenüberlegenheit führen kann. Zusätzlich können „digitale Angebote" die Produkt- und Service-Palette abrunden. Denn es gilt: Die **Digitalisierung der Value Chain** ist nicht als reines „Effizienzprojekt" zu interpretieren!

5.2.5   Dimension: Operations

Anhand der **Modellkomponente Operations** wird zum einen geprüft, wie flexibel die Geschäftsprozesse auf neue Herausforderungen ausgerichtet werden können. Zum anderen wird analysiert, in welchem Ausmaß digitale Kanäle bereits intern und/oder extern zur Vernetzung von Wertschöpfungsketten genutzt werden. Um **nahtlose Kundenerlebnisse** („Seamless Integration") zu schaffen, ist die **Digitalisierung der Kernprozesse** voranzutreiben. Hierfür sind Daten- und Prozess-Silos – insb. aber Silos in den Köpfen der Menschen – zu überwinden. Schließlich unterscheiden Kunden immer weniger zwischen „on- und offline" oder zwischen „mobil und stationär". Deshalb sind die klassischen arbeitsteiligen Organisationen aus der Kundenperspektive auf ihre „Funktionsfähigkeit" zu überprüfen!

Die Herausforderung der Operations besteht außerdem darin, neue technologische Möglichkeiten laufend auf ihren Wertschöpfungsbeitrag für das eigene Unternehmen zu untersuchen – und diese bei positiven Leistungsbeiträgen in die eigenen Prozesse zu integrieren. Außerdem ist in diesem Bereich zu prüfen, in welchem Ausmaß die zur Implementierung erforderlichen Ressourcen bereitgestellt werden.

5.2.6   Dimension: Culture

Jeder Mitarbeiter eines Unternehmens muss im Laufe eines Arbeitstages eine Vielzahl von Entscheidungen treffen. Nicht alle dieser Entscheidungsprozesse können anhand von eindeutigen Vorgaben geregelt werden. Hier geht es bspw. um die Frage, welcher Kunde oder welches Projekt mit einer höheren Priorität zu versehen ist. In diesen Fällen beziehen sich Mitarbeiter häufig auf die **Modellkomponente Culture**, die auf einem spezifischen Wertekanon des Unternehmens basiert. Damit wirkt die Unternehmenskultur unmittelbar in den täglichen Arbeitsablauf ein.

Unternehmen bedürfen einer **neuen Innovationskultur**, um den digitalen Wandel zu ermöglichen. Dabei kann die Unternehmenskultur entweder zur Innovationsbremse oder auch zum Innovationsbeschleuniger werden. Diese Kultur-Dimension beeinflusst nicht nur die Aufgeschlossenheit gegenüber Innovationen, sondern bestimmt auch die Offenheit in der Kommunikation im Unternehmen einerseits und mit externen Stakeholdern andererseits. Konzepte wie der Aufbau „interner Inkubatoren", die Integration von Kunden in den Innovationsprozess und weitere Formen von Open Innovations ermöglichen ein Denken „out of the box". Im Zuge der Dimension Culture wird folglich durchleuchtet, wie diese im Hinblick Transparenz, Dynamik, Kommunikationsintensität und Change-Bereitschaft ausgestaltet ist.

5.2.7 Dimension: People

In der **Modellkomponente People** wird analysiert, wie umfassend es bereits gelungen ist, eine digitale Expertise in der eigenen Belegschaft aufzubauen und entsprechende Lernprozesse unternehmensintern zu verankern. Denn die digitale (Arbeits-)Welt erfordert neue Qualifikationen. Für den Transformationsprozess müssen Träger von „digitalem Know-how" an zentralen Stellen im Unternehmen verankert werden. Gleichzeitig ist den Mitarbeitern die „Angst vor dem Neuen" zu nehmen. Hierfür ist ein expliziter Change-Management-Prozess im Unternehmen unverzichtbar! Zusätzlich wird ermittelt, ob die für die digitale Transformation notwendigen Ressourcen zur Verfügung stehen.

5.2.8 Dimension: Governance

Ohne eine entsprechend ausgestaltete Unternehmenssteuerung ist eine Digital-Strategie nicht umsetzbar. Anhand der **Modellkomponente Governance** wird ermittelt, wie verbindlich und ganzheitlich die Digital-Strategie über Abteilungs- und Divisionsgrenzen hinweg umgesetzt wird. Außerdem wird analysiert, welche Steuerungsinstrumente hierzu eingesetzt werden. Eine zentrale Implementierungsvoraussetzung besteht darin, dass die Ziele der Digital-Strategie messbar definiert sind, Außerdem muss die Umsetzung der Digital-Strategie Teil der **Zielvereinbarungen** aller Führungskräfte werden. Nur so wird die Digital-Strategie in den Köpfen und Herzen des gesamten Teams verankert!

5.2.9 Dimension: Technology

Wichtige Enabler für die digitale Transformation können in den digitalen Technologien gesehen werden. Erfolgsentscheidend ist es deshalb, die erforderlichen Technologien bspw. zur Daten-Analyse, zum Cross-Channel-Management, zur Prozessautomatisierung sowie zum Aufbau von Eco-Systems einzusetzen. Hierauf zielt die **Modellkomponente Technology** ab.

Im Zentrum steht dabei u. a. die Frage, inwieweit es bereits gelungen ist, die Weiterentwicklung der eigenen IT-Infrastruktur oder entsprechender Cloud-Solutions als Kernbereich in die digitale Roadmap zu integrieren.

Kunden definieren durch ihre Cross-Channel-Interaktion (offline – online) neue Anforderungen an die Kundenführung, die technologisch abzubilden sind. Die Anforderungen an diese Weiterentwicklung werden folglich insb. Markt-, Kunden- und damit Marketing-getrieben sein und setzen eine flexible Ausgestaltung der unterstützenden Systeme voraus.

Think-Box

- Haben wir bereits einmal eine Analyse anhand der Dimensionen des Digital Maturity Models durchführen lassen?
- Welche Ergebnisse wurden dabei hinsichtlich der Dimensionen Strategy, Leadership, Products, Operations, Culture, People, Governance und Technology erzielt?
- Welche Konsequenzen wurden daraus abgeleitet?
- Wer ist mit diesem Thema betraut und verfolgt es mit der gebotenen Hartnäckigkeit — auch gegen interne Widerstände?

5.3   Beispiele erfolgreicher digitaler Transformationen

Um digitale Transformationsprojekte im deutschsprachigen Raum herauszustellen sowie den Dialog zwischen den Vorreitern der digitalen Welt und interessierten Unternehmen in Gang zu bringen, haben die Strategieberatung *neuland* und *WirtschaftsWoche* 2014 den *Digital Transformation Award* (DTA) ins Leben gerufen. Mit diesem Preis werden Unternehmen, Organisationen oder Behörden ausgezeichnet, die unter Einsatz von digitalen Technologien ihre Wertschöpfung erhöhen und Mehrwert für den Kunden schaffen.

In den verschiedenen Kategorien sind 2014 mehr als 100 Bewerbungen eingegangen. Elf Unternehmen, Organisationen und Behörden konnten sich für das Finale beim *Digital Transformation Summit* qualifizieren. Prämiert wurden die Finalisten und Sieger in drei Bereichen der digitalen Transformation: Kundenerlebnis, Produkt- und Service-Innovation sowie Unternehmen 2.0.

Die Award-Kategorien

Abb. 5.4: Kategorien des *Digital Transformation Award*

Quelle: Peyman et al., 2014, S. 22

Der Preis in der **Kategorie Kundenerlebnis** ging 2014 an das kommunale *Rechenzentrum Minden-Ravensberg/Lippe* für den Aufbau eines digitalen Service-Centers. Der Informatikdienstleister der Kommunen *Minden-Ravensberg/Lippe* überzeugte die Jury mit seinem digitalen Service. Dieser beschleunigt nicht nur die bis dahin rein papierbasierten Verwaltungsprozesse, sondern schafft gleichzeitig auch mehr Bürgernähe. Die Transformation innerhalb des Unternehmens wurde selbst initiiert. Das bedeutet, dass die Innovation nicht aus der Not geboren, sondern „Digitalisierung" als Chance gesehen und proaktiv in die Hand genommen wurde.

Preisträger in der **Kategorie Produkt & Service Innovation** war das *Deutsche Mode-Institut*, das die Jury mit der Entwicklung eines digitalen Messverfahrens für Farben überzeugte. Durch eine Multispektralmessung hat das Unternehmen eine disruptive Technologie entwickelt, wodurch die Herstellung und auch der Transport von physischen Mustern überflüssig wurden. Die Abstimmungsrunden zwischen Entwicklung und Produktion wurden gleichzeitig enorm verkürzt.

Sieger in der **Kategorie Unternehmen 2.0** war die *Deutsche Bahn Netz AG* mit ihrer Plattform für die europaweite Online-Güterverkehrsbestellung. Hierbei handelt es sich um ein Infrastrukturunternehmen, das für den Betrieb und die Instandhaltung des Schienennetzes der *Deutschen Bahn* verantwortlich ist. Das prämierte Unternehmen hat in Zusammenarbeit mit der *Software AG* einen IT-Baukasten mit 10 Millionen Infrastrukturelementen entwickelt. Dieser beinhaltet unter anderem Komponenten wie das Fahrplan- und Infrastruktur-Management sowie den Eisenbahnbetrieb mit Verkehrsinformationen in Echtzeit. Die Jury lobte das Projekt für die deutliche Beschleunigung des Informationsaustausches zwischen den Eisenbahnverkehrsunternehmen und anderen Zugangsberechtigten.

Den **Sonderpreis** der Jury erhielt die *Zahnarztpraxis Dr. Müller und Dr. Weidmann* für ihr digitales Formularpaket. Mit der Verwaltungssoftware *Doconform* hat die Zahnarztpraxis ein digitales Verwaltungssystem entwickelt, das die Patienten-Arzt-Kommunikation deutlich verbessert. Durch die Digitalisierung können einige Behandlungen, die zuvor in unterschiedlichen Sitzungen stattfanden, in einer zusammengeführt werden. Die Jury hat der Zahnarztpraxis einen Sonderpreis verliehen, da eine derartige digitale Transformation für ein Unternehmen mit geringen personellen Ressourcen von nur neun Mitarbeitern eine besondere Herausforderung darstellt.

Du bist heute, was Du gestern gedacht hast.
Das, was Du heute denkst, wirst Du morgen sein.
Buddha

Die erforderlichen Veränderungen im Unternehmen können entweder durch kleine Schritte im Rahmen von **inkrementellen Veränderungen** erreicht werden. Die Frage ist hier allerdings, ob das **Strategic Window of Opportunity** lange genug geöffnet bleibt, um diese Strategie zu erlauben. Deutlich schneller ist die **Geschäftsmodellerweiterung**, bei der – häufig im Zuge einer lateralen Diversifikation – neue Geschäftsfelder (zusätzlich) erschlossen werden. Den tiefgreifendsten Wandel bringt schließlich ein **Core Shift** mit sich, der den Unternehmenskern dramatisch verändert (vgl. vertiefend zum Thema Geschäftsmodell-Innovation Schallmo, 2014; Müller, 2015).

Generell kann festgestellt werden, dass viele Unternehmen sich zu lange auf den bekannten Pfaden des eigenen Geschäftsmodells bewegen. Dabei werden Innovationen – insb. in Gestalt neuer Technologien – primär im Hinblick darauf abgeklopft, ob diese sich in bestehende Produkte und Dienstleistungen oder die eingesetzten Wertschöpfungsketten integrieren lassen. Die viel wichtigere Frage, ob die bestehenden Geschäftsmodelle durch solche Technologien gefördert, gefährdet oder langfristig sogar abgelöst werden können, unterbleiben dagegen zu häufig. Hierzu ein Statement von *Carsten Kratz*, Chef *BCG Deutschland*: „Sie sind gut oder sogar exzellent dort, wo sie schon immer gut waren. In der digitalen Welt geht Innovation aber weit über Technologie und Produkt hinaus. Es geht um das gesamte Geschäftsmodell" (Ludowig, 2015, S. 13).

6.1   Inkrementelle Veränderung

Am leichtesten sind in einem Unternehmen inkrementelle, d. h. schrittweise aufeinander aufbauende Veränderungen zu erreichen. Hier können – i. S. des **unternehmerischen Lernprozesses** – bestehende Produkte, Services und Prozesse Schritt für Schritt auf neue Anforderungen ausgerichtet werden. Bestehende Strukturen und Abläufe müssen dabei nicht dramatisch verändert werden. Im Mittelpunkt steht die Effizienzsteigerung bisherigen Tuns! Ein solches Vorgehen findet eine hohe Akzeptanz auf allen Unternehmensebenen, weil es keine signifikanten Veränderungen mit sich bringt. Damit sind – allerdings nur scheinbar – die geringsten Risiken verbunden.

Eine solche Strategie ist im Zuge der digitalen Transformation nur solchen Unternehmen möglich, die bereits im digitalen Zeitalter angekommen sind und ihr (digitales) Geschäftsmodell weiter an den sich verändernden Rahmenbedingungen anpassen müssen. Für diese Unternehmen gilt gleichsam als Richtschnur: Wandel ist das einzig konstante!

Für alle anderen Unternehmen gilt: Die Zeit des Abwartens ist vorbei. Auf jede Art von Geschäftsmodell wirken sich Digitalisierung und

Dematerialisierung aus. Deshalb sollte sich auch kein Unternehmen mehr der Illusion hingeben, als Fast Follower immer noch Anschluss gewinnen zu können. Die Zeit und die technologischen Veränderungen laufen zu schnell, um diese vermeintliche Erfolgsstrategie der Vergangenheit auch morgen noch einzusetzen. Deshalb ist jetzt eher die Frage angesagt, wie auch mittlere und große Unternehmen durch eine Geschäftsmodellerweiterung selbst zum **Digital Interrupter** werden können.

Think-Box

- Haben wir uns bisher eher auf inkrementelle Veränderungen konzentriert, weil uns der Mut für größere Sprünge gefehlt hat?
- Reicht dieses Vorgehen zum Bestehen im digitalen Zeitalter aus, wenn wir selbst dort noch nicht umfassend angekommen sind?
- Wer kann uns aus einer Lethargie herausführen, um die Möglichkeiten zu nutzen, bevor unser Geschäftsmodell den Anschluss verloren hat?

6.2 Geschäftsmodellerweiterung

Unternehmen, die digitale Lösungskonzepte erst noch in ihre strategische Ausrichtung integrieren müssen, stehen vor der Aufgabe einer Geschäftsmodellerweiterung. Hier gilt es, das eigene Geschäftsmodell kritisch zu überprüfen, um digitale Angebots- oder Prozesslücken zu identifizieren. Hierzu können verschiedene Konzepte zum Einsatz kommen. Zum einen kann, wie in Kapitel 2 bereits dargestellt, die eigene **Wertschöpfungskette** analysiert und um eine nachhaltige Digitalkomponente ergänzt werden. Durch **Benchmarking** – branchenintern und branchenübergreifend – können wichtige Anstöße für das eigene Geschäftsmodell ermittelt werden. Um als Innovationsführer agieren zu können, ist dabei der Blick über den Tellerrand der eigenen Branche unverzichtbar. Sonst kopiert man maximal, was Wettbewerber bereits etabliert haben. In einem so dynamischen Marktumfeld wie hier können durch ein solches Vorgehen keine nachhaltigen Wettbewerbsvorteile erzielt werden.

Einen innovativen Lösungsansatz für die Weiterentwicklung des Geschäftsmodells bietet das **Business Model Canvas** (vgl. Osterwalder/ Pigneur, 2010). Dieses Modell ist eine konzeptionelle Vorlage für die Dokumentation und Weiterentwicklung bestehender wie für die Entwicklung neuer Geschäftsmodelle. Hierzu bietet das Konzept eine visuelle Landkarte, die die verschiedenen strategischen Elemente eines Geschäftsmodells umfasst. In Abb. 6.1 sind dies die folgenden neun Elemente ("Bausteine" oder „Building Blocks"): Key Partners, Key Activities, Key Resources, Value Proposition, Customer Relationships, Channels, Customer Segments, Cost Structure und Revenue Streams.

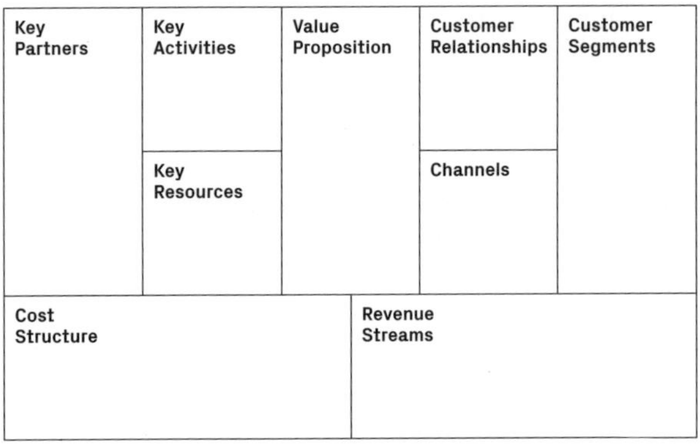

Key Partners	Key Activities	Value Proposition	Customer Relationships	Customer Segments
	Key Resources		Channels	
Cost Structure		Revenue Streams		

Abb. 6.1: Konzept des Business Model Canvas
Quelle: Osterwalder/Pigneur, 2010, S. 44

Durch eine **Analyse der verschiedenen Aktivitäten eines Unternehmens** können neue Ideen für deren Ausgestaltung entwickelt werden. Diese Visualisierung des Geschäftsmodells kann bspw. auf eine große Fläche projiziert werden. Dann können verschiedene Teams parallel an den unterschiedlichen Bausteinen arbeiten. Anschließend können die (neuen) Elemente des Geschäftsmodells diskutiert werden. Es handelt sich somit um ein Hands-on-Tool für die Geschäftsmodellinnovation, das Verständnis, die Diskussion, Kreativität und Analyse fördern kann. Die einzelnen Komponenten des Modells werden nachfolgend kurz skizziert:

- **Partner Network**
  Unternehmen schaffen Käufer-Lieferanten-Beziehungen, um die eigenen Prozesse zu optimieren und/oder um Risiken des Geschäftsmodells zu reduzieren. Hierzu gehört auch das Eingehen von strategischen Allianzen sowie die Gründung von Joint Ventures — auch mit strategischen Wettbewerbern. Im Zuge der Digitalisierung des Geschäftsmodells ist hier zu prüfen, welche – ggf. branchenfremden – Partner in das Partnernetzwerk zu integrieren sind.

- **Key Activities**
  Hierzu zählen die wichtigsten Aktivitäten entlang der unternehmerischen Wettschöpfungskette, die zur Generierung von Wettbewerbsvorteilen relevant sind. Die Wertkettenanalyse kann hierfür wichtige Impulse geben. Im Zuge der Digitalisierung und Dematerialisierung stellt sich hier bspw. die Frage, wie die Supply Chain weiter optimiert werden kann.

- **Key Resources**
  Zu den unternehmerischen Schlüsselressourcen gehört alles, was im Kern zur Schaffung von „Wert für den Kunden" notwendig ist. Die dabei angesprochenen Ressourcen können Mitarbeiter, finanzielle Mittel, Patente etc. umfassen. Auch hier ist zu untersuchen, welche Ressourcen zur Anreicherung und Weiterentwicklung des eigenen Geschäftsmodells erforderlich sind.

- **Value Proposition**
  Mit Value Proposition werden die Produkte und Dienstleistungen bezeichnet, die das Angebotsportfolio des Unternehmens ausmachen. Wichtig ist dabei, dass sich die eigene Value Proposition hinsichtlich Neuigkeitsgrad, Performance, Kundenorientierung, Preis-Qualität-Relation und Convenience deutlich von den Wettbewerberangeboten unterscheidet. Hier stellt sich die zentrale Frage, welche (weiteren) Erwartungen die Kunden an ein Unternehmen haben oder wodurch für diese ein zusätzlicher Mehrwert geschaffen werden kann. Gerade in diesem Bereich eröffnen die Digitalisierung und Dematerialisierung eine Vielzahl von Handlungsoptionen.

- **Customer Segments**
  Das Unternehmen muss genau definieren, auf welche Kundensegmente sich das Angebot ausrichten soll. Eine saubere Markt- und Kundensegmentierung sind hier eine wichtige Erfolgsvoraussetzung. Gerade der Zugriff auf Teile von Big Data ermöglichen Unternehmen hier tiefergreifende Analysen.

- **Customer Relationship**
  Das Überleben und der Erfolg von Unternehmen hängt in entscheidendem Maße von der Fähigkeit ab, langanhaltende und profitable Kundenbeziehungen aufzubauen (vgl. zum wertorientierten Kundenmanagement Kreutzer, 2009, S. 33-47). Für viele Geschäftsmodelle gehen mit der Digitalisierung neue Möglichkeiten einher, in intensive – wertschöpfende – Beziehungen mit den Kunden einzutreten. Die persönliche Beratung kann nicht nur Face-to-Face, sondern durch unterschiedliche Systeme (wie Apps etc.) erfolgen. Zusätzlich ermöglichen die Plattformen des Web 2.0, Kunden umfassend in Co-Kreation-Prozesse einzubinden und sogar – in Realtime – in den Produktionsprozess eingreifen zu lassen, um maßgeschneiderte Produkte zu entwickeln.

- **Channels**
  Unternehmen können den Kunden ihre Value Proposition über verschiedene Kanäle kommunizieren. Im Zeitalter der Digitalierung und Dematerialisierung ist immer wieder kritisch zu hinterfragen, in welcher Form dies am besten gelingen kann — idealerweise verbunden mit zusätzlichem Mehrwert für den Kunden.

- **Cost Structure**
  In der Kostenstruktur des Unternehmens schlagen sich alle oben beschriebenen Faktoren nieder. Hier wird bspw. deutlich, ob ein Unternehmen eine Kostenführerschaft anstrebt, auf eine Differenzierungsstrategie setzt oder beides im Zuge einer Outpacing-Strategie zu kombinieren versucht (vgl. vertiefend Kreutzer, 2013, S. 172-178).

- **Revenue Streams**
  Im Einkommensstrom eines Unternehmens schlägt sich der Erfolg oder Misserfolg eines Unternehmens nieder. Hier ist bspw. kontinuierlich zu prüfen, welche Gewinne und Verluste mit welchen

Kundensegmenten und Angeboten erzielt werden können. Dabei ist bspw. im Kontext von Car-Sharing durch die Automobilhersteller zu prüfen, in welchem Umfang in Zukunft Gewinne durch die Herstellung und den Verkauf von Autos durch deren Vermietung substituiert oder ergänzt werden können. Neue Geschäftsmodellideen sind hier auf ihre Erfolgsträchtigkeit hin zu überpüfen. Gerade bei den Revenue Streams gilt es, sich einer Gewissheit immer wieder zu versichern:

Technology changes, economic laws don´t!

Gerade größere Unternehmen können ihre Ressourcen nutzen, um ihre Geschäftsmodelle entscheidend weiterzuentwickeln. Dabei geht es nicht nur darum, mit disruptiven Entwicklungen das eigene Geschäftsfeld und fremde Branchen herauszufordern. Es geht nicht alleine darum, die heutigen Produkte, Services und Prozesse weiterzuentwickeln. Gefordert ist vielmehr, geschäftsprozessübergreifend zu denken und zu handeln, um Wertschöpfungssysteme viel umfassender zu denken. Um die berühmte **Seamless Integration**, die nahtlose Vernetzung von Lösungen zum Wohle der Kunden zu erreichen. Hierdurch werden nicht nur Branchengrenzen überwunden, sondern ganz neue Märkte definiert. Und dabei heißt es mutig zu sein, weil u. U. auch das eigene Geschäftsfeld oder eigene Produkte und Dienstleistungen kannibalisiert werden müssen, um die nächste Wachstumschance zu nutzen. Um das eigene Geschäftsfeld strategisch abzusichern und langfristig profitabel zu gestalten.

Think-Box
- Besteht bei meinen Unternehmen die Notwendigkeit, eine Geschäftsmodellerweiterung vorzunehmen?
- Wer kann die Notwendigkeit dafür zeitnah analysieren?
- Welche digitalen Angebots- oder Prozesslücken bestehen?
- Wer ist in das Thema zur Erarbeitung einer Geschäftsmodellerweiterung einzubinden?
- Wie kann das Business Model Canvas zur Status-quo-Analyse sowie zur systematischen Weiterentwicklung unseres Geschäftsmodells eingesetzt werden?
- Wer kann hierfür den Startschuss geben?

6.3   Core Shift

Unter **Core Shift** versteht man die strategische Neuausrichtung eines Unternehmens. Dabei trennt sich ein Unternehmen von seinen etablierten Geschäftsfeldern, um in Zukunft in anderen Bereichen zu wachsen. Häufig weisen die früheren und zukünftigen Geschäftsfelder keinen inhaltlichen Zusammenhang auf. Während bei einer Geschäftsmodellerweiterung die etablierten Aktivitäten (weitgehend) erhalten bleiben, führt ein Core Shift zu einer umfassenden strategischen Neuausrichtung des Unternehmens.

Das klassische Beispiel für mehrere derartige strategische Neuausrichtungen ist *Nokia*. Nach seiner Unternehmensgründung im Jahr 1865 wurden zunächst Papiererzeugnisse und dann Gebrauchsgegenstände wie Gummistiefel und Radmäntel (bspw. für für Rollstühle und Fahrräder) hergestellt. 1967 entstand die *Nokia Corporation* durch den Zusammenschluss zweiter Unternehmen und der strategische Wandel zum Technologiekonzern wurde eingeleitet. *Nokia* stellt in Folge die ersten Autotelefone her, gefolgt von tragbaren Mobilfunktelefonen. Eine Unternehmensübernahme im Jahr 2006 markiert eine weitere Neuausrichtung der Unternehmensstrategie — vom alleinigen Hardware-Produzenten zum Hard- und Software-Entwickler. Nach dem Verlust der Weltmarktführung im Handy-Markt gab *Nokia* die weitere Entwicklung des eigenen Betriebssystems auf, um in Zukunft Smartphones mit dem *Microsoft*-Betriebssystem anzubieten. Nach dramatischen Gewinneinbrüchen in der Folgezeit gab *Nokia* im Jahr 2013 bekannt, seine Mobilfunksparte komplett an *Microsoft* zu verkaufen. Der zukünftige Schwerpunkt nach einem neuerlichen Wandel der Geschäftsstrategie sollte jetzt auf dem Netzwerkgeschäft und Kartendiensten liegen (vgl. Nokia, 2015).

Folgende Maßnahmen können als **Erfolgsvoraussetzungen für einen Core Shift** definiert werden und ebenfalls zur erfolgreichen Umsetzung der inkrementalen Veränderung sowie zur Geschäftsfeldinnovation beitragen (vgl. Vantrappen/Deneffe, 2014):

- **Endurance – Ausdauer und Hartnäckigkeit**
  Wann immer sich ein Unternehmen für ein Core Shift entscheidet, müssen Top-Management und Shareholder über die „Zähigkeit" des Veränderungsprozesses im Klaren sein. Viele Mitarbeiter – insb. im Middle-Management – werden Veränderungsprozesse blockieren. Hier ist ein ausreichendes Stehvermögen unverzichtbar, um nicht bei den ersten Widerständen einzuknicken – wenn man von der Notwendigkeit der Veränderungen überzeugt ist.

- **Ausreichende Ressourcenausstattung**
  Für einen erfolgreichen Core Shift bedarf es einer ausreichenden Ausstattung mit finanziellen Mitteln, um den strategischen Schwenk, der ja nicht unmittelbar zu sprudelnden Einnahmequellen führen wird, vorfinanzieren zu können. Deshalb gehört zu den erforderlichen Ressourcen auch ausreichend Zeit, um die eigenen Mitarbeiter, die Prozesse, aber auch den Markt (neben den Kunden auch die Lieferanten) auf den neuen Unternehmenskern auszurichten.

  Um die erforderlichen Ressourcen bereitzustellen, muss das bestehende Geschäft zumindest so lange weiter (profitabel) betrieben werden, bis die neuen Ertragsströme fließen. Oder die „alten" Geschäftsfelder sind möglichst profitabel zu verkaufen, um die Finanzierung der Neuausrichtung sicherzustellen. Diesen Spagat zu ermöglichen, ist eine Kernaufgabe des Top-Managements.

- **Klare Zieldefinition und Flexibilität auf dem Weg zur Zielerreichung**
  Beginnend beim Top-Management und dann top-down über alle
  Unternehmenshierarchien muss ein klares Verständnis über die Notwendigkeit und die Art der strategischen Neuausrichtung gegeben
  sein. Hier gilt es, eine kraftvolle Vision für das „neue" Unternehmen
  zu entwickeln und glaubhaft im Unternehmen zu kommunizieren.

Da in vielen Bereichen Neuland beschritten wird, ist eine ausreichende
Flexibilität auf dem Weg zum Ziel sicherzustellen. Hierbei kann der Ein-
satz der **Strategie des ersten robusten Schrittes** sinnvoll sein (vgl. auch
Kutschker/Schmid, 2011, S.1195). Gerade beim Hineintasten in einen neuen
Geschäftsbereich sollte man bei der Zielverfolgung ein schrittweises Vor-
gehen an den Tag legen. Durch die Beschaffung und Verarbeitung weiterer
Informationen sollte es möglich sein, den Weg zum Ziel kontinuierlich zu
optimieren. Dabei gilt:

- Eine zeitliche Festlegung sollte nur soweit wie unbedingt notwendig
  erfolgen.

- Die zunächst zu ergreifenden Maßnahmen sollten hinsichtlich der
  später zu beschreitenden Wege noch eine Reihe von Möglichkeiten
  offen lassen. Allerdings sollte sichergestellt werden, dass im Moment
  der Umsetzung keine zu großen Abstriche von der aus gegenwärtiger
  Sicht besten Vorgehensweise gemacht werden.

Das hier geforderte **Streben nach Flexibilität** ist zwar mit Trade-offs verbunden. Allerdings kann häufig erst auf diese Weise erreicht werden, dass
eine kontinuierliche Anpassung der konkreten Vorgehensweise an neuen
Erkenntnissen gelingen kann. Die Aufgabe lautet damit: Erste robuste
Schritte führen in die gewünschte Richtung, ohne zu viele Freiheitsgrade der
weiteren strategischen Umsetzung zu „opfern". Gleichzeitig gilt es jedoch
– einem **Kompassprinzip** gleich – ein Konzept für den gesamten Planungs-
zeitraum zu erarbeiten.

- **Akquisitionen einschlägiger Unternehmen**
  Die strategische Neuausrichtung gelingt häufig dadurch, dass
  Akquisitionen von Unternehmen erfolgen, die in den entsprechenden Geschäftsfeldern bereits erfolgreich aktiv sind. Je größer die
  akquirierten Firmen sind und je besser die Integration gelingt, desto
  schneller und nachhaltiger wird der Core Shift erreicht werden.
- **Transparenz und überzeugende Kommunikation**
  Ein erfolgreicher Change-Prozess, der mit dem Core Shift einhergeht,
  erfordert drei Dinge: Kommunikation, Kommunikation, Kommunikation.
  In keiner Phase der Unternehmensentwicklung sind Führungskräfte
  und Mitarbeiter so verunsichert wie in den Phasen der unternehmerischen Neuausrichtung. Diese Informationslücke wird entweder
  top-down inhaltsreich und motivierend geführt. Oder sie wird gefüllt

durch Gerüchte, die in diesen Phasen der Desinformation und Neuorientierung auf besonders viel Resonanz stoßen.

Um die digitale Transformation als spezifische Ausprägung des **Change-Managements** – insb. aber ein Core Shift – erfolgreich zu managen, sind verschiedene Voraussetzungen zu erfüllen (vgl. Abb.6.2). Es gilt, eine überzeugende **Vision** zu vermitteln und die zur Umsetzung notwendigen **Fähigkeiten** im Unternehmen aufzubauen. Zusätzlich bedarf es einer **Koordination** zur Harmonierung und Vernetzung der einzelnen Umsetzungsschritte. Zusätzlich sind – wie bereits angesprochen – die für den Veränderungsprozess notwendigen **Ressourcen** bereitzustellen: finanziell, personell und zeitlich. Um ein koordiniertes und zielorientiertes Handeln sicherzustellen, bedarf es eines **Aktionsplans** mit konkreten Milestones, der umfassend zu kommunizieren ist. Schließlich bedarf es eines **Commitments** — vom Top-Management bis zum „letzten" Mitarbeiter. Wenn alle Elemente gleichermaßen berücksichtigt werden, ist der gewünschte **Wandel** zu erreichen. Wann immer auch nur ein Element nicht beachtet wird, ist ein Scheitern auf unterschiedliche Weise vorprogrammiert.

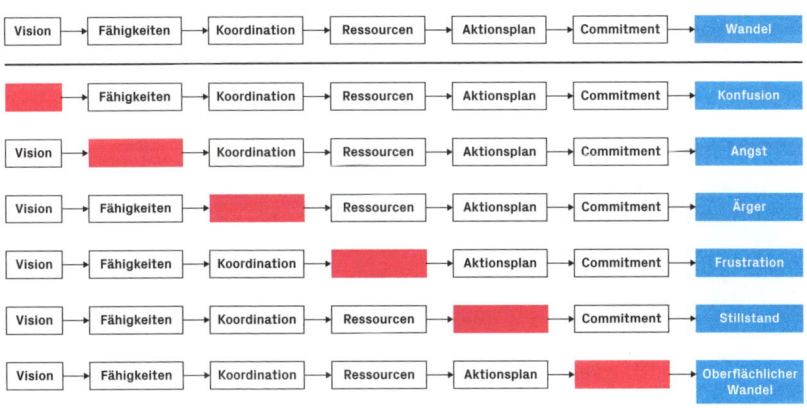

Abb.6.2: Voraussetzungen einer erfolgreichen digitalen Transformation

Fehlt es an der unternehmerischen Vision, kommt es zur **Konfusion**. Alle oder viele bewegen sich – allerdings nicht im Hinblick auf ein gemeinsames Ziel, weil dieses nicht kommuniziert wurde. Angst stellt sich ein, wenn bei den betroffenen Mitarbeitern die notwendigen Fähigkeiten für die Umsetzung der Neuausrichtung fehlen und auch keine Möglichkeit geschaffen wird, sich diese anzueignen. Und **Angst** ist immer ein denkbar schlechter Ratgeber! **Ärger** und auch Wut sind die Folge, wenn die einzelnen Schritte nicht aufeinander abgestimmt sind und deshalb viel „für den Papierkorb" gearbeitet wird. **Frustration** baut sich auf, wenn die **Ressourcen** für die als notwendig erkannten Veränderungsschritte fehlen und man deshalb „heiß" läuft. Fehlt ein **Aktionsplan**, so droht Stillstand – weil sich keiner in die falsche Richtung bewegen möchte. Fehlt schließlich das **Commitment**, wird nur ein oberflächlicher Wandel erreicht. Nur scheinbar nimmt das Unternehmen Fahrt auf – unter der Oberfläche bleibt allerdings alles beim Alten!

Merk-Box

Im Zuge des Change-Prozesses geht es darum, die Mitarbeiter nicht zu „Erfüllern", sondern zu „Erfüllten" zu machen. Das ist die Meister-Aufgabe!

Think-Box

- Können wir die für den Change-Prozess notwendige Endurance i. S. von Ausdauer und Hartnäckigkeit sicherstellen?
- Ist die Ressourcenausstattung ausreichend, um einen Core Shift finanziell zu stemmen?
- Sind die Ziele des Core Shifts klar und präzise definiert und umfassend im Unternehmen kommuniziert?
- Können wir die Strategie des ersten robusten Schrittes nutzen, um nicht zu früh zu viele Festlegungen vornehmen zu müssen?
- Welche Unternehmen oder Unternehmensbereiche könnten akquiriert werden, um die strategische Neuausrichtung zu beschleunigen?
- Kann über den gesamten Change-Prozess eine umfassende Transparenz durch eine überzeugende Kommunikation sichergestellt werden?
- Haben wir alle notwendigen Voraussetzungen für ein erfolgreiches Change-Management im Blick: die Entwicklung einer Vision, den Aufbau der erforderlichen Fähigkeiten, Konzepte zur Koordination, die Verfügbarhaltung der notwendigen Ressourcen, einen Aktionsplan sowie das Commitment auf allen Ebenen?
- Wer ist in unserem Unternehmen der Mentor für den Change-Prozess (idealerweise der CEO oder der Geschäftsführer)?
- Wer ist der Change-Manager selbst, bei dem auf hoher hierarchischer Ebene alle Fäden zusammenlaufen?
- Wer stößt den Change-Prozess an?

Versuchungen sollte man nachgeben. Wer weiß, ob sie wiederkommen!
Oscar Wilde

Die Welt wird jetzt neu verteilt werden. Die Entwicklung in Richtung Industrie 4.0 bzw. besser **Wirtschaft 4.0** ist unaufhaltsam. Und jedes einzelne Unternehmen wird zum digitalen Unternehmen werden. Wenn auch mit unterschiedlicher Intensität!

Die größte Herausforderung ist die **Zeit**. Deren größter Feind ist die Trägheit, die insb. in mittleren und großen Unternehmen anzutreffen ist. Aber jetzt ist schnell auf Veränderungen zu reagieren. Denn das schon mehrfach genannte **Strategic Window of Opportunity** steht nur eine kurze Zeit offen. Deshalb gilt es jetzt – gerade in den sogenannten etablierten Unternehmen – **Trägheit durch Momentum zu ersetzen**. Gerade in den „etablierten" Unternehmen sind viele Ressourcen für die aktive Mitgestaltung der Veränderungsprozesse vorhanden: Neben qualifizierten Mitarbeitern und finanziellen Mitteln sind es insb. Prozess- und Projekt-Know-how, um kreative Ideen in marktfähige, langfristig wertschöpfende Lösungen zu transferieren. Überzeugende Erfolgsfaktoren! Und um die eigene unternehmerische Kreativität zu steigern, können Innovatoren und deren Geschäftsideen durch Akquisitionen erworben werden. Außerdem lassen sich – in vielen Bereichen viel besser – Ideenschmieden über Netzwerke anzapfen und in die eigene Weiterentwicklung einbeziehen. Auf Zeit!

Gerade die deutschen Unternehmen mit ihrer Perfektion, ihrer Zuverlässigkeit und ihrem hohen Ansehen in der Welt sind für die Mitgestaltung von Wirtschaft 4.0 bestens aufgestellt. Der Weltmarkt steht offen! Der Markt ruft nach innovativen, smarten, wertschöpfenden Lösungen. Lassen Sie uns dieses Mal dafür Sorge tragen, dass **Deutschland** nicht nur die **Ideenschmiede einer integrierten Welt** wird, sondern dass wir auch einen großen **Teil der digitalen Wertschöpfung in Deutschland erbringen**.

Um dies zu erreichen, müssen wir unser technologisches Know-how umfassend einbringen. Und gleichzeitig versuchen, die Nachteile, die wir bei Netzwerken und Plattformen im Vergleich zu den dominierenden US-Konzernen bisher noch aufweisen, zu überwinden. Dabei müssen wir auch über Ländergrenzen hinweg an den **Aufbau eines digitalen europäischen Binnenmarktes** denken. Damit wir auch in Europa dominante Designs schaffen können, die am Weltmarkt überzeugen. Nur so bleiben wir relevant in einer Welt, in der der Anteil Europas an der globalen Wertschöpfung und der globalen Bevölkerung immer kleiner wird. Ein Trend, den wir nicht aufhalten können!

Wir haben früher auf Qualität gesetzt — und müssen dies heute noch stärker tun. Aber immer stärker müssen wir jetzt auch auf kooperative Netzwerke und den Aufbau von wertschöpfenden Plattformen setzen. Um bei der **Neuverteilung der Welt** einen großen Teil abzubekommen. Denn die jetzt anstehende Verteilung wird die Gewichte für die nächsten 50 Jahre massiv und unwiederbringlich verschieben.

Auf der **ersten Hälfte des Schachbretts** haben sich viele US-Unternehmen erfolgreich positioniert und dominierende Marktpositionen aufgebaut. Wir denken hier an *Apple*, *Facebook*, *Google*, *amazon* und Co. Hierbei war ein Schwerpunkt im B2C-Markt festzustellen. Beim Übergang auf die **zweite Hälfte des Schachbretts** werden die Technologieschübe insb. in den B2B-Märkten deutlich werden. Und gerade hier verfügen deutsche Unternehmen – die Großkonzerne wie die vielen Hidden Champions – über global relevante Lösungen.

Denn:
- Wir sind exzellent im systemischen Denken!
- Wir können Komplexität meistern!
- Wir verfügen über ausgezeichnet ausgebildete Ingenieure und Kaufleute!
- Wir sind kreative Denker!
- Wir können Logisitik!
- Wir sind zuverlässig und verfügen über eine exzellente Reputation als Land insgesamt und als Unternehmenspartner.
- So wie wir heute Autos, Maschinen und Anlagen bauen, müssen wir heute und morgen Software entwickeln.

Das sind die Pfunde, mit denen jetzt zu wuchern ist.

Was ist zu tun? Die **Neuverteilung der Welt** findet jetzt statt. Jedes Unternehmen verfügt über eine realistische Chance, von dieser Neuverteilung zu profitieren und sich seinen Teil zu sichern. Wenn es jetzt aktiv wird. Denn die Welt wartet nicht auf uns. Fast Follower werden eher auf der Verliererseite stehen.

Jetzt tätig zu werden ist nicht nur eine **unternehmerische Aufgabe**, sondern auch eine **volkswirtschaftliche Herausforderung**. Um auch in Zukunft Wohlstand für alle zu sichern — als geschätzter und geachteter Leistungspartner überall auf der Welt.

Mögen unsere Gedanken für die erfolgreiche Bewältigung dieser Aufgabenstellung ein paar Anregungen vermittelt haben.

Für den weiterführenden, inspirierenden Dialog stehen wir gerne zur Verfügung!

Ralf T. Kreutzer   Karl-Heinz Land

Literaturverzeichnis

Accenture (2014)
Accenture Technology Vision 2014, Every Business Is a Digital Business
From Digitally Disrupted to Digital Disrupter

Aghion, P./Howitt, P. (1994)
Growth and unemployment, in: The Review of Economic Studies
Vol. 61, No. 3, S. 477-494

airbnb (2014)
Über uns, https://www.airbnb.de/about/about-us
Download 15.12.2014

Amazon (2014)
Introducing Prime Air, http://www.amazon.com/b?node=8037720011
Download 20.12.2014

Andersen, C. (2009)
The Long Tail, Der lange Schwanz Aktualisierte und erweiterte Aufgabe, München

Androidspin (2013)
Google Shows off new Gmail Inbox Experience, androidspin.
com/2013/05/29/google-shows-off-new-gmail-inbox-system
Download 26.8.2013

Apple (2014)
Apple Pay, https://www.apple.com/apple-pay/
Download 12.12.2014

Autor, D. H./Dorn, D. (2013)
The Growth of Low-Skill Service Jobs and the Polarization of the US Labour Market, in:
American Economic Review
Vol. 103, No. 5, S. 1553-1597

Baulcombe, D. (2014)
It's time to rethink Europe's outdated GM crop regulations
http://www.theguardian.com/environment/2014/mar/14/europe-gm-crop-regulations
Download 8.2.2015

BCG (2014)
The Most Innovative Companies 2014 – Breaking through is hard to do
https://www.bcgperspectives.com/content/articles/innovation_growth_digital_economy_
innovation_in_2014/
Download 2.2.2015

BDI (2011)
Deutschland 2030 – Zukunftsperspektiven der Wertschöpfung, Berlin

Beaudry, P./Green, D. A./Sand, B. M. (2013)
The great reversal in the demand for skill and cognitive task, Working Paper No. 18901
National Bureau of Economic Research

Becker, H. (2014)
BIP-Killer auf RädernCrasht die Autoindustrie das Wachstum?
http://www.n-tv.de/wirtschaft/Crasht-die-Autoindustrie-das-Wachstum-article13424466.
html, 25.8.2014
Download 26.1.2015

Bendel, O. (2015)
Sharing Economy, in: Gabler Wirtschaftslexikon Online, http://wirtschaftslexikon.gabler.de/
Definition/sharing-economy.html
Download, 9.1.2015

Benkler, Y. (2006)
The Wealth of Networks, How Social Production Transforms Markets and Freedom
Yale University Press

Berman, S. J. (2012)
Digital transformation: opportunities to create new business models, Strategy & Leadership
Vol. 40 (2), S. 16-24

Beuth, P. (2014)
Diese Augen können lügen
http://www.zeit.de/digital/datenschutz/2014-12/31c3-biometrie-austricksen-iris-scanner-fingerabdruck
28.11.2014
Download 9.2.2015

Biermann, K. (2014a)
Smartphone: Mächtige Sensoren, 28.5.2014
http://www.zeit.de/digital/mobil/2014-05/smartphone-sensoren-iphone-samsung
Download 8.2.2015

Biermann, K. (2014b)
Mit der Kamera Merkels Fingerabdruck hacken
http://www.zeit.de/digital/datenschutz/2014-12/fingerabdruck-merkel-leyen-hack-ccc-31c3
27.12.2014
Download 9.2.2015

Blinder, A. S. (2009)
How many US jobs might be offshorable, in: World Economics
Vol. 10, No. 2, S. 41

Blinder, A. S./Krueger, A. B. (2013)
Alternative measures of offshorability: a survey approach, in: Journal of Labor Economics
Vol. 31, No. 2, S. S97-S128

Bloss, R. (2011)
Mobile hospital robots cure numerous logistic needs, in: Industrial Robot:
An International Journal
Vol. 38, No. 6, S. 567-571

Boden, M. A. (2004)
The creative mind: Myths and mechanisms, 2nd Edition, London

Boisserée, C. (2015)
Einbruckswerkzeug Handy, in: Bonner General-Anzeiger
1.2.2015, S. 15

Boulton, C. (2013)
Printing Out Barbies and Ford Cylinders, 5.6.2013
http://www.wsj.com/articles/SB10001424127887323372504578469560282127852
Download 6.2.2015

Braverman, H. (1974)
Labor and monopoly capital: the degradation of work in the twentieth century, New York

Bright, J. R. (1958)
Automation and management, Division of Research, Harvard University Boston

Broekens, J./Heerink, M./Rosendal, H. (2009)
Assistive social robots in elderly care: a review, in: Gerontechnology
Vol. 8, No. 2, S. 94-103

Brown, N. (2015)
RadioShack files for bankruptcy, sell up to 2,400 stores
http://www.reuters.com/article/2015/02/05/us-radioshack-bankruptcy-idUSKBN-0L92XC20150205?feedType=RSS&feedName=businessNews
5.2.2015
Download 9.2.2015

Brynjolfsson, E./McAfee, A. (2012)
Race against the machine: How the digital revolution is accelerating innovation,
driving productivity, and irreversibly transforming employment and economy, MIT

Brynjolfsson, E./McAfee, A. (2014)
The Second Machine Age: Work, Progress, and Prosperity in a Time of Brilliant
Technologies, New York

Capgemini Consulting (2014)
The Digital Advantage: How digital leaders outperform their peers in every industry
http://ebooks.capgemini-consulting.com/The-Digital-Advantage/index.html#/1/
Download 13.1.2015

Cisco (2014)
The Internet of Things, http://share.cisco.com/internet-of-things.html
Download 15.12.2014

Clickworker (2015)
Your virtual workforce, On Demand, Worldwide
http://www.clickworker.com
Download 9.3.2015

Cohn, J. (2013)
The robot will see you, in: The Altantic
20.2.2013

Cope, D. (2015)
Experiments in Musical Intelligence
http://artsites.ucsc.edu/faculty/cope/experiments.htm
Download 8.1.2015

Crook, J. (2014)
Starwood Introduces Robotic Butlers At Aloft Hotel In Cupertino
http://techcrunch.com/2014/08/13/starwood-introduces-robotic-butlers-at-aloft-
hotel-in-palo-alto/, 13.8.2014
Download 20.12.2014

Danziger, S./Levav, J./Avnaim-Pesso, L. (2011)
Extraneous factors in judicial decisions, in: Proceedings of the National Academy of Science
Vol. 108, No. 17, S. 6889-6892

Davis, S. J./Haltiwanger, J. (1992)
Gross job creation, gross job destruction, and employment reallocation, in: The Quarterly
Journal of Economics
Vol. 107, No. 3, S. 819-863

Debus, T. (2015)
Eilige Drucksache, in: Frankfurter Allgemeine Sonntagszeitung
S. V11

Delhaes, D. (2015)
Digitale Spitzenspieler, in: Handelsblatt
15-1-2015, S. 8-9

DESTATIS (2014)
Fahrzeugbestand
https://www.destatis.de/DE/ZahlenFakten/Wirtschaftsbereiche/TransportVerkehr/Unter-
nehmenInfrastrukturFahrzeugbestand/Tabellen/Fahrzeugbestand.html
Download 26.1.2015

Deutsche Bahn (2015)
Einfach Flinkster - Anmelden, Buchen, Losfahren
http://www.bahn.de/p/view/service/auto/carsharing.shtml
Download 9.1.2015

Dirscherl, H.-C. (2014)
Kommt die Post geflogen..., DHL Paketkopter 2.0: Post lässt Pakete per Drohne zustellen,
http://www.pcwelt.de/news/DHL_Paketkopter_2.0__Post_laesst_Pakete_per_Drohne_
zustellen-Kommt_die_Post_geflogen...-8914917.html
24.09.2014
Download 20.12.2014

Dörre, K. (2014)
25 Jahre Mauerfall – "Die Arbeiter waren das symbolische Zentrum der Macht"
http://www.zeit.de/wirtschaft/2014-11/mauerfall-wiedervereinigung-arbeitslosigkeit-
demokratie/komplettansicht, 5.11.2014
Download 2.1.2015

Duvenaud, D./Lloyd, J. R./Grosse, R./Tenenbaum, J. B./Ghahramani, Z. (2013)
Structure discovery in nonparametric regression through compositional kernel search, in:
Proceedings of the 30th International Conference on Machine Learning, Cambridge

DWN (2014)
Facebook beantragt Bank-Lizenz in Irland, 10.6.14, http://deutsche-wirtschafts-nachrichten.
de/2014/06/10/facebook-beantragt-bank-lizenz-in-irland, Download 8.2.2015

Eckl-Dorna, W. (2014)
Tesla gibt Patente frei, Die riskante Patent-Wette des Elon Musk
http://www.manager-magazin.de/unternehmen/autoindustrie/analyse-patentfreigabe-
tesla-riskante-wette-des-elektroautobauers-a-975009.html
13.6.2014
Download 8.2.2015

Eisert, R. (2014)
Cocktails, Häppchen - und ein Auto dazu
http://wrapper.zeit.de/mobilitaet/2014-12/autohandel-bmw-mercedes-internet
3.12.2014
Download 9.2.2015

Etherington, D. (2014)
Pilot Project Begins To Replace Your Hotel Key With Your Smartphone Using Bluetooth
http://techcrunch.com/2014/01/27/pilot-project-begins-to-replace-your-hotel-key-with-
your-smartphone-using-bluetooth/
27.1.2014
Download 15.12.2014

Evans, D. (2011)
The Internet of Things, How the Next Evolution of the Internet Is Changing Everything, 2011
Download 15.12.2014

FAZ (2011)
Watson, der nette Supercomputer: Ich rate jetzt mal
http://www.faz.net/aktuell/feuilleton/forschung-und-lehre/watson-der-nette-supercompu-
ter-ich-rate-jetzt-mal-1594969/beste-miene-zum-genialen-1601042.html
26.7.2011
Download 8.2.2015

Franz, R. (2015)
Das digitale Mittelalter, in: Bonner General-Anzeiger
7./8.2.2015, S. 1 (Journal)

Frey, C.B./Osborne, M. A. (2013)
The Future of Employment: How susceptible are jobs to computerisation?, Department of
Engineering Science, University of Oxford

Friedman, T. L. (2014)
If I Had a Hammer, ttp://www.nytimes.com/2014/01/12/opinion/sunday/friedman-
if-i-had-a-hammer.html
11.1.2014
Download 20.12.2014

Fuest, B. (2013)
DHL testet erstmals Paketlieferung per Drohne
http://www.welt.de/wirtschaft/article122747484/DHL-testet-erstmals-Paketlieferung-
per-Drohne.html
9.12.2013
Download 20.12.2014

Fuest, B./Kaiser, T. (2014)
Das Internet der Zukunft kommt aus der Luft
http://www.welt.de/wirtschaft/article132266408/Das-Internet-der-Zukunft-kommt-
aus-der-Luft.html
15.9.2014
Download 20.12.2014

Futurezone (2014)
Autonome Fahrzeuge Selbstfahrender Audi RS 7 bewältigt Hockenheimring

http://futurezone.at/digital-life/selbstfahrender-audi-rs-7-bewaeltigt-
hockenheimring/92.436.901
21.10.14
Download 23.1.2015

Gabler (2005): Gablers Wirtschaftslexikon, 16. Aufl., Wiesbaden

Giersberg, G. (2013)
Für den Bildungsbürger, in: FAZ
13.6.2013, S. 16

Goldin, C./Katz, L. F. (2009)
The race between education and technology, Harvard

Google (2015)
Google Translator, https://translate.google.com/?hl=de
Download 12.1.2015

Goos, M./Manning, A. (2007)
Lousy and lovely jobs: The rising polarization of work in Britain, in:
The Review of Economics and Statistics
Vol. 89, No. 1, S. 118-133

Goos, M./Manning, A./Salomons, A. (2009)
Job polarization in europe, in: The American Economic Review
Vol. 99, No. 2, S. 58-63

Graf, A./Zschunke, P. (2015)
Autos verschachteln sich wie Legosteine, in: Bonner General-Anzeiger
5.1.2015, S. 7

Guest, C. (2012)
The Social Robots Are Coming to the Event Industry
http://blog.cvent.com/blog/tips-ticks-and-other-event-planning-secrets/the-social-robots-
are-coming-to-the-event-industry
6.1.,2012
Download 5.2.2015

Guizzo, E. (2011)
How Google's self-driving car works, in: IEEE Spectrum Online
Vol. 18, October/2011

Ha, A. (2015)
Scribd Raises $22M For Its Subscription E-Book Service
http://techcrunch.com/2015/01/02/scribd-khosla-funding/
2.1.2015
Download 3.2.2015

Heise (2011)
IBM-Supercomputer gewinnt Quizshow
http://www.heise.de/newsticker/meldung/IBM-Supercomputer-gewinnt-
Quizshow-1191298.html
17.02.2011
Download 23.1.2015

Heuzeroth, T. (2015)
Zuckerberg nennt neue Partner von Internet.org, in: Die Welt Kompakt
3.3.2015, S. 27

Hollensen, S. (2014)
Global Marketing, 6. Edt., Edinburgh

Hoppe, R. (2005)
Die Weltbürste, in: Der Spiegel
26/2005, S. 108-113

Hörisch, J. (2014)
Die rührende Hilflosigkeit der Holzwirtschaft
http://www.zeit.de/kultur/2014-12/spiegel-buechner-medien-branche-nervositaet,

5.12.2014
Download 3.2.2015

Hounshell, D. (1985)
From the American System to Mass Production, 1800-1932: The Development of Manufacturing Technology in the United States, Baltimore

IG Metall (2014)
Vor 30 Jahren: Einstieg in die 35-Stunden-Woche erkämpft, Als die Sonne aufging
http://www.igmetall.de/vor-30-jahren-arbeitskampf-um-die-35-stunden-woche-13538.htm,
27.6.2014
Download 6.1.2015

Institut der deutschen Wirtschaft (2013)
Industrielle Wertschöpfung, Industrielle Wertschöpfung als Drehscheibe der Wirtschaft,
Fakten und Argumente, Köln

Jahn, T. (2015)
Konzepte für die Zukunft, in: Handelsblatt
29.1.2015, S. 22

Kairos Future (2015)
Future Disruptive Technologies, Do you fully understand how new disruptive
technologies will reshape your industry?
http://www.kairosfuture.com/research/programs/future-disruptive-technologies
Download 8.2.2015

Kaiser, T. (2015)
Wer hat an der Apple-Uhr gedreht?, in: Die Welt Kompakt
4.3.2015, S. 26

Kammer, M. (2015)
CES 2015: Selbstfahrender Audi "Jack" legt 900 Kilometer zurück, 5.1.2015
http://www.trendsderzukunft.de/ces-2015-selbstfahrender-audi-jack-legt-900-kilometer-
zurueck/2015/01/05/
Download 12.1.2015

Kister, K. (2014)
Epoche der Augenzeugen
http://www.sueddeutsche.de/digital/internet-und-gesellschaft-epoche-der-augenzeu-
gen-1.2274559, 20.12.2014
Download 3.2.2015

Kleinz, T. (2014)
MobilfunkApple will die SIM-Karte abschaffen
http://www.zeit.de/digital/mobil/2014-10/apple-sim-karte-provider-wechsel
17.10.2014
Download 15.12.2014

Kloepfer, I. (2014)
Airbnb verhökert Kreuzberg, in: Frankfurter Allgemeine Sonntagszeitung
14.12.2014, S. 22

Kramper, G. (2014)
Boom des Carsharing Das große Geschäft mit dem Teilen
http://www.stern.de/auto/service/boom-des-carsharing-das-grosse-geschaeft-mit-dem-
teilen-2132366.html, 21.8.2014
Download 26.1.2015

Kreutzer, R. (2009)
Praxisorientiertes Dialog-Marketing, Konzepte – Instrumente – Fallbeispiele, Wiesbaden

Kreutzer, R. (2013)
Praxisorientiertes Marketing, Grundlagen – Instrumente – Fallbeispiele, 4. Aufl., Wiesbaden

Kreutzer, R. (2014)
Praxisorientiertes Online-Marketing, Konzepte – Instrumente – Checklisten,
2. Aufl., Wiesbaden

Literaturverzeichnis

Kreutzer, R./Land, K.-H. (2013)
Digitaler Darwinismus, Der stille Angriff auf Ihr Geschäftsmodell und Ihre Marke
– das ThinkBook, Wiesbaden

Krueger, A. B. (1993)
How computers have changed the wage structure: evidence from microdata, 1984-1989, in:
The Quarterly Journal of Economics
Vol. 108, No. 1, S. 33-60

Krüger, R. E. (2015)
Vierbeiner auf Zeit, in: Bonner General-Anzeiger
3.-4.1.2015, S. 36

Kutschker, M./Schmid, S. (2011)
Internationales Management, 7. Auflage, München

Lego (2014)
Lego Mindstorms
http://www.lego.com/en-us/mindst orms/?domainredir=mindstorms.lego.com
Download 6.8.2014

Lembke, G./Leipner, I (2015)
Die Lüge der digitalen Bildung: Warum unsere Kinder das Lernen verlernen, München

Levy, F./Murnane, R. J. (2004)
The new division of labor: Hom computers are creating the next job market, Princeton

Lorenz, K. (1973)
Die acht Todsünden der zivilisierten Menschheit, 1. Auflage, München – Zürich

Lucas, H. C./Goh, M. J. (2009)
Disruptive technology: How Kodak missed the digital photography revolution", in: Journal of
Strategic Information Systems, Vol. 18 (1), S. 46–55

Lucas, R. E./Prescott, E. C. (1974)
Equilibrium search and unemployment, in: Journal of Economic Theory
Vol. 7, No. 2, S. 188-209

Ludowig, K. (2015)
Allein in Davos, in: Handelsblatt
22.1.2015, S. 13

Markoff, J. (2012)
Skilled work, without the worker, in: The New York Times
http://www.nytimes.com/2012/08/19/business/new-wave-of-adept-robots-is-changing-
global-industry.html?pagewanted=all&_r=0, 18.8.2012
Download 24.12.2014

Meckel, M. (2011)
Weltkurzsichtigkeit, in: Der Spiegel
38/2011, S. 94f.

Menn, A. (2015)
Genies vom Fließband, in: Wirtschaftswoche ½-2015
5.1.2015, S. 56-62

MGI (McKinsey Global Institute, 2013)
Disruptive technologies: Advances that will transform life, business, and the global economy

Michaels, G./Rauch, F./Redding, S. J. (2013)
Task specialization in US cities from 1880-2000, Working Paper No. 18715,
National Bureau of Economic Research

Mokyr, J. (1990)
The lever of riches: Technological creativity and economic progess, Oxford

Moore, J. F. (1993)
Predators and Prey: A New Ecology of Competition, in: HBR
May/June, S. 75-86

Müller, H.-E. (2013)
Unternehmensführung, Strategie – Konzepte – Praxisbeispiele, 2. Aufl., München

Müller, H.-E. (2015)
Geschäftsmodell-Innovation: Nicht nur Technologie, in: GFP-Magazin
März/2015, S. 4-5

NewScientist (2010)
Innovation: Teaching robots some manners
http://www.newscientist.com/article/dn18913-innovation-teaching-robots-some-manners.html#.VKpeE3u4G1s
Download 8.1.2015

Nienhaus, L. (2015a)
Los, bewegt euch!, in: Frankfurter Allgemeine Sonntagszeitung
18.1.2015, S. 24f.

Nienhaus, L. (2015b)
Eine verlorene Generation, in: Frankfurter Allgemeine Sonntagszeitung
25.1.2015, S. 20

Niiu (2014)
Informationsüberflutung war gestern – heute ist niiu!
https://www.niiu.de/
Download 19.12.2014

Nike (2014)
NIKEid Produkte
http://www.nike.com/de/de_de/c/nikeid
Download 19.12.2014

Nokia (2015)
About us
http://company.nokia.com/en/about-us
Download 20.1.2015

o. V. (22.1.2013)
Abschied von der Börse, Thalia brockt Douglas Millionenverlust ein
http://www.manager-magazin.de/unternehmen/handel/a-878979.html
Download 12.12.2014

o. V. (14.1.2014)
Thermostathersteller: Google kauft Nest Labs für 3,2 Milliarden Dollar
http://www.spiegel.de/wirtschaft/unternehmen/google-kauft-nest-labs-fuer-3-2-milliar-den-dollar-a-943362.html
Download 20.12.2014

o. V. (19.02.14)
Mobilfunk-Branche im Wettlauf um die Dritte Welt
http://www.welt.de/newsticker/dpa_nt/infoline_nt/computer_nt/article124997978/Mobil-funk-Branche-im-Wettlauf-um-die-Dritte-Welt.html
Download 20.12.2014

o. V. (21.4.2014)
Roboter-Journalismus, Nachrichten aus der Maschine
http://www.taz.de/!137108/
Download 15.12.2014

o. V. (1.5.2014)
Lix 3D-printing pen allows users to create solid drawings in the air
http://www.dezeen.com/2014/05/01/lix-smallest-3d-printing-pen-aluminium/
Download 9.2.2015

o. V. (12.6.2014)
Über kann sich freuen, Taxi-Streik sorgt für Download-Rekord
http://www.n-tv.de/wirtschaft/Taxi-Streik-sorgt-fuer-Download-Rekord-article13005306.html
Download 12.12.2014

Literaturverzeichnis

o. V. (7.12.2014): Über ist 40 Milliarden wert, in: Frankfurter Allgemeine Sonntagszeitung, 7.12.2014, S. 39

o. V. (7.12.2014): Die Deutschen liegen das Bargeld, in: Frankfurter Allgemeine Sonntagszeitung, 7.12.2014, S. 40

o. V. (12.12.2014): Giesecke und Devrient, Münchner Druckerei streicht Stellen
http://www.br.de/nachrichten/oberbayern/inhalt/giesecke-devrient-entlassungen-100.html
Download 12.12.2014

o. V. (23.12.2014)
Selbstfahrendes Auto soll auf die Straße
http://www.handelsblatt.com/images/google-sucht-partner-in-autobranche/11157084/2-format3.jpg
Download 2.1.2015

o. V. (5.1.2015)
Bsirske warnt vor der Digitalisierung, in: Bonner General-Anzeiger, S. 6

o. V. (6.1.2015)
Daimler zeigt Konzept für selbstfahrendes Auto
http://www.welt.de/newsticker/dpa_nt/infoline_nt/computer_nt/article136054931/Daimler-zeigt-Konzept-fuer-selbstfahrendes-Auto.html
Download 12.1.2015

o. V. (11.1.2015)
Mutti kann man kaufen, in: Frankfurter Allgemeine Sonntagszeitung
11.1.2015, S. 20

o. V. (13.1.2015)
Kölnerin (17) wird mit nur einem Tweet zum Star
http://www.hna.de/netzwelt/twitter-star-naina-post-loest-sturm-zustimmung-zr-4633290.html
Download 23.1.2015

o. V. (17.01.2015)
Google Übersetzer - Android App
http://beste-apps.chip.de/android/app/google-uebersetzer-android-app,com.google.android.apps.translate/
Download 27.1.2015

o. V. (20.1.2015)
Weltweit steigt die Arbeitslosigkeit, in: Bonner General-Anzeiger
20.1.2015, S. 6

o. V. (25.1.2015)
Dobrindt plant Teststrecke für selbstfahrende Autos
http://www.faz.net/aktuell/wirtschaft/neue-mobilitaet/f-a-z-exklusiv-dobrindt-plant-teststrecke-fuer-selbstfahrende-autos-13390268.html
Download 8.2.2015

o. V. (27.1.2015)
Bei Foxconn bauen Roboter künftig iPhones zusammen
http://www.welt.de/wirtschaft/article136833491/Bei-Foxconn-bauen-Roboter-kuenftig-iPhones-zusammen.html
Download 8.2.2015

Oberhuber, N. (2015)
Ich drucke mir meine eigene Venus von Milo, in: Frankfurter Allgemeine Sonntagszeitung
18.1.2015, S. 21

Oberndorfer, E. (2014)
„Wallet": Amazon launcht ersten Versuch einer Payment-App
http://t3n.de/news/wallet-amazon-payment-558866/
Download 13.12.2014

Osterwalder, A./Pigneur (2010)
Business Model Generation; Hoboken
Owyang, J. (2014)

What the Collaborative Economy Means to Marketers
http://blog.hubspot.com/marketing/collaborative-economy-infographic19.12.2014
Download 3.2.2015

Packalen, M./Bhattacharya, J. (2015)
Age and the Trying out of new Ideas, Working Paper 20920, Cambridge
http://www.nber.org/papers/w20920
Download 10.3.2015

Pariser, E. (2011): The Filter Bubble
How the New Personalized Web Is Changing What We Read and How We Think, New York

Peppers, D./Rogers, M. (2011)
Managing Customer Relationships, A Strategic Framework, 2nd Edition, Hoboken

Peyman, A. K./Faraby, N./Rossmann, A./Steimel, B./Wichmann, K. S. (2014)
Digital Transformation Report 2014, Hrsg. neuland GmbH & Co. KG. und WirtschaftsWoche, Köln

Pfister, S. (2015)
Handschrift, in: Frankfurter Allgemeine Sonntagszeitung
18.1.2015, S. 3

Picard, R. W. (1995)
Affective Computing, MIT Media Laboratory Perceptual Computing Section Technical Report
No. 321, Cambridge

Picard, R. W. (2000)
Affective Computing: From Laughter to IEEE, in: IEEE Transactions on Affective Computing
Vol. 1, No. 1,

Pissarides, C. A. (2000) Equilibrium unemployment theory, MIT

PK (2015)
AARON - The First Artificial Intelligence Creative Artist
http://prostheticknowledge.tumblr.com/post/20734326468/aaron-the-first-artificial-
intelligence-creative
Download 8.1.2015

Pluta, W. (2014)
Roboter verkaufen Roboter
http://www.zeit.de/digital/internet/2014-12/roboter-verkaufen-roboter-telepraesenz-beam,
16.12.2014
Download 9.2.2015

Plötz, T./Fink, G. A. (2009)
Markov models for offline handwirting recognition: a survey, in: International Journal on
Document Analysis and Recognition
Vol. 12, No. 4, S. 269-298

Poguntke, S. (2014)
Corporate Think Tanks: Zukunftsgerichtete Denkfabriken,
Innovation Labs, Kreativforen & Co., Wiesbaden

Putsch, C. (2015)
Longread: Dr. Watson – Mensch und Maschine im Kampf gegen die Tuberkulose-Epidemie
https://www.wired.de/collection/latest/dr-watson-mensch-und-maschine-im-kampf-
gegen-die-epidemie
Download 9.2.2015

PWC (2015)
Key findings from 18th Annual Global CEO Survey
http://www.pwc.com/gx/en/ceo-survey/2015/key-findings/index.jhtml
Download 2.2.2015

Rethink Robotics (2014)
Baxter with Intera 3
http://www.rethinkrobotics.com/baxter/
Download 24.12.2014
Rifkin, J. (2014a)

„Der neue Konkurrent des Kapitalismus heißt Kollektivismus",
Interview mit Jeremy Rifkin, 15.9.2014
http://www.cicero.de/kapital/jeremy-rifkin-der-kapitalismus-ist-am-ende/58223
Download 2.1.2015

Rifkin, J. (2014b)
Die Null Grenzkosten Gesellschaft. Das Internet der Dinge,
kollaboratives Gemeingut und der Rückzug des Kapitalismus, Frankfurt am Main

Rio Tinto (2014)
Technology & Innovation
http://www.riotinto.com/technology-and-innovation-160.aspx
Download 24.12.2014

Robertson, D./Breen, B./Wegberg, T. A. (2014)
Das Imperium der Steine: Wie LEGO den Kampf ums Kinderzimmer gewann", Frankfurt/M.

Robotics-VO (2013)
A Roadmap for US Robotics, From Internet to Robotics,
Robotics in the United States of America, 2013 Edition
https://www.robotics-vo.us/node/332
Download 24.12.2014

Rüschemeyer, G. (2015)
Abschied vom Schnörkel, in: Frankfurter Allgemeine Sonnstagszeitung
18.1.2015, S. 52

Safranski, R. (2013)
GOETHE – Kunstwerk des Lebens, München

Sandberg, A./Bostrom, N. (2008)
Whole Brain Emulation, A Roadmap, Technical Report #2003-3, Oxford

Schader, P. (2014)
SB-Bezahlen bei Rewe und Tesco: Abkassiert im Kreisverkehr, http://www.supermarktblog.
com/tag/self-check-out/, 12.12.2014
Download 9.2.2015

Schäfer, U. (2015)
Die Preise fallen? Na und!, in: Süddeutsche Zeitung
14./15.2.2015, S. 26

Schallmo, D. R. A. (2014)
Kompendium der Geschäftsmodell-Innovation, Grundlagen, aktuelle Ansätze und Fallbeispiele zur erfolgreichen Geschäftsmodell-Innovation, Wiesbaden

Scherer, K. R./Bänziger, T./Roesch, E. B. (2010)
Blueprint for Affective Computing: A Sourcebook and Manual, Oxford

Schipper, L. (2015)
Wen tötet das Roboter-Auto?, in: Frankfurter Allgemeine Sonntagszeitung
1.2.2015, S. 15

Schulz, T. (2014): Bei Airbnb zu Hause: "Es geht um Billionen Dollar"
http://www.spiegel.de/netzwelt/netzpolitik/airbnb-hauptquartier-und-hotels-es-geht-um-
billionen-von-dollar-a-987888.html
25.8.2014
Download 15.12.2014

Schumpeter, J. A. (1962)
Capitalism, socialism and democracy, New York

Siedenbiedel, C. (2015)
Der Mindestlohn hat keine Arbeitsplätze gekostet. Bislang, in:
Frankfurter Allgemeine Sonntagszeitung
8.3.2015, S. 22

Slivka, E. (2014)
Starwood Begins First Phase of Mobile Phone Hotel Room Key Rollout With 10 Properties,

http://www.macrumors.com/2014/11/03/starwood-phone-room-keys-rollout/
3.11.2014
Download 15.12.2014

Solis, B. (2010)
Engage: The Complete Guide for Brands and Businesses to Build, Cultivate,
and Measure Success in the New Web

Solis, B. (2012a)
The End of Business as Usual – Rewire the Way You Work to Succeed in the Consumer Revolution, Hoboken, 2012

Solis, B. (2012b)
Your Brand is More Important Than You Think:
BrandSTOKE´s 9 Criteria for Brand Essence, briansolis.com, 26.11.2012
Download 15.11.2013

Sperman, A. (2015)
Arbeit für alle – auch im Zeitalter der Digitalisierung?
Vortrag auf dem Berliner Ludwig-Erhard-Symposion, 4.2.2015, Berlin

Stampfl, N. (2014)
Unis können nicht zurück ins analoge Zeitalter
http://www.zeit.de/studium/2014-12/mooc-online-studium 24.12.2014
Download 9.2.2015

Statistische Bundesamt (2015)
Bruttoinlandsprodukt 2014
https://www.destatis.de/DE/ZahlenFakten/GesamtwirtschaftUmwelt/VGR/Inlandsprodukt/
Inlandsprodukt.html
Download 26.1.2015

Staun, H. (2014)
Das Ende des Kapitalismus
http://www.faz.net/aktuell/feuilleton/jeremy-rifkin-die-null-grenzkosten-gesell-
schaft-13151899.html
13.9.2014
Download 23.1.2015

Steimel, B. (2012)
Abschied von AIDA – wie die kreisende Erregung im Netz das Marketing revolutioniert
smartservice-blog.com/2012/10/04/abschied_von_aida/
Download 4.10.2012

Strawe, C. (1994)
Arbeitszeit – Sozialzeit – Freizeit, Ein Beitrag zur Überwindung der Arbeitslosigkeit, in:
Rundbrief Dreigliederung des sozialen Organismus, Nr. 4, Berlin

SVG (2014)
Wie das Schachspiel erfunden wurde
http://schachverein-gifhorn.jimdo.com/vereinsinfos/schach-geschichte/
Download 20.12.2014

Tagesschau (2015)
Fachkräftemangel und Renteneintrittsalter Mehr Flexibilität soll's richten
http://www.tagesschau.de/wirtschaft/rente-139.html
2.1.2015
Download 6.1.2015

Tanner, A. (2007)
Google seeks world of instant translations, http://uk.reuters.com/article/2007/03/27/life-
style-google-translate-dc-idUKN1921881520070327
Download 20.12.2014

Tesla (2014): Software 6.0
http://www.teslamotors.com/blog/software-v60
Download 26.1.2015

Thrun, S. (2015)
„Ich will die Unilandschaft revolultionieren", in. Frankfurter Allgemeine Sonntagszeitung
11.1.2015, S. 17

Tober, E. (2011)
Druckmaschinen umfassend dokumentieren, Präsentation von KBA auf dem
Tecom Schweizer Forum
6.5.2011

Tapscott, D. (2015): Unbundling Education, The No. 1 job skill of the future? A commitment
to lifelong learning, http://technologyofus.com/tapscott-unbundling-education/, Download
23.1.2015

Tuma, T. (2015)
Virtuelle Krieger, in: Handelsblatt
15.1.2015, S. 25

UM Wave7 (2014)
Cracking the Social Code 2013
http://wave.umww.com/trends.html?t=0#%28c:!%284%29,f:!%28%28%29%29,t:2,w:!%28
7%29%29
Download 12.12.2014

Vantrappen, H./Deneffe, D. (2014)
How to (Gradually) Become a Different Company, 15.10.2014
hbr.org/2014/10/how-to-gradually-become-a-different-company
Download 6.2.2015

Vodafone (2012)
Vodafone Pressemitteilung "20 Jahre D2-Netz"
http://www.vodafone.de/unternehmen/presse/pressemitteilungen-20-jahre-
d2-netz_202229.html, 20.06.2012
Download 19.1.2015

von Randow, G. (2014)
Lieber schnell als genau
http://www.zeit.de/wissen/2014-11/computerindustrie-unpraezise-rechner/komplettan-
sicht, 5.11.2014
Download 15.12.2014

Wallet, N. (2015)
Künstlicher Engpass, in: Bonner General-Anzeiger
3.-4.1.2015, S. 2

Weberling, J./Spitzer, G. (2007, Hrsg.)
Virtuelle Rekonstruktion „vorvernichteter" Stasi-Unterlagen, Technologische Machbarkeit
und Finanzierbarkeit - Folgerungen für Wissenschaft, Kriminaltechnik und Publizistik,
2. Aufl., Berlin
http://www.berlin.de/imperia/md/content/lstu/schriftenreihe/heft21_07.pdf
Download 19.12.2014

Weiguny, B. (2015): Firmen vom Fließband, in: Frankfurter Allgemeine Sonntagszeitung,
4.1.2015, S. 15

Weise, M. R./Christensen, C. M. (2014): Hire Education, Mastery, Modularization, and the
Workforce Revolution, Clayton Christensen Institute, San Francisco

Werner, G. W. (2007): Einkommen für alle, Bergisch Gladbach
Werner, G. W./Goehler, A. (2011): 1.000 Euro für jeden: Freiheit. Gleichheit. Grundeinkommen,
Berlin

WSI (1993): Tarifrunde 1993: Vier-Tage-Woche bei Volkswagen, http://www.boeckler.de/wsi-
tarifarchiv_3267.htm, Download 6.1.2015

Zirm, J. (2014): Jede dritte Bankfiliale ist zu viel, http://diepresse.com/home/wirtschaft/eco-
nomist/4627647/print.do, 28.12.2014, Download 9.2.2015